新时代跨区划法院探索实践

走私刑事案件审判参考

主　编　单国钧
副主编　郭　奕

ZOUSI XINGSHI ANJIAN
SHENPAN CANKAO

法律出版社
LAW PRESS · CHINA
北京

图书在版编目（CIP）数据

走私刑事案件审判参考 / 单国钧主编；郭奕副主编. 北京：法律出版社，2024. --（新时代跨区划法院探索实践丛书）. -- ISBN 978-7-5197-9609-9

Ⅰ. D924.335

中国国家版本馆 CIP 数据核字第 2024Q2T003 号

走私刑事案件审判参考
ZOUSI XINGSHI ANJIAN SHENPAN CANKAO

单国钧 主　编
郭　奕 副主编

策划编辑 陈昱希
责任编辑 陈昱希　陈　熙
装帧设计 鲍龙卉

出版发行 法律出版社
编辑统筹 法规出版分社
责任校对 张红蕊
责任印制 耿润瑜
经　　销 新华书店

开本 710 毫米×1000 毫米　1/16
印张 20.25　　**字数** 311 千
版本 2024 年 12 月第 1 版
印次 2024 年 12 月第 1 次印刷
印刷 河北虎彩印刷有限公司

地址：北京市丰台区莲花池西里 7 号（100073）
网址：www.lawpress.com.cn
投稿邮箱：info@lawpress.com.cn
举报盗版邮箱：jbwq@lawpress.com.cn

销售电话：010-83938349
客服电话：010-83938350
咨询电话：010-63939796

书号：ISBN 978-7-5197-9609-9
定价：88.00 元

凡购买本社图书，如有印装错误，我社负责退换。电话：010-83938349

初心如磐践行使命　奋楫笃行继往开来

——北京四中院十年改革探索实践纪实

（代序）

设立跨行政区划人民法院是党中央全面推进依法治国的重要部署。2014 年 12 月 30 日，北京市第四中级人民法院（以下简称北京四中院）作为跨行政区划法院改革的试点应运而生。履职十年来，北京四中院坚持以习近平新时代中国特色社会主义思想为指导，紧紧围绕“努力让人民群众在每一个司法案件中感受到公平正义”的工作目标，立足在“特”字上做文章、在“专”字上下功夫、在职能作用上显风采，不断探索跨区划法院改革发展体制机制创新，努力提升审判质量、效率、效果，坚决护航首都发展大局，践行司法为民初心，以创新实干书写了新时代首都跨区划法院探索和实践的新答卷。

十年砥砺奋进，十年春华秋实

在历史的长河中，十年或许只是短暂的一瞬，但对于北京四中院而言，却是一段充满挑战与机遇、拼搏与奋斗的光辉岁月。十年来，在市委、市委政法委的坚强领导和市高级法院的正确指导下，历届院党组及全院干警同心同德、风雨兼程，执着向前、敢于斗争，锐意进取、勇于创新，推动北京四中院从无到有、从弱到强，改革建设发展各项事业均取得了显著成绩。

——这是政治统领激活改革发展动能的十年

人民法院既是政治性很强的业务机关，也是业务性很强的政治机关，讲政治是根本、是方向、是灵魂。自建院以来，北京四中院始终牢记“政法姓党”是永远不变的根和魂，坚持把党的政治建设摆在首位，牢记人民法院首先是政治机关，出台《党组理论学习中心组学习办法》《“第一议题”学习制度》等一系列学习制度规定，按照党中央、市委工作要求，深入开展党的群众路线教育实践活动、“三严三实”专题教育、党史学习教育、党纪学习教育等各类学习教育，教育引导干警进一步坚定理想信念，增强政治定力，确保深刻领悟“两个确立”的决定性意义，不断增强“四个意识”、坚定“四个自信”、做到“两个维护”。严格落实《中国共产党政法工作条例》《中国共产党重大事项请示报告条例》，制定请示报告清单，严格执行重大事项请示报告制度，切实把党的绝对领导落实到法院工作各领域各方面各环节。严格落实意识形态工作责任制，积极主动做好新闻宣传和舆论引导工作，坚决防范和抵制“三权鼎立”“司法独立”等错误思潮，坚定不移走中国特色社会主义法治道路。

——这是勇毅担当服务中心工作的十年

服务保障新时代首都发展是机遇、是考验，更是北京四中院的职责使命。经过十年的探索实践，涉外审判、行政审判、环境资源审判、涉互联网案件审判、走私类案件审判、涉铁路案件审判已经成为北京四中院独特的职能优势和鲜明特色。北京四中院持续优化跨区划法院案件管辖格局，先后推动北京法院国际商事纠纷一站式多元解纷中心（以下简称中心）、北京国际商事法庭在本院挂牌成立，制定《北京国际商事法庭建设发展规划（2022—2025）》《域外法查明指引手册》等一系列制度文件，全力推进北京国际商事法庭高水平运行，成功审结多起全国首例案件和有影响的案件，为首都更高水平对外开放、北京“两区”

建设提供了优质司法服务保障。积极探索行政审判“四中路径”，妥善审理涉中轴线申遗、大兴机场建设、副中心建设等一系列疏解非首都功能重大项目案件。注重强化互联网案件审判，切实以案件裁判完善互联网案件审理规则，为数字经济标杆城市建设提供优质司法服务保障，多篇案件信息被上级部门采用。紧紧抓住稳定这个关键，重拳出击严打走私犯罪，常态化开展扫黑除恶斗争，推进打击整治养老诈骗等专项行动，全力维护首都安全稳定。2023年，挂牌成立环境资源审判庭，进一步创新公益诉讼案件裁判方法，建立“多元共治”生态保护法治屏障，为深化生态文明体制改革，夯实高质量发展生态基础，打造中国式现代化建设先行区、示范区贡献司法力量。

——这是司法为民做实司法公正的十年

司法审判工作，必须始终把人民群众满不满意作为评判审判质效、改革成效的标准，让人民群众切实感受到公平正义就在身边。一直以来，北京四中院注重优化诉讼服务，持续加强诉讼服务中心建设，出台《涉外、涉港澳台民事案件立案指南》等制度规范，最大限度便利群众诉讼。2021年11月，顺利完成首例跨境当事人网上立案，在院网首页设置诉服工单查询入口的创新举措得到上级法院肯定。大力推进智慧法院建设，深度运用“云谈话”、“云庭审”、电子送达等方式妥善审理系列涉“两区”建设仲裁司法审查案件，得到当事人广泛认可与高度赞誉。积极落实善意文明执行工作理念，针对案款发还不及时问题，制定“1+3”工作法则，案款发还时限大幅缩减，最大限度提升执行事项办理效率。高度重视代表委员联络工作，主动接受人大监督，通过邀请代表委员参与庭审观摩、召开座谈会等方式，听取意见建议，及时回应社会关切，十年来，组织代表委员参与庭审观摩等活动累计达千余人次。加强信息化基础设施及智能化辅助办案系统建设，研发AI助手人工智能系统，搭建全市首家司法数据中台应用体系及涉外案款发还机制，顺利实现全市首例以线上方式通过银行跨境人民币结算服务直接发还案款人民币3000余万元，为全市法院办理该类案件提供参考，进一步提升了人民群众对法院工作的满意度。

——这是锐意进取推进改革创新的十年

作为跨区划改革法院，改革是发展壮大、行稳致远的关键一招。十年来，北京四中院锚定新时代首都发展战略定位，主动识变应变求变，不断深化具有跨区划法院特点的一系列改革举措，建院之初即出台《整建制改革试点框架意见》，以落实司法责任制为重点，优化司法资源配置，探索建立审判工作扁平化管理模式。扎实开展立案登记制改革，积极探索完善有效规制虚假诉讼、恶意诉讼、违法滥诉的制度体系和政策措施，做到有案必立、有诉必理，切实保障当事人的诉讼权利。深入推进以审判为中心的刑事诉讼制度改革，加大认罪认罚从宽制度适用力度，刑事案件当庭宣判率持续保持较高水平。进一步健全完善行政诉讼管辖制度，通过开展同堂培训、政府常务会会前讲法、发布审判白皮书、公开庭审观摩等多种方式，加强与行政机关沟通协调，推动行政机关负责人出庭应诉，促进法治政府建设。2016年12月，荣获第四届“中国法治政府奖”。出台《院庭长办案工作实施方案》，强化院庭长对重大敏感、疑难复杂和新类型案件的审核把关职能。制定《专业法官会议工作规则》《审判委员会工作规则》，充分发挥专业法官会议工作机制在辅助办案决策、统一法律适用等方面的作用。建立健全案件评查工作机制，制定《案件评查工作办法》，深化案件评查结果运用，助推各领域审判质效持续优化，改革成效逐步显现。

十年成果丰硕，十年亮点纷呈

习近平总书记指出，“历史是最好的教科书，也是最好的清醒剂”。经过十年的改革探索，北京四中院逐步形成了具有跨区划法院特色、符合司法审判规律的工作模式和业务格局，一支符合特殊案件审判要求、有力服务首都中心工作的干警队伍逐步建立，社会影响力和公众认可度日渐提升。

第一，坚持“党建引领”是助推改革发展建设的根基。跨区划法院可持续高质量发展，离不开高质量党建的引领和保障。建院以来，北京四中院始终将党建工作置于重要位置，院党组定期听取机关党建工作情况汇报，研究部署机关党建工作。出台《突出党建引领　推动党建与业务工作深度融合的若干措施》《党组书记抓基层党建责任清单》《党建工作手册》等系列制度文件，创新建立党建督导员机制，层层压实党建工作责任，确保将党建工作融入审判执行工作全过程、各方面，以高质量党建引领跨区划法院工作高质量发展。持续推行“一支部一品牌”建设，发布党建品牌矩阵创建方案，开展优秀党课评选、党史知识竞赛活动，举行“传承红色基因，铸就忠诚法魂”“追梦远航青年志　挺膺担当青年行”系列主题宣讲，全面激发干警队伍精气神。行政庭党支部获评“北京市直机关先进基层党组织”称号；杨晋东同志获评“北京市直机关优秀党务工作者”称号；机关党委“创新青年干警思想政治辅导工作法”获评北京法院示范党建创新案例；立案庭荣获北京法院党建工作先进集体称号；民庭党支部“‘五学五创’学创先锋党支部工作法”获评北京法院优秀党支部工作法；综合办党支部第三党小组“活用‘三融合’工作法”、行政庭党支部第三党小组“‘政研行’党小组工作法”分别获评北京法院优秀党小组工作法。

第二，坚持“调研贯穿”是提升干部队伍专业能力的基础。提高法院现代化审判能力，必须坚持以调研开路破题。北京四中院一直高度重视调研工作，尤其是2022年新一届党组班子组建以后，坚持把调研作为科学决策的基础、展示交流的载体、历练人才的平台。牢牢坚持调研工作为大局服务、为审判工作服务、为领导决策服务，制定《关于完善调研工作格局提升调研管理水平的意见》等一系列调研制度文件，探索建立调研联络员“一对一”对接庭室机制，进一步更新调研工作理念，创新调研管理机制，强化调研激励，全院调研热情和调研氛围空前高涨，调研工作全面开花、成果丰硕，为推动跨区划法院工作现代化奠定了坚实基础。多次中标司法部及最高人民法院、中国法学会等司法研究重大课题，获得市级以上优秀调研成果奖励40余次；审理的环境污染民事公益诉讼案，入选第四批联合国环境规划署中国环境司法案例，刊载于联合国环境规划署司法门户网站；干警论文、征文荣获全国法院学术讨论会一等奖、二等奖及其他重要奖项120余人次。

第三，坚持“管理支撑”是促进审判工作提质增效的保证。推动新时代法院工作高质量发展，进一步增强人民群众的司法获得感，必须贯通审判管理与政务管理、队伍管理。北京四中院始终高度重视审判管理工作，将其作为提升审判质效、确保司法公正的重要抓手。通过建立完善的审判管理工作体系，形成分管院领导主抓、审管办（研究室）组织、评查工作人员具体负责的“日常+重点+专项”全覆盖工作体系，明确各主体职责，确保了审判管理工作的有序开展。聚焦审判质效提升，研究制定审判权责清单“1+4+1+1”系列规定、《案件信息与审判数据管理办法》、《“百日攻坚”行动方案》等规章制度，定期组织召开审判执行工作点评会、数据会商会，建立健全节点管理、分类管理和全过程全员服判息诉机制，确保案件从立案到结案的全过程顺畅有序。与此同时，坚持做好收结案调度，强化案件监督管理，积极组织开展庭审观摩活动，常态化组织开展案件评查，进一步提升各审判领域审判质效，切实以审判管理现代化推进审判工作现代化。

第四，坚持“队伍保障”是推动跨区划法院工作现代化的关键。跨区划法院高质量发展，离不开人才支撑和队伍保障。北京四中院始终高度重视人才培养，在干部队伍建设和专业能力提升方面，常态化组织开展干部调整交流工作，实施优秀年轻干部质量提升工程，为高质量发展提供坚实的人才保障。制定完善人才培养发展规划，探索建设“四中知学堂”“四中自学堂”“四中智学堂”等分类培训平台，举办分领域、多层次的教育培训和技能比武活动，有效提升干警的专业素养和履职能力。建立廉政监察员和亲情廉政监督员工作机制，结合正反典型案例开展廉政警示教育，强化监督执纪问责，确保干警干事创业清正廉洁。认真学习贯彻习近平文化思想，建强多元文化阵地，做好关心关爱干警工作，建立健全安全问题“一票否决”机制，健全完善警务相关制度机制，有力提升“三服务”质效。此外，注重强化与高校合作共建，加大先进典型培树宣传，激励全体干警积极向上，营造浓厚干事创业氛围，进一步激发全体干警的工作热情和创造力。

第五，坚持“精品战略”是提升司法效能的抓手。习近平总书记深刻指出“一个案例胜过一打文件”，司法案例在法治建设中具有无法取代的重要作用。北京四中院积极推动司法工作向精品化方向发展，以打造精品案件、精品文书、精品庭审为目标，不断提升司法审判的质量和水平。立足特殊案件管辖与特色职能定位挖掘典型案例，加强对疑难复杂案件的研究和分析，制定《典型案例培育工作方案》，各部门主动加强典型案例选送培育工作，环境污染民事公益诉讼案入选最高人民法院指导性案例，多篇案例获全国法院系统年度优秀案例分析奖项。加强对裁判文书的撰写和审核，提高文书逻辑性、说理性和规范性，使裁判文书成为展示司法公正的重要载体，连续五年组织开展优秀裁判文书评选活动，10余篇文书获评全国法院优秀裁判文书。积极开展庭审规范化建设，组织庭审观摩系列活动，充分发挥优秀庭审在查明事实、认定证据、公正裁判、服判息诉中的示范标杆作用，提升法官驾驭庭审水平，在全国法院“百场优秀庭审”评选活动中斩获佳绩。丰富精品案例转化途径，鼓励法官将精品案例的研究成果转化为法学论文、调研报告等学术成果，推动法学理论发展，充分利用现代媒体手段，将精品案例制作成短视频、漫画等通俗易懂的法治宣传资料，众多案例受到中央及首都各级媒体广泛关注，跨区划法院知名度和影响力显著提高。

十年风华正茂，今朝扬帆起航

站在承上启下的历史关口，书写继往开来的宏伟篇章，面对新时代新征程对跨区划法院工作提出的更高要求，北京四中院将进一步提高政治站位，强化使命担当，立足跨区划法院职能定位和主责主业，紧紧围绕“政治建院、专业立院、人才兴院、改革强院、从严治院、文化铸院”的工作思路，创造性地推动党中央决策部署在司法实践中落地生根，确保跨区划法院工作与新时代同向同行，与党和国家事业同频共振。

一是围绕政治建院，永葆人民法院政治机关鲜明本色。以深入学习贯彻党的二十大和二十届二中、三中全会精神为契机，旗帜鲜明把党的政治建设摆在首位，学深悟透习近平新时代中国特色社会主义思想，准确把握习近平法治思想的丰富内涵和实践要求，切实把思想和行动统一到以习近平同志为核心的党中央决策部署上来。坚持以高水平机关党建为引领，将党建工作融入北京四中院工作的各方面全过程，特别是实现机关党建与重点工作同步提高、相互促进，在国际商事法庭建设、服务“两区”建设和京津冀协同发展等重点工作的开展中，切实以严格公正司法、切实为民履职的实际行动来检验党建工作的实际成效。

二是围绕专业立院，持续推动各业务管辖领域群芳竞艳。全力推进北京国际商事法庭高水平运行，依法公正高效审结涉外商事案件，深入推进涉外商事纠纷多元化解，有效助推北京打造国际商事纠纷解决优选地。依托北京四中院丰富的行政审判实践经验，持续深化府院良性互动，充分发挥行政审判对于法治政府建设的示范效能。持续提升涉互联网案件审判影响力，围绕网络治理深入开展调查研究，总结提炼案件审判规则，为数字经济标杆城市建设提供优质司法服务保障。深化推进环境资源审判“北京实践”，创新公益诉讼案件裁判方法，持续深化区域生态环境协同治理，建立“多元共治”生态保护法治屏障。切实发挥和延伸刑事审判职能，加大对走私类刑事案件审判经验和审判规律的总结，进一步加强与海关、公安、检察院等机关的协商联动，强化对走私刑事案件的审理和宣传。更加注重执行规范化建设，创新执行财产处置方式，深化执行联动机制，着力破解执行难题。

三是围绕人才兴院，着力培养一批高素质、高层次、专家型、复合型审判人才。进一步探索将政治素质、业务素质、职业道德素质融为一体的教育培训机制，深入务实组织开展“四中知学堂”“国商法谈”等特色活动，着力建设完备的梯次化人才队伍。充分发挥“行政审判特色人才高地”的示范引领、辐射带动作用，继续深化与高等院校和科研院所合作培养人才机制，努力推进国际商事审判人才高地建设。着眼未来发展、立足队伍实际、根据干部业绩，开展常态化的人员轮岗调整，最大可能实现人尽其才、才尽其用、用人唯才。以调研联络员工作机制为抓手，定期通报调研工作任务完成情况，切实推动形成人人参与调研、人人主动调研、人人善于调研的浓厚氛围，推动专家型、复合型审判人才不断涌现。

四是围绕改革强院，切实以审判管理现代化促进审判质效全面提升。坚持审判质量优先，进一步调整完善审判权责清单、院庭长监督管理、院庭长办案等相关制度机制，进一步提升评查工作办理制度化、规范化水平，持续强化各审判领域典型案例发掘、培育及发布工作。兼顾审判效率，坚持审判分层管理和精细化管理相结合，持之以恒强化审限监督管理，扩大积案清理成效，切实提高法定审限内结案率，降低延长审限率，缩短审判周期。重视审判效果，持续加大国际商事纠纷一站式多元解纷中心规范化建设力度，加强诉前、诉中全过程调解、和解和释明工作，提升国际商事纠纷“多元调解+速裁”工作成效。

五是围绕从严治院，努力锻造一支堪当重任、敢打敢拼、清正廉洁、业绩一流的干警队伍。注重创新管理方式方法，教育引导广大干警始终保持锐意进取、敢为人先、迎难而上的奋斗姿态，为全院高质量发展贡献力量。持续夯实严管厚爱的认识基础，切实在全院树立“严是爱、松是害”“推动干部成长进步是厚爱，让干部知规矩、守纪律、不犯错误、不受处分、顺利成长、平安生活同样是厚爱”的理性认知。持之以恒推进全面从严治党、从严治院、从严管理，持续抓好防止干预司法“三个规定”等制度执行，认真开展审务督察、督导检查、案件评查，持续巩固深化政法队伍教育整顿成果。持续完善目标责任制考核机制，强化考核结果运用，进一步激励担当作为，营造风清气正的政治生态。

六是围绕文化铸院，不断提升法院文化软实力和影响力。突出培育审判文化，以审判工作现代化服务保障中国式现代化为目标，不断提升司法审判的质量、效率、效果，争取人民群众更广泛的理解和支持，实现政治效果、社会效果和法律效果相统一。推崇廉洁修身，筑牢拒腐防线，“用身边案身边事警示教育身边人”，切实达到反面典型案例的警示、震慑作用，让“按制度办、按程序办、按职责办”的审判文化在广大干警中形成风气。坚持以文育人，提升法院文化传播力影响力，强化舆论宣传和先进典型宣传，讲好法治故事，全面展现跨区划法院良好形象。

潮平两岸阔，风正一帆悬。十来年，北京四中院坚持服务大局、司法为民、公正司法，不断巩固提升、稳中求进、守正创新，立足跨区划法院职能特点，以全面推进法院工作现代化为目标，奋力推进跨区划法院高质量发展。下一步，我们要在全面总结的基础上，传承发展、开拓创新，进一步激发争创一流的志气，锤炼攻坚克难的作风，凝聚上下一心、心齐劲足的强大合力，坚决扛起跨区划法院工作责任担当，以高度的政治自觉、饱满的精神状态、顽强的斗争意志、科学的工作方法做好做实各项工作，持续巩固和增强全院工作“好的基础、进的态势”，努力推动全院工作展现新气象、开辟新境界、实现新作为。

北京市第四中级人民法院党组书记、院长 单国钧

2024年12月30日

缩略语表

序号	简称	全　　称
1	《239 号通知》	《最高人民法院、最高人民检察院、国家林业局、公安部、海关总署关于破坏野生动物资源刑事案件中涉及的 CITES 附录Ⅰ和附录Ⅱ所列陆生野生动物制品价值核定问题的通知》
2	《48 号通知》	《林业部关于核准部分濒危野生动物为国家重点保护野生动物的通知》
3	《枪支气枪铅弹刑事案件批复》	《最高人民法院、最高人民检察院关于涉以压缩气体为动力的枪支、气枪铅弹刑事案件定罪量刑问题的批复》
4	《计核偷逃税款办法》	《海关计核涉嫌走私的货物、物品偷逃税款暂行办法》①
5	《保护动物名录》	《国家重点保护野生动物名录》
6	《2020 年第 12 号公告》	《国家林业和草原局公告 2020 年第 12 号——关于穿山甲调整保护级别的公告》
7	国家濒管办	国家林业局濒危物种进出口管理办公室
8	《联合公告》	《国家濒管办、海关总署联合公告 2017 年第 6 号——关于公布〈进出口野生动植物物种商品目录〉的联合公告》
9	《刑事诉讼法解释》	《最高人民法院关于适用〈中华人民共和国刑事诉讼法〉的解释》
10	《走私意见》	《最高人民法院、最高人民检察院、海关总署关于办理走私刑事案件适用法律若干问题的意见》

① 该文件已失效，海关总署《海关计核走私的货物、物品偷逃税款办法》已于 2024 年 12 月 1 日正式施行。

续表

序号	简称	全　　称
11	《毒品意见》	《办理毒品犯罪案件适用法律若干问题的意见》
12	《昆明会议纪要》	《全国法院毒品案件审判工作会议纪要》
13	《逃匿、死亡案件规定》	《最高人民法院、最高人民检察院关于适用犯罪嫌疑人、被告人逃匿、死亡案件违法所得没收程序若干问题的规定》

目录 CONTENTS

典型案例

非原产于我国的野生动物保护级别的认定

——李某某走私珍贵动物制品案 3

走私含有国家管制的精神药物的减肥药的认定

——邵某凤走私国家禁止进出口的货物案 8

销售走私货物行为中洗钱罪的准确认定

——北京甲科技有限公司、北京乙科技有限公司等走私国家禁止进出口的货物、走私普通货物、李某洗钱、赵某帮助毁灭证据案 12

走私毒品罪中对毒品“明知”的判断

——陈某走私毒品案 16

以化学方法掩饰走私毒品行为的准确认定

——柯某某传授犯罪方法案 19

走私毒品犯罪中主观明知的认定

——刘某走私毒品案 23

走私文物罪中“文物”的范围认定及量刑标准

——卢某走私文物、走私普通货物案 28

通过边民互市贸易方式进口应以一般贸易方式进口的货物的行为性质认定

——洪某1等人走私普通货物案 33

走私武器罪中“枪支”的认定规则
——朱某走私武器案 39
走私禁止进出口的医疗器械为旧机电产品的认定
——某公司走私国家禁止进出口的货物案 43
涉案珍贵动物是野生动物还是人工驯养繁殖判断认定方法
——颜某走私珍贵动物制品案 46
走私珍贵动物制品案件中象牙价值的认定
——陈某走私珍贵动物制品案 49
走私油画、雕塑等艺术品应缴税额价格核定基础的认定
——某公司走私普通货物案 52
案发后关税税率变动的，是否影响应缴税额的认定
——某技术开发公司、刘某走私普通货物案 54

经验交流

北京市第四中级人民法院走私刑事案件审判白皮书 59
走私犯罪新变化及司法应对研究 92
北京市第四中级人民法院刑事审判庭关于刑事案件认罪认罚从宽制度适用情况的调研报告 99
走私珍贵动物制品犯罪价值认定司法疑难问题研究调研报告 108

理论前沿

“盲盒”类走私行为中主观故意的司法认定
——以《走私意见》第六条的适用为视角 139
销售走私货物行为中洗钱罪的认定与适用 159

裁判文书

孙某走私普通货物案　175
刘某某涉嫌走私毒品案　190
洪某 1 等走私普通货物案　202
赫某走私毒品案　247
公司 1 等走私普通货物案　254
公司 1 等走私国家禁止进出口的货物案　266

机制探索

刑事审判庭审判工作情况和经验汇总　301
走私刑事案件审判工作机制和主要做法　304

典型案例

非原产于我国的野生动物保护级别的认定

——李某某走私珍贵动物制品案

【案件基本信息】

1. 裁判书字号

北京市第四中级人民法院（2020）京04刑初25号

2. 案由

走私珍贵动物制品罪

【基本案情】

被告人李某某从几内亚共和国出发，经阿拉伯联合酋长国迪拜转机后，乘坐EK308次航班于2019年1月19日抵达北京首都国际机场T3航站楼，入境时选择走无申报通道，未向海关申报任何货物、物品，海关关员在其携带的行李箱中查获疑似穿山甲鳞片四包。经鉴定，上述疑似穿山甲鳞片来源于鳞甲目穿山甲科长尾穿山甲属黑腹长尾穿山甲和树穿山甲，共计价值人民币275 200元。

在案件侦查过程中，云南濒科委司法鉴定中心出具《司法鉴定意见书》（濒司鉴（动）字〔2019〕463号）认定涉案穿山甲鳞片来源于鳞甲目穿山甲科长尾穿山甲属黑腹长尾穿山甲和树穿山甲，为国家二级保护野生动物，按照野生动物基准价值的五倍计算涉案穿山甲鳞片的价值。云南云林司法鉴定中心出具《司法鉴定意见书》（〔2019〕动司鉴字第323号）认定案涉穿山甲为濒危野生动植物种国际贸易公约（以下称CITES）附录Ⅰ中所列物种，是（等同于）国家一级保护野生动物，按照野生动物基准价值的十倍核算涉案穿山甲鳞片的价值。

【案件焦点】

本案的争议焦点在于涉案穿山甲的保护级别，二鉴定中心分别认定为国家一级、二级保护野生动物，涉案金额分别对应野生动物基准价值的十倍、五倍，直接影响适用的法定刑区间。

【法院裁判要旨】

北京市第四中级人民法院经审理认为：CITES 附录Ⅰ与附录Ⅱ中非原产于我国的物种一般分别对应国家一级保护野生动物和国家二级保护野生动物。被告人李某某违反国家禁止珍贵动物及其制品进出口的相关规定，携带穿山甲鳞片入境，其行为已构成走私珍贵动物制品罪。鉴于李某某具有自首，自愿认罪认罚，认罪态度较好，且已缴纳罚金等法定或酌定从轻、减轻处罚情节，依法对其予以减轻处罚。对公诉机关的量刑建议及李某某的辩护人提出的相关量刑情节的辩护意见，予以采纳，但李某某的辩护人建议法庭对李某某予以减轻处罚并适用缓刑的意见，不予采纳。据此，判决：被告人李某某犯走私珍贵动物制品罪，判处有期徒刑 2 年 6 个月，并处罚金人民币 25 000 元。一审宣判后，被告人李某某未提出上诉，公诉机关未提出抗诉，判决现已生效。

【法官后语】

本案的核心焦点是 CITES 附录Ⅰ中所列非原产于我国的穿山甲是（等同于）国家一级保护野生动物还是国家二级保护野生动物。

认定涉案穿山甲为国家一级保护野生动物的依据是最高人民法院、最高人民检察院、国家林业局、公安部、海关总署于 2012 年 9 月 17 日公布的《239 号通知》，其中规定“我国是 CITES 缔约国，非原产我国的 CITES 附录Ⅰ和附录Ⅱ所列陆生野生动物已依法被分别核准为国家一级、二级保护野生动物”。

认为涉案穿山甲为国家二级保护动物的理由在于：从林业部门对 CITES 附录中野生动物保护级别的规定来看。上述《239 号通知》中的内容位于具体条文之前，属于相关背景的叙述，不具有规范效力。同时，林业部于 1993 年 4 月 14 日发布的《48 号通知》中规定，“现决定将《公约》附录一和附录二所列非原产我国的所有野生动物（如犀牛、食蟹猴、袋鼠、鸵鸟、非洲象、斑马等），分别核准为国家一级和国家二级保护野生动物”。一方面，是将当时“《公约》附录一和附录二”中所列的“非原产我国的所有野生动物”分别核准为“国家一级和国家二级保护野生动物”。并未规定《48号通知》实施后因修订而列入附录的情形。另一方面，该规定表述为“所有野生动物”，并非仅指陆生野生动物。如果该规定的含义为将之后列入“《公约》附录一和附录二”的“非原产我国的所有野生动物”也分别核准为“国家一级和国家二级保护野生动物”的话，无法合理解释我国现阶段对水生野生动物的相关规定。这说明CITES附录Ⅰ和附录Ⅱ中的物种不一定被列入国家重点保护野生动物名录，需要我国核准才能列入，与《保护动物名录》中的保护级别不存在必然的对应关系。本案案发时我国并无明文确认2016年CITES附录中对于穿山甲的修订，故根据《保护动物名录》应认定涉案穿山甲为国家二级保护野生动物。

对于上述争议，法院经审理认为，在无特别规定时，CITES附录Ⅰ与附录Ⅱ中非原产于我国的物种分别对应国家一级保护野生动物和国家二级保护野生动物，原因如下：

根据2022年修订的《野生动物保护法》第三十七条第一款、第四款，对于我国缔结或者参加的国际公约禁止或者限制贸易的野生动物或者其制品名录，由“国家濒危物种进出口管理机构”，即国家濒管办核准；对于CITES附录中野生动物是否按照国家重点保护野生动物管理，由国务院野生动物保护主管部门，即国家林业和草原局（负责陆生动物）和农业农村部（负责水生动物）核准。[①] 故对于穿山甲的保护级别问题，核心在于对林业部门发布的《48号通知》和《239号通知》中上述规定的理解。

《48号通知》中上述规定适用于其实施后修订的CITES附录Ⅰ与附录Ⅱ，原因在于：其一，从文义解释的角度，该规定中的表述为“所有野生动物”，实质上将CITES附录Ⅰ与附录Ⅱ中非原产于我国的物种分别对应于国家一级保护野生动物和国家二级保护野生动物，是两个框架之间的对

① 参见2022年修订《野生动物保护法》第七条第一款：“国务院林业草原、渔业主管部门分别主管全国陆生、水生野生动物保护工作。”

应，而不仅限于规范实施时两个框架内具体物种的对应。其二，从实质解释的角度，动物保护级别评定中主要考量物种的科学价值、经济价值、资源数量及濒危程度等因素，这些因素都会随着动物种群的发展发生变化，CITES 附录的修订正是为了应对这种变化。在此基础上，从我国野生动物相关法律规范保护野生动物、保护生物多样性、维持生态系统平衡的立法目的出发[①]，对野生动物保护级别的认定及相应的法律规范亦应是动态的。将修订后的 CITES 附录Ⅰ与附录Ⅱ中的物种分别对应于国家一级和国家二级保护野生动物实际上是将野生动物的种群变化，非法捕猎、买卖野生动物等行为对环境的实质影响考虑其中。[②] 其三，《239 号通知》中的上述规定为背景叙述，而非规范指引。一方面，上述规定位于《239 号通知》中叙述相关背景的正文第一段，未规定于具有规范性指引作用的具体条文中。另一方面，该规定表述为“已依法被分别核准”，不同于“均依法分别核准”等表述，属于对过去已发生事件的描述。故上述内容叙述的是一个事实情况，即在《239 号通知》出台时，当时“非原产我国的 CITES 附录Ⅰ和附录Ⅱ所列陆生野生动物”已经分别被依法核准为“国家一级、二级保护野生动物”，而对于之后 CITES 附录中修订的“非原产我国的 CITES 附录Ⅰ和附录Ⅱ所列陆生野生动物”是否分别被核准为“国家一级、二级保护野生动物”，并未作出规范性指引。该内容实际上指向《48 号通知》中的上述规定，进一步确认了《48 号通知》已经将 CITES 附录Ⅰ与附录Ⅱ中非原产于我国的物种分别对应于国家一级保护野生动物和国家二级保护野生动物。其四，农业农村部关于水生野生动物的上述规定属特别规范，对 CITES 附录和国家重点野生动物保护级别对应关系的突破并不能否定对应关系本身。其五，除《48 号通知》和《239 号通知》外，林业部门未发布其他关于修订后的 CITES 附录Ⅰ与附录Ⅱ中物种动物级别认定的规范，而如上文所述，《239 号通知》中相关内容仅为背景叙述，这可以在一定程度上说明《48 号通知》上述规定中 CITES 附录和国家重点野

---

① 参见姜涛：《生物刑法之预防性扩张的教义学路径》，载《环球法律评论》2020 年第 4 期。

② 参见刘艳红：《环境犯罪刑事治理早期化之反对》，载《政治与法律》2015 年第 7 期。

生动物保护级别之间的对应为动态对应，可以涵盖 CITES 附录后续的修订内容，故不需通过其他规范对 CITES 附录中修订的野生动物的保护级别单独进行规定。

综上，在无特别规定时，CITES 附录Ⅰ与附录Ⅱ中非原产于我国的物种分别对应于国家一级保护野生动物和国家二级保护野生动物。本案中，走私行为发生时黑腹长尾穿山甲和树穿山甲为 CITES 附录Ⅰ所列野生动物，可以认定为国家一级保护野生动物，应当按照野生动物基准价值的十倍核算涉案穿山甲鳞片的价值。

编写人：北京市第四中级人民法院　江珞伊

走私含有国家管制的精神药物的减肥药的认定

——邵某凤走私国家禁止进出口的货物案

【案件基本信息】

1. 裁判书字号

北京市第四中级人民法院（2021）京04刑初25号

2. 案由

走私国家禁止进出口的货物罪

【基本案情】

在“阿华”（另案处理）委托许某、刘某蒨（均另案处理）从泰国携带货物回国过程中，被告人邵某凤负责居间联系并组织国内专人到机场接收货物、寄发快递包裹。2019年11月5日，许某自泰国首都曼谷出发乘坐HU7996次航班抵达北京首都国际机场T2航站楼，入境时选择走无申报通道，未向海关申报任何货物、物品。海关关员在其携带的行李中查获减肥药33 771粒。经鉴定，上述减肥药含有国家管制的精神药物，价值人民币146 677元。2019年11月9日，刘某蒨自泰国首都曼谷出发乘坐HU7996次航班抵达北京首都国际机场T2航站楼，入境时选择走无申报通道，未向海关申报任何货物、物品。海关关员在其携带的行李中查获减肥药10 715粒。经鉴定，上述减肥药含有国家管制的精神药物，价值人民币70 352元。邵某凤参与走私的上述减肥药共计价值人民币217 029元。2019年11月20日，北京海关缉私局民警到邵某凤居住地北京市通州区某家园×楼×××将其抓获归案。涉案减肥药等物品已被依法起获并扣押。

【案件焦点】

1. 走私含有国家管制的精神药物的减肥药应如何认定。

2. 在政府价格主管部门的价格认定机构不能对案涉物品进行鉴定时是否可以委托其他价格认定机构进行鉴定。

【法院裁判要旨】

案件审理中，辩护人对涉案减肥药是否属于国家禁止进出口的货物、被告人对此是否明知及药品的鉴定价格提出意见，法院经审理认为：

（1）无论涉案减肥药是否为泰国诊所销售或是否为泰国政府依法批准生产销售的药物，根据在案的国家药品监督管理局综合和规划财务司出具的《关于精神药品单方制剂管理有关情况的复函》及公安部禁毒情报技术中心毒品实验室出具的公禁鉴字〔2020〕17 号《检验报告》等证据，并结合《药品管理法》等相关法律规定，足以认定涉案减肥药系国家禁止进出口的货物。

（2）经法庭举证、质证的物证照片、证人许某的证言、许某与邵某凤的微信聊天记录、邵某凤在微信群“曼谷带货发财群”里的聊天记录及邵某凤与“阿华”的微信聊天记录足以证明，邵某凤对许某于 2019 年 11 月 5 日入境时携带的物品中包含减肥药以及减肥药属于国家禁止进出口的物品是明知的。

（3）虽经有关部门检验，部分涉案减肥药含有国家管制的二类精神药物芬特明、地西泮成分，除此之外的减肥药未检出芬特明成分等，但涉案减肥药的鉴定价格系价格鉴定机构以涉案减肥药进入国内后组成全套减肥药品（主胶囊＋辅助药品）方式计算得出的，价格鉴定结论客观、真实、有效。综上，邵某凤提出的上述辩解及其指定辩护人提出的上述主要辩护意见缺乏相应的证据证明，亦缺乏事实和法律依据，本院不予采纳。

综上，被告人邵某凤违反国家法律法规，逃避海关机关，未经批准，组织他人携带国家禁止进出口的货物入境，其行为已构成走私国家禁止进出口的货物罪。邵某凤所犯走私国家禁止进出口的货物罪，数额在 20 万元以上不满 100 万元，依法应予惩处。鉴于邵某凤在共同犯罪中作用较小，且涉案的减肥药已被全部起获并收缴，尚未流入社会等情节，依法可对其从轻处罚。判决被告人邵某凤犯走私国家禁止进出口的货物罪，判处罚金人民币 1 万元。

【法官后语】

通过本案的审理，可以归纳出以下两点：

1. 走私含有国家管制的精神药物的减肥药，构成走私国家禁止进出口的货物罪

关于本案的认定存在一定争议，有观点认为，案涉减肥药中所含芬特明、安定、安非拉酮属国家管制的二类精神药物，其走私减肥药入境的行为可以认定为走私毒品罪；也有观点认为，本案行为在构成走私国家禁止进出口的货物罪的基础上，因案涉减肥药在入境后直接通过快递人员发给订购者，其在无销售相应物品资格的情况下直接销售减肥药，其行为还触犯非法经营罪。对于上述争议观点，法院评判认为：第一，根据《全国法院毒品犯罪审判工作座谈会纪要》的规定，行为人出于医疗目的，违反有关药品管理的国家规定，非法贩卖上述麻醉药品或者精神药品，扰乱市场秩序，情节严重的，以非法经营罪定罪处罚，而不再认定为走私毒品罪。本案中，案涉药品为减肥药，对于一些因体重过高引发健康问题的，减肥药的使用中不能排除“出于医疗目的”，因而不宜认定为走私毒品罪。第二，邵某凤所走私入境的减肥药虽然直接销售给订购者，且不具备销售相应减肥药的资格，但因本案中组织走私、销售的“阿华”未在案，与订购者联系进行销售主要由“阿华”负责，邵某凤主要负责“带货”入境这一环节；同时在案证据中订购者的相关信息、订购情况等证据并不完整。综上，邵某凤违反国家法律法规，逃避海关机关，未经批准，组织他人携带国家禁止进出口的货物入境，其行为构成走私国家禁止进出口的货物罪。

2. 在政府价格主管部门的价格认定机构不能对案涉物品进行鉴定时，可以委托其他价格认定机构进行鉴定

本案中，在起诉阶段，检察员联系了相关政府价格主管部门的价格认定机构，被告知无法进行案涉减肥药的价格认定，后通过多方联系，由北京市京价价格评估有限公司对案涉减肥药进行了价格鉴定，出具京价（检）字〔2021〕0001号《价格鉴定意见书》证明：涉案药品鉴定价格共计人民币217 029元。有观点认为，国家发展和改革委员会发布的发改价格〔2015〕2251号《价格认定规定》第三条规定，刑事案件中价格认定

应当由政府价格主管部门的价格认定机构进行。在案件办理中，法官分别咨询了相关政府价格主管部门的价格认定机构和北京市京价价格评估有限公司的鉴定人员，并进一步审查了《价格鉴定意见书》中价格认定作出所依据的原理和方法，同时《刑事诉讼法解释》第一百条第一款规定：因无鉴定机构，或者根据法律、司法解释的规定，指派、聘请有专门知识的人就案件的专门性问题出具的报告，可以作为证据使用。进而认为北京市京价价格评估有限公司所做的《价格鉴定意见书》可以作为证据使用，确定了本案中案涉减肥药的价值。

编写人：北京市第四中级人民法院　江珞伊

销售走私货物行为中洗钱罪的准确认定

——北京甲科技有限公司、北京乙科技有限公司等走私国家禁止进出口的货物、走私普通货物、李某洗钱、赵某帮助毁灭证据案

【案件基本信息】

1. 裁判书字号

北京市第四中级人民法院（2022）京04刑初18号

2. 案由

洗钱罪、走私普通货物罪

【基本案情】

被告人景某、刘某、张某三人共同经营北京甲科技有限公司（以下简称甲公司）、北京乙科技有限公司（以下简称乙公司）等单位，三人分工负责。2019年7月至2021年3月，被告人景某将在香港采购的索尼、任天堂品牌的游戏机、游戏卡带、游戏光盘，委托水客团伙头目吴某（另案处理）、梁某（另案处理）以蚂蚁搬家的方式走私入境并向二人支付通关费。经计核，共计偷逃税款人民币3 312 675.9元。2021年3月，梁某等人因涉嫌走私普通货物罪被拱北海关缉私局立案侦查。后被告人景某、刘某、张某以乙公司的名义通过蔡某（另案处理）以伪报税号、低报价格的方式继续走私进口游戏机、游戏光盘及游戏卡带，并通过甲公司在淘宝平台开设的店铺销售。经查，自2021年7月至2021年10月，涉嫌偷逃税款共计人民币550 956.61元。

在对被告人景某等人采取刑事拘留强制措施后，景某等人经蔡某走私

进口的部分游戏机，游戏光盘、游戏卡带尚未交付，被告人李某在明知涉案货物系景某等人走私犯罪所得的情况下，仍委托齐某代为销售。经查，上述货物价值人民币174万余元，截至案发，齐某销售所得人民币138万余元，其中人民币100万元现金转账给被告人李某或李某指定账户。

2021年11月12日，被告人赵某在通过张某同事取得张某放置在其单位的三块硬盘后，明知上述物品为侦查人员要求提供的情况下，为给被告人张某减轻罪责，未将上述物品提供给侦查机关并放任其父亲赵某甲将硬盘丢弃。

【案件焦点】

本案中，核心争议焦点为被告人李某销售走私物品的行为是否构成洗钱罪。

【法院裁判要旨】

北京市第四中级人民法院经审理认为：被告单位乐波鱼公司、乐波通达公司在进口货物的过程中违反国家法律、法规，采取委托他人携带货物入境或伙同他人采取伪报税号、低报价格的方式逃避海关监管，偷逃应缴税额300余万元，其中国家限制进口的游戏光盘货值600余万元，被告单位甲公司、乙公司的行为已构成走私国家禁止进出口的货物罪、走私普通货物罪，依法应当予以并罚。被告人景某、刘某、张某三人共同经营甲公司、乙公司，均系单位犯罪中直接负责的主管人员，亦应依法追究刑事责任，并予以并罚。被告人李某为掩饰、隐瞒走私犯罪所得的来源和性质，将财产转换为现金，其行为已构成洗钱罪，依法应予惩处。被告人赵某帮助当事人毁灭证据，情节严重，其行为已构成帮助毁灭证据罪，依法应予惩处。其中，鉴于李某自愿认罪认罚，主动预缴罚金并退缴违法所得，具有一定悔罪表现，又系初犯，依法可对其从宽处罚。据此，判决：（1）被告单位甲公司犯走私国家禁止进出口的货物罪，判处罚金人民币70万元；犯走私普通货物罪，判处罚金人民币260万元，决定执行罚金人民币330万元。（2）被告单位乙公司犯走私国家禁止进出口的货物罪，判处罚金人民币20万元；犯走私普通货物罪，判处罚金人民币60万元，决定执行罚金人民币80万元。（3）被告人景某犯走私国家禁止进出口的货物罪，判处有期徒刑6年，并处罚金人民币24万元；犯走私普通货物罪，判处有期徒刑4年，决定执行有期徒刑6年6个月，并处罚金人民币24万元。（4）被告人刘某犯走私国家禁止进出口的货物罪，判处有期徒刑5年，并处罚金人民币20万元；犯走私普通货物罪，判处有期徒刑3年，决定执行有期徒刑5年6个月，并处罚金人民币20万元。（5）被告人张某犯走私国家禁止进出口的货物罪，判处有期徒刑5年，并处罚金人民币20万元；犯走私普通货物罪，判处有期徒刑3年，决定执行有期徒刑5年5个月，并处罚金人民币20万元。（6）被告人李某犯洗钱罪，判处有期徒刑1年6个月，并处罚金人民币14万元。（7）被告人赵某犯帮助毁灭证据罪，判处有期徒刑1年，缓刑1年。（8）继续追缴被告单位甲公司、乙公司偷逃的税款及其他违法所得，上缴国库。（9）在案冻结、扣押、查封的款、物、房产分别依法予以处理。一审宣判后，各被告人均未提出上诉，检察机关未提出抗诉，该案判决现已生效。

【法官后语】

本案中，对于如何认定被告人李某委托齐某代为销售走私进口的游戏机、游戏光盘、游戏卡带的行为，存在多种意见：第一种意见认为，被告人李某虽然与走私罪犯不具有事前通谋，但其在明知走私犯罪案发后，积极变卖走私货物、提供自己账户收取销售款的行为，属于为走私犯罪提供方便，也是走私犯罪追求经济利益的自然延伸，应当以走私罪共犯论处。第二种意见认为，走私货物本身不是洗钱的对象，第一手销售行为没有改变犯罪所得和收益的来源和性质，不构成洗钱罪。被告人李某明知是犯罪所得的货物，积极实施转移、代为销售的行为，是典型的掩饰、隐瞒犯罪所得行为，应按照《刑法》第三百一十二条的规定，以掩隐罪论处。第三种意见认为，被告人李某委托他人代卖走私货物将货款转移到李某个人账户或其指定账户，起到了隔断犯罪所得与上游犯罪联系的作用，具有明显的掩饰、隐瞒犯罪所得的故意，应以洗钱罪论处。

洗钱行为的本质是通过隐匿资金流转关系，掩饰、隐瞒犯罪所得及收益的来源和性质，和非洗钱行为的区分在于：财物处置行为是否通过金融手段对上游犯罪赃款属性进行改变，带来的变化是“物理反应”还是“化学反应”。具体而言，完整的洗钱过程包括使犯罪所得到合法财产的“由黑到白”的全过程，《刑法》第一百九十一条第一款列举的前四项及第五项中的“其他方法”均表现为通过金融手段改变财物来源、形态、性质等，“洗白”犯罪所得及其收益。若行为人利用金融工具，采取多层转账、取现、套取等迂回层转的方式，意在切断赃款与上游犯罪之间关系，试图为之披上合法“外衣”的，属于“化学反应”，侵害了金融管理秩序，应认定为洗钱行为。或虽未实现“洗白”的结果，但实施了转移、混同资金等洗钱过程中的部分具体行为的，也属于洗钱行为。如行为人仅实施持有、藏匿、改变财物存放场所、增设或更换财物保管人及未改变财物形态的日常使用及消耗型生活消费等，未转变财物性状和本质的行为，未“漂白”赃款，仅属于“物理反应”，未侵害金融管理秩序，不应认定为洗钱行为。

在销售走私货物行为中，需着重关注销售主体。走私普通货物、物品案件中，行为人销售走私货物是走私的必然后续行为，是走私犯罪行为人获取不法利益的必然选择，且在走私犯罪认定过程中税率的适用、偷逃税款的计算、犯罪构成的认定等过程中均已将货物用途为营利进行了评价，因而应将后续销售行为作为上游犯罪的自然延伸，不宜再评价为洗钱罪。对于走私行为人之外的主体销售走私货物的，不影响洗钱罪的认定。

本案中，李某系景某的妻子，在景某等人被采取强制措施后，系被告单位的实际控制人。李某在明知被告单位的走私犯罪行为已被立案追诉的情况下，负有配合司法机关查清事实、积极退缴赃物的法定义务，但其出于私利自行决定将涉案货物以委托他人售卖的方式转移、变现，主观上具有明显规避侦查隐瞒犯罪所得的主观故意，客观上改变了上游犯罪所得的赃款属性，行为严重妨害了公安、司法机关追查、审判犯罪分子的正常活动，符合洗钱罪的犯罪构成。

销售走私货物行为可能构成洗钱罪，掩饰、隐瞒犯罪所得罪与走私犯罪共犯，厘清三者关系、明确走私犯罪所得，有助于个案的准确认定，进而切断跨境走私犯罪的资金流动渠道，助推市场经济发展和金融体系稳定，更好地服务中国式现代化。

编写人：北京市第四中级人民法院　江珞伊

走私毒品罪中对毒品“明知”的判断

——陈某走私毒品案

【案件基本信息】

1. 裁判书字号

北京市第四中级人民法院（2021）京 04 刑初 2 号

2. 案由

走私毒品罪

【基本案情】

被告人陈某乘坐 CA908 次航班由巴西联邦共和国圣保罗出发，于 2019 年 7 月 20 日抵达北京首都国际机场 T3 航站楼，未向海关申报任何货物、物品。陈某经国际中转通道通关时，海关关员在其托运行李箱夹层中起获白色可疑粉末 2 包，陈某后被公安机关当场查获。经称量、鉴定，上述白色可疑粉末共计净重 5185.02 克，其中封装于 1 号物证袋中的白色可疑粉末净重 1763.3 克，检出可卡因，含量 55.7%；封装于 2 号物证袋中的白色可疑粉末净重 1345.66 克，检出可卡因，含量 56.9%；封装于 3 号物证袋中的白色可疑粉末净重 1988.57 克，检出可卡因，含量 63.2%；封装于 4 号物证袋中的白色可疑粉末净重 87.49 克，检出可卡因，含量 62.1%。经司法鉴定，陈某被评为限制刑事责任能力。

【案件焦点】

本案中，陈某辩解其在被海关查获之后，才明确知道里面是毒品，陈某的辩护人所提陈某受自身智能障碍和认知能力影响，主观上缺乏明知是毒品，缺乏走私毒品的主观故意。本案争议焦点为走私毒品罪中对毒品的“明知”如何判断。

【法院裁判要旨】

北京市第四中级人民法院经审理认为：被告人陈某违反国家禁止毒品出入境的规定，从境外非法携带毒品入境，其行为已构成走私毒品罪。陈某走私毒品可卡因数量大，社会危害性大，依法应予严惩，但鉴于陈某犯罪时系限制刑事责任能力，到案后能够如实供述自己的主要犯罪事实，自愿认罪认罚，且涉案毒品尚未流入社会，系初犯、偶犯等，依法可对其予以从轻处罚。陈某的辩护人所提陈某犯罪时系限制刑事责任能力人，涉案毒品未流入市场，存在坦白情节，属于初犯、偶犯等，应当对陈某从轻处罚的相关辩护意见，本院予以采纳。据此，法院判决：被告人陈某犯走私毒品罪，判处有期徒刑15年，剥夺政治权利3年，并处没收个人财产人民币3万元。一审宣判后，陈某未提出上诉，检察院未抗诉，该案判决现已生效。

【法官后语】

本案中，对于陈某所提其在被海关查获之后，才明确知道里面是毒品的辩解以及陈某的辩护人所提陈某受自身智能障碍和认知能力影响，主观上缺乏明知是毒品，缺乏走私毒品的主观故意，不符合走私毒品罪在主观上只能出于故意的构成要件要求，即使要对其受他人教唆、欺骗、胁迫而为之的走私行为进行惩处，根据罪刑法定原则，以一般走私罪予以惩处更为恰当的相关辩护意见，经查，本案中，根据现有证据，足以认定陈某对涉案毒品是明知的，且其行为符合走私毒品罪的犯罪构成。具体理由如下：首先，陈某从侦查阶段至庭审期间所作的多次供述，内容十分稳定，其供认这次去巴西帮“葱头”带“中药粉”回香港，目的是获取高额报酬，但从巴西出发前其却没有看到“葱头”让其带的“中药粉”，其怀疑“中药粉”应该是放到了行李箱的夹层当中，案发当时即怀疑“葱头”让其携带的行李箱的夹层中藏匿有毒品之类的违法的东西。陈某与“葱头”等人的聊天记录亦能够证明，陈某对非法携带毒品出入境的相关规定具有一定的认知能力。由此可见，陈某主观上对涉案毒品是明知的，应当知道自己所实施的行为是走私毒品的行为。其次，从涉案毒品被查获时的情形看，海关工作人员经机检开箱查验，在陈某托运的行李箱中发现夹层，夹层中夹藏有黑色塑料袋包装的白色粉末，对上述以藏匿手段逃避海关检查，并在行李箱的夹层中被海关工作人员查获毒品的情形，对此，陈某并不能作出合理解释，且其亦不能提出确属被蒙骗实施犯罪的相关证据。最后，根据主客观相一致原则，陈某客观上实施了走私毒品的行为，主观上其知道或应当知道所实施的行为是走私毒品的行为，其行为符合走私毒品罪的犯罪构成。综上，陈某的辩解及陈某的辩护人的相关辩护意见均缺乏相应的证据证实，亦缺乏事实和法律依据，本院不予采纳。

编写人：北京市第四中级人民法院　江珞伊

以化学方法掩饰走私毒品行为的准确认定

——柯某某传授犯罪方法案

【案件基本信息】

1. 裁判书字号

一审：北京市第四中级人民法院（2022）京04刑初22号

二审：北京市高级人民法院（2023）京刑终105号

2. 案由

传授犯罪方法罪

【基本案情】

2016年至2019年，被告人柯某某多次向境外客户销售萘酮，产品运往非洲及中东市场，运抵国为南非、赞比亚及莫桑比克及津巴布韦等国家，申报商品名称规格型号为萘酮≥98.5%，水≤1.5%，用途均为用于治疗支气管哮喘和过敏性鼻炎药物（曲尼司特的中间体）等。2020年7月6日，柯某某委托某国际货运代理有限公司，将其购买的化学品内酯分两票出口至肯尼亚和津巴布韦，申报品名为萘酮等。该两票货物于2020年7月7日被首都机场海关物流监控处就地查扣，经称量共计1534.844千克。在与境外买家联系的过程中，柯某某（微信账号×）与境外内酯买家之一的James（微信账号×）通过微信聊天时多次讨论了安全、非洲局势、警察卧底等信息。其中，2019年4月5日19时33分47秒，柯某某向James转发了其与James于2018年6月19日的微信聊天记录［柯某某发给James的内容为“目前，你使用的是欧洲品质。最好每次添加稀硫酸（×%硫酸水溶液）。比率可以增加到×%或×%，请让你的合伙人找出最佳比率。同时，请延长反应时间以使反应更彻底”“彻底反应肯定会增加你所需的强度"。]；2019 年 4 月 5 日 19 时 33 分 52 秒，柯某某向 James 转发了其与 James 于 2019 年 3 月 9 日的微信聊天记录［柯某某发给 James 的内容为"请告诉他们，在蒸煮之前添加 ×% - ×% 的稀硫酸，请注意是 ×% - ×% 的硫酸水溶液（水溶液），不是 ×% - ×% 的硫酸红葡萄酒溶液。加热过程要慢，比如 × 摄氏度，可以保持 × - × 小时，具体时间根据每次的烹煮数量而定"。James 回复柯某某："别人用 ×: × 的比例处理 × 公斤，但是他说当产品就绪后，稍微有点油腻，所以他不能准确击打。我建议他用乙醇清除产品中的邻苯二酚。"柯某某回复 James："你是对的，或者，他可以根据烹煮时溶液蒸发的量确定最佳比例，比如，他可以用 ×: × - ×: × 的比例。目前你用的是欧洲品质，最好每次添加稀硫酸（×% 硫酸水溶液），比例可以增加到 ×%，或者 ×%，请让你的搭档找出最佳比例。同时请延长反应时间，使得反应更彻底。反应过程越彻底，会增加你所需要的强度。"]；2019 年 4 月 5 日 19 时 44 分，柯某某回复 James："稀硫酸（×% 硫酸水溶液）是用于这些化学反应的催化剂。"后 James 回复柯某某："我不告诉他们，我给他们的是秘密配方"等。2020 年 11 月 16 日，柯某某接北京海关缉私局电话通知后到案。归案后，柯某某拒不供认自己的犯罪事实。

【案件焦点】

被告人柯某某以化学方法掩饰走私毒品的行为应如何定性，存在制造毒品罪共犯、走私制毒物品罪、传授犯罪方法罪及无罪等多种观点。

【法院裁判要旨】

北京市第四中级人民法院经审理认为：被告人柯某某向他人传授犯罪方法，其行为已构成传授犯罪方法罪。柯某某向他人传授制毒犯罪方法，社会危害性大，考虑其系经侦查机关电话传唤到案等因素，依法对柯某某酌予从轻处罚。据此，判决：（1）被告人柯某某犯传授犯罪方法罪，判处有期徒刑 2 年。（2）扣押在北京海关缉私局的物品依法处理。

一审宣判后，公诉机关未提出抗诉，被告人柯某某以一审判决事实不清、证据不足，请求依法改判无罪为由提出上诉，主要理由如下：（1）其主观上不具有传授犯罪方法的故意；（2）其与 James 聊天内容中没有犯罪方法，其当时不掌握甲喹酮的制作工艺，不具有实施传授犯罪方法的条件；（3）在案证据不能证明其与 James 在聊天中有向 James 传授使用内酯制造甲喹酮的合成工艺。北京市高级人民法院经审理认为：上诉人柯某某向他人传授犯罪方法，其行为已经构成传授犯罪方法罪，依法应予惩处。一审法院根据柯某某犯罪的事实、性质、情节及对于社会的危害程度所作的刑事判决，事实清楚，证据确实、充分，定罪正确，量刑适当，审判程序合法，应予维持。据此裁定驳回柯某某的上诉，维持原审判决。该案裁判现已生效。

【法官后语】

本案在审理中，对于行为的认定，存在极大争议。第一种观点认为，被告人柯某某明知他人利用其走私的物质制造毒品而提供原料帮助，应认定为制造毒品罪共犯。第二种观点认为，被告人柯某某走私的内酯虽不在列管物质范围，但经化学反应可以生成甲喹酮，而甲喹酮属于毒品范畴，可以认定内酯属于“用于制造毒品的原料、配剂”，其行为应认定为走私制毒物品罪。第三种观点认为，因内酯极易水解，海关在扣押后为寻找专门仓储地点导致送检不及时，检验时大部分内酯已水解，因而针对走私物品成分的检验报告不能作为证据使用，无法证明走私对象的准确成分，进而无法认定走私制毒物品罪。在案证据显示被告人柯某某通过微信向他人传授用内酯生成甲喹酮的方法，可以认定为传授犯罪方法罪。第四种观点认为，从现有证据看，无法得出柯某某向 James 等人传授使用内酯制造甲喹酮的合成工艺这一具体犯罪方法的结论，不能认定柯某某的行为构成传授犯罪方法罪。

随着制毒技术的发展，新型毒品、新型精神活性物质等不断涌现，掩饰走私毒品的方式亦日趋多样化，在传统“物理”隐藏、夹带等方式的基础上逐渐发展出利用物质间合成、分解等化学反应掩饰毒品走私的行为。本案系全国首例以化学方法掩饰走私毒品的刑事案件，本案中走私的直接对象内酯不在我国现有列管物质范围内，但其自然放置（或加入稀硫酸）即可水解为 N－乙酰邻氨基苯酸（化学式为 $C_9H_9NO_3$，被列为第一类易制毒化学品管控），后加入邻甲苯胺（化学式为 C_7H_9N），在一定浓度、温度等条件下经化学反应可以生成甲喹酮（化学式为 $C_{16}H_{14}N_2O$，被列入第一类精神药品管控，属毒品范畴）。内酯由邻氨基苯甲酸（化学式为 $C_7H_7NO_2$，被列为第一类易制毒化学品管控）加入乙酸酐（化学式为 $C_4H_6O_3$）合成。由此可见，内酯的合成物质和水解后自然生成的物质均为列管物质，涉案行为系通过对管制物质的改造或伪装（英文译为 mask），利用化学反应生成的未列入管制范围的物质，来逃避海关监管，以达到利用走私的物质在境外合成毒品的目的。对此，本案在审理中确认了如下审查路径：

第一，对于以化学方法掩饰走私毒品行为的定性，在走私物品收货方制造毒品相关证据充分时可考虑认定为制造毒品罪共犯；在走私物品属于易制毒化学品或在走私时已自然水解出易制毒化学品，且相关证据充分时可考虑认定为走私制毒物品罪；在走私行为人向他人讲解利用走私物品生成毒品的化学反应的证据充分时可考虑认定传授犯罪方法罪。

第二，对于认定为传授犯罪方法罪的行为，评价“犯罪方法”的法律依据是我国《刑法》；中性方法与犯罪方法需结合传授人、被传授人的个人情况，双方传授、学习该方法的原因、目的及在何种场合下或利用何种途径传授该方法等予以综合判断；证明责任方面走私物质经化学反应生成的毒品被用于合法用途应当由被告人负举证责任；直接故意和间接故意都可以构成本罪；刑事可罚性需结合传授犯罪方法的具体情况、行为的持续时间、传授方法的用途及影响等进行判断。

本案中，客观上，在事实层面，柯某某向 James 传授制作甲喹酮的方法；在法律层面，根据我国《刑法》，该方法为犯罪方法，可以认定柯某某实施了向他人传授犯罪方法的行为。主观上，被告人具有直接故意，程度上，具备刑事可罚性，可以认定柯某某构成传授犯罪方法罪。

编写人：北京市第四中级人民法院　江珞伊

走私毒品犯罪中主观明知的认定

——刘某走私毒品案

【案件基本信息】

1. 裁判书字号

一审：北京市第四中级人民法院（2021）京04刑初16号

二审：北京市高级人民法院（2022）京刑终97号

2. 案由

走私毒品罪

【基本案情】

被告人刘某与张某系母子关系，张某于2016年7月从北京出境前往泰国后一直未回国，二人通过微信互相联系。2020年7月至12月，被告人刘某根据张某提供的收件人信息、购物发票等材料，通过网络平台多次帮助张某申报从泰国邮寄运动鞋、榴莲干等物品入境，由DHL承运的国际快件。截至2020年11月，张某作为发件人从曼谷共向国内寄出13件快件，收件人分别为马某、张某1、雷某庆，经刘某申报清关后均顺利通关。每次清关后，张某会通过微信给刘某发送金额几元、十几元或者几十元不等的红包。

2020年12月6日，张某向国内邮寄第14单快件。该单于12月26日在香港海关经查验发现货物中夹藏有疑似毒品甲基苯丙胺，后被扣留，未发生申报清关行为。

2020年12月8日，张某向国内邮寄第15单快件，收件人雷某明，入境口岸广州。12月9日，张某向刘某提供申报清关所需购物小票、收件人雷某明身份证照片等材料。12月11日，快件到达广州口岸后，刘某根据张某提供的信息在线申报清关，内容为“运动鞋，BAOJI 品牌 2 双，原产国泰国，总价人民币 300 元”。12 月 17 日，DHL 发现该快件内的 2 只鞋不成双，便通知刘某向发件方重新确认物品信息，并要求提供购物小票或网购订单截图。12 月 21 日，经与张某联系确认后，刘某向 DHL 提交了情况说明，重新申请清关。12 月 23 日，广州白云机场海关缉私分局在该快件内的运动鞋鞋底内部查获疑似毒品，经称量和鉴定，疑似毒品系氯胺酮，净重 146.79 克。

2020 年 12 月 12 日，张某国内邮寄第 16 单快件，入境口岸北京，收件为刘某，收件地为其居住地。张某让刘某收到包裹后再转发至辽宁某地张某 1 收。12 月 15 日，刘某按张某提供的购物小票信息在线申报清关，内容同 15 单。当日，DHL 发现申报清关数量与运单单据不符，联系刘某，其表示鞋的数量应为 3 双。12 月 16 日，北京海关缉私局在该单快件内的 3 双运动鞋鞋底跟部发现疑似夹藏毒品，经称量和鉴定，上述疑似毒品系甲基苯丙胺，共计 164.51 克，含量 77.2% –78.7%。

【案件焦点】

刘某否认明知代为清关的快件中夹藏有毒品，在案其他证据是否足以认定刘某具有走私毒品的主观故意，并据此依法准确评价刘某的行为是否构成犯罪。

【法院裁判要旨】

北京市第四中级人民法院经审理认为：在案证据不足以认定被告人刘某具有走私毒品的主观故意。（1）无证据证明刘某在清关过程中实施了逃避海关监管的行为。国际快件入境后，刘某未直接接触过包裹，仅是按其母亲提供的信息如实申报，并交纳清关费用，客观上未实施伪报、瞒报等逃避海关监管的行为。（2）无证据证明刘某因清关行为获取了高额或不等值的报酬。每次清关后，其母亲给予的十几或几十元好处费，无法让人将清关行为和高额获利的走私犯罪或毒品犯罪相联系。（3）刘某对频繁代为清关等行为的辩解有合理之处。其辩解称，其母答复，“徐某是她的朋友，在泰国经常帮助她”“超重费比较贵，所以分开寄”……结合刘某的年龄、生活阅历等情况，该辩解并非完全不合常理。（4）刘某对包裹产生的怀疑尚不足以推定其“明知”包裹内有毒品，且持“放任态度”。十几票“运动鞋”大部分已顺利清关，完成派送，足以让其相信包裹无问题。母亲的解释使其彻底消除怀疑。刘某供述曾怀疑快递中可能藏有违禁药品，但该怀疑是从广州海关通知其包裹被查出鞋子不成对开始的。当天刘某将海关的邮件截图发给母亲，二人有多次微信通话，证明刘某说出内心怀疑，并向母亲求证，在母亲作出解释后，其消除了怀疑，才向海关提交了手写的情况说明，并重新进行申报。其对包裹内藏毒系坚决排斥。（5）本案毒品传递的上下家是母子关系，刘某出于对母亲的信任，降低甚至消除了对包裹原有的怀疑符合常情常理，具有一定可信性。刘某生活在单亲家庭，从2016年至2020年保留的5万多条与其母亲的微信记录，从未有涉及违法行为等异常信息。（6）公诉机关以《走私意见》第六条的规定认定刘某构成走私毒品罪不妥。法院认为，在案证据不足以认定刘某主观上具有走私犯罪的故意，故不应以实际查获的毒品对其定罪处罚。据此，判决被告人刘某无罪。

二审法院同意一审法院裁判意见。

【法官后语】

本案历经一审、二审，被告人刘某在到案后以及一审、二审中均否认知道代为清关的快件中夹藏有毒品，全案争议的核心问题在于在案其他证据是否足以认定刘某具有走私毒品的主观故意，并据此依法准确评价刘某的行为是否构成犯罪。由于行为人的主观心态具有内在性，当行为人明确否认其主观心态时，如何通过在案证据证明或推定行为人具有明知，基于个人认知、经验、价值判断的差异性，即便对于同一行为、针对相同的证据，对于主观要素的认定也可能出现不同的结果。本案一审、二审法院的立场均认定刘某不具有走私毒品的主观故意，不构成走私毒品犯罪，与检察院的指控和抗诉意见截然相反。在“回溯”案件事实时，如何准确认定行为人的主观不法要素，避免冤错又防止放纵犯罪，做到既管制危险又保护法益，需要法院秉持刑事一体化理念，遵循主客观相一致原则，规范把握明知的内涵、有效运用证明与推定，作出符合法律精神和法律规定的裁判。

毒品犯罪的主观认定环节，明确行为人是否“主观明知”是毒品决定了行为人的罪与非罪。囿于毒品犯罪通常存在手段隐蔽、跨境联络、证据获取困难、行为人归案后否认等实际问题，致使对于行为人主观构成要素的证明存在较大现实困难。

就刑事实体方面而言，故意系主观的不法要素，属于构成要件的范畴。对于主观要素之故意，我国《刑法》第十四条第一款明确规定了认识因素与意志因素两个要素，二者同时具备，行为人即具有故意的非难可能性。明知属于故意的认识因素，是行为人对于犯罪构成要件事实本身的认识以及评价性认识，是行为人行为时的主观状态。明知即知道、认识到、预见到。我国部分走私刑事案件以及毒品犯罪案件司法解释将主观故意中的“明知”界定为行为人知道或应当知道。具体到走私毒品犯罪案件，要求明知自己走私毒品的犯罪行为会发生危害社会的结果、明知走私行为的时间、地点、方法、行为对象等，认识到行为的内容与社会意义等。明知包括确定的认识和不确定的认识，即明知必然或明知可能会发生危害结果，后者指有确实的证据证明或推定行为人明知结果发生的不确定性。只要现有证据不足以认定行为人知道自己的行为会发生危害社会的结果，就不具备犯罪的故意。走私毒品犯罪的概括性明知所包含的行为违法性认识至少是认识到其走私的物品可能是毒品，该行为为法所不容许。

就刑事程序方面而言，明知涉及证明与推定的问题。当行为人明知某种构成事实的认定属于犯罪构成要件事实认定，行为人声称不明知导致其主观是否明知存疑时，不轻易适用存疑有利于被告人原则，作出行为人不构成明知的无罪判决；应根据客观事实合理推定行为人是否主观明知。具体到毒品犯罪中，行为人明知属于构成要件事实，证明行为人对犯罪对象毒品具备明知的证据包括物证、书证、证人证言以及犯罪嫌疑人、被告人供述和辩解等，当综合运用在案证据仍旧无法证明行为人是否明知是毒品时，方可运用推定来认定。根据行为人实施毒品犯罪的方式、过程及毒品被查获时的情形，结合其年龄、文化程度、生活状况、职业背景、是否有毒品违法犯罪经历及与共同犯罪人之间的关系等情况，综合分析判断。适用司法推定时，应当注意推定必须以客观事实为基础，必须符合逻辑，允许通过行为人反驳来克服虚假性，实务中要注意审查反证能否成立。若行为人的辩解确有事实依据，能够合理解释其异常行为的，且该事实依据与其他证据能够相印证的，人民法院应当依法排除行为人的主观明知，宣告其无罪。本案中，从刘某实施代为清关的过程、方式，与涉案毒品流转链条中其他环节人员的关系（上下家母子关系），结合刘某对其行为的认识、对异常情形的解释，在案证据无法认定其具有走私毒品的主观故意，故而法院依法以证据不足为由判决其无罪。

编写人：北京市第四中级人民法院　万颖颖

走私文物罪中“文物”的范围认定及量刑标准

——卢某走私文物、走私普通货物案

【案件基本信息】

1. 裁判书字号

一审：北京市第四中级人民法院（2023）京 04 刑初 31 号

二审：北京市高级人民法院（2024）京刑终 30 号

2. 案由

走私文物罪、走私普通货物罪

【基本案情】

2020 年 12 月，被告人卢某将两尊佛像交给陈某 1、陈某 2（均另案处理），后陈某 1、陈某 2 通过雇用货车司机以夹带方式将两尊佛像运输出境至我国香港特别行政区，未向海关申报。经鉴定，两尊佛像为禁止出境的文物，价格人民币 2 800 000 元。

2021 年 2 月，卢某将清黄蜡石赏石、清袖珍玲珑赏石、清灵璧横峰赏石、清“横云”赏石、Lot5866 清灵璧赏石、清乾隆外胭脂红内花卉纹花口盘共 6 件货物交给陈某 1、陈某 2，后陈某 1、陈某 2 通过雇用货车司机以夹带方式，将上述 6 件货物从我国香港特别行政区运输入境，未向海关申报。2021 年 8 月，卢某指使陈某 1、陈某 2 通过雇用货车司机蔡某源（另案处理）以夹带方式，将白太湖供石山子从我国香港特别行政区运输入境，未向海关申报。经计核，上述货物偷逃应缴税额人民币 284 578.2 元。其间，卢某以白太湖供石山子赔偿款的名义从陈某 1 处获利人民币 30 000元。

2023 年 1 月 16 日，北京大兴国际机场海关缉私分局民警在北京市东城区某大厦将卢某抓获归案，卢某到案后如实供述犯罪事实。涉案文物及白太湖供石山子等物品已被依法起获并扣押。在本院审理期间，卢某亲属主动代其缴纳了偷逃应缴税款、罚金等共计人民币577 480.84元。

2023年1月16日卢某到案，到案后如实供述犯罪事实。涉案文物等已被依法扣押。

【案件焦点】

对于“国家禁止出口的文物”，依照《文物保护法》规定的“国家禁止出境的文物”的范围认定。根据不同等级文物的不同数量确定量刑标准，无法确定文物等级或按文物等级定罪量刑明显过轻或者过重的，可以按照走私的文物价值定罪量刑。

【法院裁判要旨】

北京市第四中级人民法院经审理认为：被告人卢某违反国家法律法规，未向海关申报，逃避海关监管，运输禁止出境的文物出境，价值人民币280万元，运输普通货物入境，偷逃应缴税额人民币28万余元，其行为已分别构成走私文物罪、走私普通货物罪。北京市人民检察院第四分院指控卢某犯走私文物罪、走私普通货物罪的事实清楚，证据确实、充分，指控罪名成立。卢某所犯走私文物罪，情节特别严重；其所犯走私普通货物罪，偷逃应缴数额较大，依法均应予惩处，并对其数罪并罚。鉴于卢某在起诉书指控的第一起、第二起犯罪中，所起作用较小，系从犯，庭审期间亦能够如实供述自己的主要犯罪事实，自愿认罪认罚，且其亲属主动代其缴纳偷逃应缴税款及罚金等款项以及涉案文物、大部分货物被起获并扣押在案等法定或酌定从轻处罚情节，本院依法对卢某所犯走私文物罪予以减轻处罚，对其所犯走私普通货物罪予以从轻处罚。在案扣押的款物，依法予以处理。对公诉机关的量刑建议和卢某的辩护人的相关辩护意见，本院予以采纳。卢某及其辩护人关于卢某系受他人指使而实施的起诉书指控的第一起、第二起犯罪事实的辩解和辩护意见，经查，上述辩解和辩护意见缺乏确实、充分的证据予以证明，不能成立，故本院对上述辩解和辩护意见不予采信和采纳。卢某的辩护人关于卢某系自首的辩护意见，经查，在案无证据证明卢某系自动投案，即便其系自动投案，其行为也不符合自首的成立条件，故卢某的辩护人的该项辩护意见缺乏相应的证据证明，亦缺乏事实和法律依据，本院不予采纳。卢某及其辩护人关于请求法院对卢某再予从宽处理，判处3年以下有期徒刑并适用缓刑的辩解和辩护意见，均缺乏事实和法律依据，本院不予采纳。据此，判决：（1）被告人卢某犯走私文物罪，判处有期徒刑5年，并处罚金人民币5万元；犯走私普通货物罪，判处有期徒刑1年，并处罚金人民币30万元，决定执行有期徒刑5年6个月，罚金人民币35万元。（2）扣押在本院的人民币57 480.84元用于补缴被告人卢某的应缴税款。（3）扣押在本院及北京大兴国际机场海关缉私分局的款物依法处理。（4）追缴被告人卢某违法所得人民币3万元予以没收并上缴国库。

二审法院同意一审法院裁判意见。

【法官后语】

本案系北京市首例以走私文物罪判决并成功从我国香港特别行政区追回文物的案件。走私文物罪，是指违反国家法律法规，未向海关申报，逃避海关监管，走私国家禁止出口的文物的行为。本罪仅限于将文物从境内走私至境外的行为，若将文物从境外走私至境内的，仅成立走私普通货物、物品罪。走私文物罪规定在我国《刑法》第一百五十一条第二款、第四款，单位亦可构成本罪。本罪法定刑有三档：情节较轻5年以下，一般情节5年以上10年以下，情节特别严重10年以上或无期徒刑。《最高人民法院、最高人民检察院关于办理走私刑事案件适用法律若干问题的解释》依据不同等级文物的不同数量，确定本罪定罪量刑标准。走私国家禁止出口的文物，分为三级文物、二级文物、一级文物。一级文物不论数量均为情节特别严重，二级文物不满3件的属于一般情节，3件以上或者不满3件且严重毁损或无法追回的属于情节特别严重，三级文物2件以下属情节较轻、3件以上不满9件或不满3件且严重毁损或无法追回的属一般情节，9件以上或3件以上不满9件且严重毁损或无法追回的属情节特别严重。《最高人民法院、最高人民检察院关于办理妨害文物管理等刑事案件适用法律若干问题的解释》第一条第三款规定，走私国家禁止出口的文物，无法确定文物等级，或者按照文物等级定罪量刑明显过轻或者过重的，可以按照走私的文物价值定罪量刑。价值依据5万－20万元、20万－100万元、100万元以上分不同量刑幅度。

对于“国家禁止出口的文物”，依照《文物保护法》规定的“国家禁止出境的文物”的范围认定。该法第七十七条第一款规定，国有文物、非国有文物中的珍贵文物和国家禁止出境的其他文物，不得出境；依照本法规定出境展览或者因特殊需要经国务院批准出境的除外。根据2005年12月29日第十届全国人民代表大会常务委员会第十九次会议通过《全国人民代表大会常务委员会关于〈中华人民共和国刑法〉有关文物的规定适用于具有科学价值的古脊椎动物化石、古人类化石的解释》的规定，《刑法》有关文物的规定，适用于具有科学价值的古脊椎动物化石、古人类化石。因此，走私古脊椎动物化石、古人类化石的依照走私文物处理。

关于文物出境的要求，具体在《文物保护法》第七十八条的规定，文物出境，应当经国务院文物行政部门指定的文物进出境审核机构审核。经审核允许出境的文物，由国务院文物行政部门发给文物出境许可证，从国务院文物行政部门指定的口岸出境。任何单位或者个人运送、邮寄、携带文物出境，应当向海关申报；海关凭文物出境许可证放行。

具体到本案，其一，关于本案走私的对象。经北京市文物进出境鉴定所专家对所涉物品年代、真伪进行鉴定鉴定，两尊佛像分别为铜鎏金释迦牟尼佛像和铜鎏金宝冠释迦牟尼佛像，均为明代文物，均为国家禁止出境文物。北京市京价价格评估有限公司出具的涉案的两尊铜鎏金佛像的《价格鉴定意见书》认定两尊铜鎏金佛像价格鉴定意见为280万元。其二，对于走私文物罪的客观行为，即客观上要具有实施走私文物的行为。本案中，2020年12月，被告人卢某将两尊佛像交给陈某1、陈某2（均另案处理），后陈某1、陈某2通过雇用货车司机以夹带方式将两尊佛像运输出境至我国香港特别行政区，未向海关申报。其三，关于走私参与角色分工与主观故意的认定。团伙化、职业化是当前走私犯罪的典型特征，众多成员分工协作，应具体分析不同角色的行为人，主观认识内容及程度，进而认定具有走私的故意。卢某作为长期在文物领域工作的人员，通过文物部门和海关部门办理过正常的文物进出境事宜，其供述清楚未经文物部门和海关批准不得擅自将文物运出境的规定，又供述当时杜某跟其说要将两尊金佛运到香港，其当时就知道这是不对的，是走私文物。全案证据能够相互印证，足以证明卢某具有走私文物的主观故意。卢某的辩护人提出走私文物事实中，并非卢某指使陈某1、陈某2走私文物，而是杜某指使卢某、陈某1、陈某2等人进行文物走私工作，卢某仅仅是听从单位领导的指派，参与了境内的运输，对整个走私文物的作用非常小，既不是主谋，也不是走私的具体实行者。法院经审理后认定，鉴于卢某在起诉书指控的第一起、第二起犯罪中，所起作用较小，系从犯。卢某及其辩护人关于卢某系受他人指使而实施的起诉书指控的第一起、第二起犯罪事实的辩解和辩护意见，缺乏确实、充分的证据予以证明，不能成立。

本文着重分析的是走私文物罪的定罪量刑问题。实践中，走私对象的不同，可能导致触犯走私的具体罪名不同。如该走私对象有明确的罪名，如走私文物罪、走私珍贵动物制品罪等，则应当适用该特别罪名。当然，也不能一概而论，还要结合被告人的违法性认识综合判断，也会出现适用此走私罪名而非彼走私罪名的情形。

编写人：北京市第四中级人民法院　万颖颖

通过边民互市贸易方式进口应以一般贸易方式进口的货物的行为性质认定

——洪某1等人走私普通货物案

【案件基本信息】

1. 裁判书字号

一审：北京市第四中级人民法院（2021）京04刑初5号

二审：北京市高级人民法院（2021）京刑终217号

2. 案由

走私普通货物罪

【基本案情】

某水产中心系个体（内地），经营者为被告人洪某1，成立日期为2006年10月10日，经营范围为销售水产品等。某公司成立日期为2014年1月9日，公司类型为一人有限责任公司，法定代表人为被告人洪某2（经理、执行董事），监事为被告人田某1，经营项目为销售水产品等。

2015年12月至2019年10月，被告洪某1等人在进口冻白虾等水产品过程中，通过王某等人，以化整为零、更换包装等方式，将应当以一般贸易方式进口的水产品498柜通过边民互市贸易的渠道进口，逃避海关监管。经计核，共偷逃应缴税额人民币59 675 524.68元（以下币种同）。

在整个走私过程中，洪某1主要负责整体组织指挥，洪某2主要负责采购进口，张某1主要负责销售、财务，张某2主要负责协助洪某2采购进口，田某1主要负责档口管理、销售，田某2主要负责财务，谢某主要负责销售，洪某3主要参与销售、联系付汇；王某主要负责组织边民过货，吴某协助王某并主要负责财务，薛某主要负责安排境内运输，柯某帮助向国外账户支付走私货款。其中，洪某 1、洪某 2、张某 1、张某 2、田某 1 自始参与走私，对全部数额负责；田某 2 参与走私 392 柜，偷逃应缴税额 44 375 939. 55 元；谢某参与走私 371 柜，偷逃应缴税额 41 892 248. 44 元；洪某 3 参与走私 301 柜，偷逃应缴税额 34 196 882. 88 元。王某、吴某参与走私 293 柜，偷逃应缴税额 35 577 250. 15 元；薛某参与走私 161 柜，偷逃应缴税额 19 672 144. 59 元；柯某参与走私 8 柜，偷逃应缴税额 1 194 914. 66 元。

被告人洪某 1、王某、洪某 2、张某 1、吴某、张某 2、田某 1、谢某、洪某 3、柯某于 2020 年 1 月 7 日被抓获归案，田某 2 于 2020 年 1 月 14 日经电话通知到案，薛某于 2020 年 8 月 16 日经电话通知到案。到案后，洪某 2、田某 2、薛某、柯某自愿如实供述主要犯罪事实。

【案件焦点】

通过边民互市贸易方式进口应以一般贸易方式进口的水产品的行为是否属于伪报贸易性质走私。

【法院裁判要旨】

北京市第四中级人民法院经审理认为：被告人洪某 1、王某、洪某 2、张某 1、吴某、张某 2、田某 1、田某 2、谢某、洪某 3、薛某、柯某在进口货物过程中违反国家法律、法规，逃避海关监管，将应当以一般贸易方式缴税进口的货物通过边民互市贸易的方式申报进口，其中洪某 1、洪某 2、张某 1、张某 2、田某 1 偷逃应缴税额 59 675 524. 68 元，王某、吴某偷逃应缴税额 35 577 250. 15 元，田某 2 偷逃应缴税额 44 375 939. 55 元，谢某偷逃应缴税额 41 892 248. 44 元，洪某 3 偷逃应缴税额 34 196 882. 88 元，薛某偷逃应交税额 19 672 144. 59 元，柯某偷逃应缴税额 1 194 914. 66 元，洪某 1 等十二名被告人的行为均已构成走私普通货物罪。北京市人民检察院第四分院指控被告人洪某 1、王某、洪某 2、张某 1、吴某、张某 2、田某 1、田某 2、谢某、洪某 3、薛某、柯某犯走私普通货物罪的事实清楚，证据确实、充分，罪名成立。洪某 1、王某、洪某 2、张某 1、吴某、张某 2、田某 1、田某 2、谢某、洪某 3、薛某所犯走私普通货物罪，偷逃应缴税额特别巨大，柯某偷逃应缴税额巨大，依法均应予以惩处。鉴于洪某1、王某、洪某2、张某1在共同犯罪中均起主要作用，系主犯，吴某、张某2、田某1、田某2、谢某、洪某3、薛某、柯某在共同犯罪中均起次要或者辅助作用，系从犯，田某2、薛某系自首，张某2、田某1、田某2、谢某、洪某3、薛某、柯某均自愿认罪认罚，并如实供述自己的罪行，吴某亦能够当庭如实供述自己的罪行，且部分偷逃税款已被追缴在案，洪某1、洪某2等人缴纳部分税款或罚金等情节，本院对洪某1、洪某2、张某1予以从轻处罚，对吴某、张某2、田某1、田某2、谢某、洪某3、薛某、柯某予以减轻处罚，同时对张某2、田某1、田某2、谢某、洪某3、薛某、柯某适用缓刑。王某的辩护人所提建议法庭对王某从轻或减轻处罚，并适用缓刑的辩护意见，洪某2的辩护人所提建议法庭对洪某2减轻处罚的辩护意见，张某1的辩护人所提建议法庭对张某1依法认定为从犯，并酌情给予张某1三年以下有期徒刑的量刑，同时适用缓刑的辩护意见以及吴某的辩护人所提恳请法庭对吴某作定罪免刑处理或对其减轻处罚并适用缓刑的辩护意见，经查，上述辩护意见均与庭审查明的事实和证据不符，亦缺乏法律依据，本院不予采纳。张某2、田某1、谢某、洪某3的辩护人关于建议法庭对张某2、田某1、谢某、洪某3予以减轻处罚，并适用缓刑的相关辩护意见，本院予以采纳。对于公诉机关的量刑建议以及田某2、薛某、柯某的辩护人的相关量刑辩护意见，本院予以采纳。在案查封、扣押、冻结的款物，本院依法予以处理。据此，判决：（1）被告人洪某1犯走私普通货物罪，判处有期徒刑13年，并处罚金人民币1500万元。（2）被告人王某犯走私普通货物罪，判处有期徒刑11年，并处罚金人民币200万元。（3）被告人洪某2犯走私普通货物罪，判处有期徒刑10年，并处罚金人民币300万元。（4）被告人张某1犯走私普通货物罪，判处有期徒刑10年，并处罚金人民币200万元。（5）被告人吴某犯走私普通货物罪，判处有期徒刑3年，并处罚金人民币50万元。（6）被告人张某2犯走私普通货物罪，判处有期徒刑3年，缓刑5年，并处罚金人民币100万元。（7）被告人田某1犯走私普通货物罪，判处有期徒刑3年，缓刑4年，并处罚金人民币100万元。（8）被告人谢某犯走私普通货物罪，判处有期徒刑3年，缓刑 3 年，并处罚金人民币 50 万元。(9) 被告人洪某 3 犯走私普通货物罪，判处有期徒刑 3 年，缓刑 3 年，并处罚金人民币 50 万元。(10) 被告人薛某犯走私普通货物罪，判处有期徒刑 3 年，缓刑 3 年，并处罚金人民币 30 万元。(11) 被告人田某 2 犯走私普通货物罪，判处有期徒刑 2 年，缓刑 3 年，并处罚金人民币 50 万元。(12) 被告人柯某犯走私普通货物罪，判处有期徒刑 2 年，缓刑 2 年，并处罚金人民币 20 万元。(13) 在案查封、冻结的被告人洪某 1 等人名下银行账户中的款项及洪某 1 等人名下的不动产予以拍卖、变卖后的款项，均用于补缴应缴税款，上缴国库。不足部分继续向洪某 1、王某、洪某 2、张某 1 追缴。(14) 扣押在本院及北京海关缉私局的款物依法予以处理。

二审法院同意一审法院裁判意见。

【法官后语】

本案系一起典型的利用边民互市贸易伪报贸易性质的走私案件，即国内进口商将本应按照一般贸易方式进口的商品，通过边民互市贸易的形式进口，伪报了贸易性质，逃避了海关监管。目前我国边境贸易由边民互市贸易和边境小额贸易两种形式组成。边民互市贸易是边境地区边民在边境线 20 公里以内、经政府批准的开放点或指定的集市上，在不超过规定的金额或数量范围内进行的商品交换活动。边境小额贸易，是沿陆地边境线经国家批准对外开放的边境县（旗）、边境城市辖区内经批准的有边境小额贸易经营权的企业，通过国家指定的陆地边境口岸，与毗邻国家边境地区的企业或其他贸易机构之间进行的贸易活动。不同的贸易方式适用不同的税收政策和规定。与一般贸易方式相比，边民互市贸易税收优惠空间大，每人每日 8000 元以下的商品可以免税。实践中，利用边境贸易伪报贸易性质走私，主要是利用边民互市贸易进行走私。本案中，被告洪某 1 等人在进口冻白虾等水产品过程中，通过王某等人，以化整为零、更换包装等方式，将应当以一般贸易方式进口的水产品通过边民互市贸易的渠道进口，逃避海关监管。

关于通过边民互市贸易方式进口应以一般贸易方式进口的水产品的行为是否属于伪报贸易性质走私的问题。边民互市贸易需要满足主体、商品、数额均特定的情形。边民个人不得持他人证件从事边民互市贸易，不得向他人转让、出租及出借证件，任何法人或其他组织不得参与或变相参与边民互市贸易。边民互市贸易仅限于边民日常生活用品。将应当按照一般贸易方式进口的商品，通过边民互市贸易的形式进口，事前伪装行为直接改变贸易性质，在通关环节蒙蔽海关，逃避海关监管，属于伪报贸易性质的走私行为。针对该种走私行为的具体认定，需要审查涉案货物实际归属、货主与边民之间的关系、实际货物是否符合边民互市贸易规定等综合认定案件是否属于伪报贸易性质的走私犯罪。

具体到本案，关于被告人通过边民互市贸易方式进口应以一般贸易方式进口的水产品的行为是否构成走私普通货物罪的问题以及关于王某与洪某1等人之间是否系买卖水产品关系的问题。综合全案证据，洪某2、田某2、薛某及柯某等人在侦查阶段的有罪供述与在案证据之间可以相互印证，已形成完整的证据链条，足以认定王某与洪某1等人之间不是真正的买卖水产品的关系，12名被告人的行为属于伪报贸易性质的走私普通货物犯罪，且系共同犯罪。其一，洪某2、田某2等在侦查阶段的有罪供述能够证明“四哥”（王某）不是真正的货主，只是负责组织边民，并通过边民互市贸易的方式将洪某1、洪某2等人向外商购买的涉案冻海产品运输入境，洪某1、洪某2等人给王某、吴某支付过货费等事实。其二，洪某3等十余涉案人员手机微信聊天记录、洪某2等人在侦查阶段所作的有罪供述、证人证言及洪某2等人与外商之间往来邮件等证据，能够证明洪某1等12名被告人主观上具有走私普通货物的犯罪故意。其三，洪某1等12名被告人客观上共同实施了走私涉案水产品的犯罪行为。

关于走私货物、物品税率适用问题。我国《进出口关税条例》对进口货物关税设置了最惠国税率、协定税率、特惠税率、普通税率、关税配额税率等，一定期限内可以实行暂定税率。原产于与我国签订含有关税优惠条款的区域性贸易协定的国家或地区进口货物，适用协定税率。原产于共同适用最惠国待遇条款的世界贸易组织成员的进口货物，原产于与我国签订含有互相给予最惠国待遇条款的双边贸易协定的国家或者地区的进口货物，以及原产于中华人民共和国境内的进口货物，适用最惠国税率。与我国建交国家进口货物的关税基本上都适用最惠国税率。《海关总署关税征管司关于对原产地不明的涉嫌走私违规货物计核偷逃税款问题的复函》中记载，对于走私违规货物，如原产地不明且办案部门举证不能，海关应适用最惠国税率计核税款，若同时存在最惠国税率和暂定税率的，优先适用暂定税率计核税款。本案中，虽然在案的发票提单、部分邮件附件中的原产地证明及被告人供述等证据材料显示涉案的部分水产品大多来自南美国家，少部分来自其他国家，但洪某1等人违反国家法律、法规，逃避海关监管，将应当以一般贸易方式缴税进口的货物通过边民互市贸易的方式申报进口，在整个进口货物过程中，被告人并没有向海关提供合法有效的、与涉案实际货物相符的原产地证明，故涉案冻品虽由越南输入，但其始终不具备适用协定税率计征关税的条件，而只能以最惠国税率计核偷逃关税。

编写人：北京市第四中级人民法院　万颖颖

走私武器罪中“枪支”的认定规则

——朱某走私武器案

【案件基本信息】

1. 裁判书字号

北京市第四中级人民法院（2019）京04刑初37号

2. 案由

走私武器罪

【基本案情】

2018年10月，被告人朱某通过网络代购从我国台湾地区邮寄购入枪状物两支。2018年11月13日15时许，朱某在北京市某自提快递柜签收代购人发来的快递后被民警当场抓获，现场收缴枪状物两支。经鉴定，被起获的两支枪状物均为以压缩气体为动力的枪支，枪口比动能分别为1.96J/cm^2、3.61J/cm^2。后民警对朱某暂住地本市某地址进行搜查，起获枪状物一支。经鉴定，被起获的枪状物亦为以压缩气体为动力的枪支，枪口比动能为4.31J/cm^2。朱某到案后能如实供述自己的犯罪事实，涉案物品已全部起获并扣押。

【案件焦点】

走私武器罪中“枪支”的认定规则。

【法院裁判要旨】

北京市第四中级人民法院经审理认为：被告人朱某违反海关法规和国家禁止武器进出口的相关规定，未向海关申报任何物品，逃避海关监管，邮寄两支枪支入境，其行为已构成走私武器罪。北京市人民检察院第四分院指控被告人朱某犯走私武器罪的事实清楚，证据确实、充分，罪名成立。朱某所犯走私武器罪，属于我国《刑法》第一百五十一条第一款规定的“情节较轻”的情形，依法应予惩处。鉴于朱某到案后能够如实供述自己的犯罪事实，当庭认罪悔罪，且涉案枪状物已被起获并扣押等情节，依法可对其予以从轻处罚。涉案枪状物等物品依法处理。对公诉机关的量刑建议和朱某的辩护人的相关辩护意见，本院予以采纳，但辩护人所提朱某在犯罪过程中存在犯罪未遂及自首情节，并建议法庭对朱某在有期徒刑3年以下量刑并适用缓刑的辩护意见，缺乏事实和法律依据，不能成立，本院不予采纳。据此，判决：（1）被告人朱某犯走私武器罪，判处有期徒刑3年，并处罚金人民币3万元。（2）扣押在北京市公安局丰台分局的物品予以没收。

【法官后语】

走私犯罪中，走私普通货物、物品罪既侵犯了国家的对外贸易秩序，又侵犯了国家的税收利益，属于同时触犯走私犯罪与税收犯罪的交叉犯罪。走私对国家公共安全具有威胁的特定物品如走私武器罪等，在侵犯国家海关监管的同时对于国家公共安全、军事安全产生一定程度威胁，因而不完全是出于经济秩序维护角度考量。走私武器罪所保护法益包括“公共安全”，不法性评价的对象指向“武器”这一极具杀伤力、对公共安全构成重大威胁的物品。正是基于维护“公共安全”的考虑，走私武器罪的法定刑较走私一般货物犯更为严厉。我国《刑法》对走私武器、弹药罪的法定刑规定了三个档位，情节较轻3年以上7年以下、一般情节7年以上有期徒刑、情节特别严重无期徒刑。《最高人民法院关于审理非法制造、买卖、运输枪支、弹药、爆炸物等刑事案件具体应用法律若干问题的解释》依据不同类型的枪支、弹药数量规定基本定罪量刑标准。本文仅讨论枪支类型，以压缩气体等非火药为动力的，2支以上不满5支的，5支以上不满10支，10支以上分别对应前述三档法定刑；以火药为动力的，1支即属于一般情节，2支以上属于情节特别严重。

走私武器罪中的“武器”，是指能够以火药或压缩气体等为动力发射物质或者释放能量，足以致人死亡或丧失知觉的各类枪支、火炮及其他发射装置。根据《最高人民法院、最高人民检察院关于办理走私刑事案件适用法律若干问题的解释》第二条的规定，“武器、弹药”的种类，参照《进出口税则》及《禁止进出境物品表》的有关规定确定。这两个规定主要从外贸管理措施和物品进出境管理方式的角度来界定武器、弹药的范围，在具体判决走私武器、弹药罪犯罪对象时，应当立足本罪侵犯的犯罪客体国家有关武器、弹药进出境管理制度，围绕足以致人死亡或丧失知觉的本质特征。我国法律法规对“枪支”有明确的规定和鉴定标准。《枪支管理法》第四十六条规定，本法所称“枪支”，是指以火药或者压缩气体等为动力，利用管状器具发射金属弹丸或者其他物质，足以致人伤亡或者丧失知觉的各种枪支。《公安机关涉案枪支弹药性能鉴定工作规定》规定，对以压缩气体等为动力的非制式枪支，所发射弹丸的枪口比动能大于等于 $1.8J/cm^2$ 的，应认定为枪支。

在办理涉以压缩气体为动力且枪口比动能较低的枪支案件，涉案枪支的致伤力较低，在决定是否追究刑事责任以及裁量刑罚时唯枪支数量论，恐会有悖一般公众的认知，也会违背罪责刑相适应原则。因此，最高人民法院、最高人民检察院联合发布了《枪支气枪铅弹刑事案件批复》规定，对于非法制造、买卖、运输、邮寄、储存、持有、私藏、走私以压缩气体为动力且枪口比动能较低的枪支的行为，在决定是否追究刑事责任以及如何裁量刑罚时，不仅应当考虑涉案枪支的数量，而且应当充分考虑涉案枪支的外观、材质、发射物、购买场所和渠道、价格、用途、致伤力大小、是否易于通过改制提升致伤力，以及行为人的主观认知、动机目的、一贯表现、违法所得、是否规避调查等情节，综合评估社会危害性，坚持主客观相统一，确保罪责刑相适应。对于以收藏、娱乐为目的，涉案枪支致伤力极低，主观上难以认识到系枪支，行为人系初犯、偶犯等情形的，应当体现从宽的精神。《枪支气枪铅弹刑事案件批复》要求对此类案件的处理坚持宽严相济刑事政策，从枪支数量、致伤力大小、行为人认知等主客观方面综合考量，避免唯枪支数量论。关于“枪口比动能较低的枪支”，实践中，应当根据案件具体情况，在综合考虑其他相关情节的基础上，妥当把握“枪口比动能较低”的认定。

本案中，经鉴定，被起获的三支枪状物（包括在朱某住处起获的一支）均为以压缩气体为动力的枪支，枪口比动能分别为 1.96J/cm^2、3.61J/cm^2、4.31J/cm^2。被告人朱某违反海关法规和国家禁止武器进出口的相关规定，未向海关申报任何物品，逃避海关监管，邮寄两支枪支入境，其行为已构成走私武器罪。朱某所犯走私武器罪，属于我国《刑法》第一百五十一条第一款规定的“情节较轻”的情形，依法应予惩处。鉴于朱某到案后能够如实供述自己的犯罪事实，当庭认罪悔罪，且涉案枪状物已被起获并扣押等情节，依法对其予以从轻处罚。

编写人：北京市第四中级人民法院　万颖颖

走私禁止进出口的医疗器械为旧机电产品的认定

——某公司走私国家禁止进出口的货物案

【案件基本信息】

1. 裁判书字号

北京市第四中级人民法院（2018）京04刑初7号

2. 案由

走私国家禁止进出口的货物罪

【基本案情】

2014年3月至2016年7月，被告单位某公司在委托中某国际贸易（北京）有限公司或自行进口医疗器械过程中，由被告人高某负责公司全面工作和进口业务，被告人程某协助高某进行部分医疗器械的委托代理进口和销售等工作，以一般贸易方式从美国UIT公司进口GE品牌的彩色超声波诊断仪，并以全新机器的名义向海关虚假申报。该公司累计进口彩色超声波诊断仪29台，价值人民币1114万余元，其中程某参与进口6台，价值人民币283万余元，这些仪器中的绝大多数被该公司售出后，安装在多家医疗机构使用。经鉴定，上述彩色超声波诊断仪均为翻新机器，属于国家禁止进口的旧机电产品。被告人高某、程某于2016年11月10日被抓获归案。案发后，尚未销售的部分彩色超声波诊断仪被侦查机关扣押。

【案件焦点】

如何证明走私进口时涉案医疗器械是否为旧机电产品？

【法院裁判要旨】

由于走私的医疗器械在走私、销售后经过一段时间的使用，通过现有使用痕迹情况无法证明进口时涉案医疗器械是否为旧机电产品时，可以通过对标的物序列号和主要部件序列号进行溯源查询，即通过原厂产品系统对上述序列号进行查询，判断标的物是否为原厂整机出厂的产品、该产品最初销往何地，标的物的各主要部件本应安装在哪一序列号的机器上、该机器最初销往何地等，从而断定标的物是否为翻新机器。

【法官后语】

本案是本院承办的系列走私旧医疗设备案件中的一件，具有一定的代表性。主要问题是涉案彩超仪是否为旧机电产品的判断方法问题，医疗设备的新旧鉴定并无专门的鉴定机构和统一的鉴定方法。曾有观点提出通过对在案扣押的医疗设备的使用痕迹、电脑中使用记录进行检查的方法，但鉴于在立案时涉案彩超仪已经销售且经过一段时间的使用，仅通过现有使用痕迹情况无法证明进口时涉案彩超仪是否为旧机电产品。在经过多次讨论和多方论证后，本案中案涉彩超仪采用如下鉴定方法：由 GE 品牌彩超仪的制造商的代表——通用医疗系统贸易发展（上海）有限公司出具了相关证明材料，鉴定人员对每台涉案彩超仪均进行了现场查验，并将其铭牌信息与 GE 公司原厂设备的铭牌信息进行了比对；对鉴定标的物进行了拆机查验，详细记录各主要部件的序列号信息；对标的物序列号和主要部件序列号进行溯源查询，即通过 GE 全球产品系统对上述序列号进行查询，判断标的物是否为原厂整机出厂的产品、该产品最初销往何地，标的物的各主要部件本应安装在哪一序列号的机器上、该机器最初销往何地等，从而断定标的物是否为翻新机器。

本案彩超仪的鉴定机构为中国检验认证集团，该集团对涉案的每一台彩超仪分别出具了鉴定意见，总的理由是通过 GE 全球产品系统查询的结果与标的物现状不符，标的物系由部分使用过的核心部件组装而成，但具体的原因不尽相同，主要包括以下几种情形：一是绝大多数标的物（涉及 23 台）的铭牌信息与标的物现状不符；二是部分标的物（涉及 7 台）的注册信息与标的物现状不符；三是部分核心部件的查询结果与标的物现状不符，如某一核心部件本来是安装在另一台机器中，而这台机器最初销往另一个国家，这一情形占绝大多数；四是序列号的查询结果与标的物现状不符，此外还有个别机器的序列号根本就不存在。进而认为上述29台彩超仪系由部分使用过的核心部件组装而成的翻新机器或旧机电产品。

编写人：北京市第四中级人民法院　王雅玮

涉案珍贵动物是野生动物还是人工驯养繁殖判断认定方法

——颜某走私珍贵动物制品案

【案件基本信息】

1. 裁判书字号

北京市第四中级人民法院（2018）京04刑初35号

2. 案由

走私珍贵动物制品罪

【基本案情】

当地时间2018年3月21日，被告人颜某乘坐AM90次航班从墨西哥合众国蒙特雷出发，经大韩民国仁川转机乘坐OZ331次航班，于北京时间2018年3月23日10时许抵达北京首都国际机场T3航站楼。入境时，其选择无申报通道通关，未向海关申报任何物品，首都机场海关关员在对其托运的2件行李箱进行查验时，查获用保鲜膜包裹的鱼鳔制品共393件。经鉴定，上述鱼鳔制品均为加利福尼亚湾石首鱼的鱼鳔干制品。加利福尼亚湾石首鱼被列入CITES附录Ⅰ物种。经认定，上述鱼鳔干制品价值人民币2 515 200元。当日，颜某被北京海关缉私局抓获，涉案物品已被依法扣押。

【案件焦点】

涉案珍贵动物是野生动物还是人工驯养繁殖动物的判断关系到珍贵动物及其制品价值的认定，如何判断认定涉案珍贵动物是野生动物还是人工驯养繁殖动物？

【法院裁判要旨】

本案争议的焦点是涉案珍贵动物是野生动物还是人工驯养繁殖动物的判断问题。本案审理过程中，辩护人提出案涉石首鱼鱼鳔干制品来自人工驯养繁殖的石首鱼，参照国家林业局《野生动物及其制品价值评估方法》中“人工繁育的野生动物及其制品的价值，按照同种野生动物及其制品价值的百分之五十执行。人工繁育的列入《人工繁育国家重点保护野生动物名录》的野生动物及其制品的价值，按照同种野生动物及其制品价值的百分之二十五执行”的规定，应当重新认定案涉鱼鳔干制品的价值。

对于此问题，第一，《最高人民法院、最高人民检察院关于办理走私刑事案件适用法律若干问题的解释》第十条第一款规定，《刑法》第一百五十一条第二款规定的“珍贵动物”，包括列入《保护动物名录》中的国家一、二级保护野生动物，CITES 附录Ⅰ、附录Ⅱ中的野生动物，以及驯养繁殖的上述动物。即我国法律将野生动物与人工驯养繁殖的动物同等保护，石首鱼作为 CITES 附录Ⅰ物种，其鱼鳔无论源自野生还是人工养殖的石首鱼，均属于法律规定的珍贵动物制品。第二，从证据采信的角度，本案中证人刘某从石首鱼科专家的角度证实了加利福尼亚湾石首鱼在世界范围内人工养殖技术还不成熟，尚无大规模人工养殖的现状。在此情况下，可以评估案涉野生动物及其制品来自人工驯养繁殖动物的可能性较小。鉴于野生动物及其制品是来自野生动物还是人工驯养繁殖动物一般难以鉴定和判断，在被告人及其辩护人无相应证据证明其主张的情况下，不能认定案涉野生动物及其制品来自人工驯养繁殖动物。

【法官后语】

通过本案的审理，可以归纳出以下两点：

第一，国家林业局《野生动物及其制品价值评估方法》中“人工繁育的野生动物及其制品的价值，按照同种野生动物及其制品价值的百分之五十执行。人工繁育的列入《人工繁育国家重点保护野生动物名录》的野生动物及其制品的价值，按照同种野生动物及其制品价值的百分之二十五执行”的规定，针对的是陆生野生动物，并不适用于石首鱼等水生野生动物，而水生野生动物保护工作的行业机构为国家农业主管部门。

第二，关于涉案鱼鳔干制品的价值认定方法。我国珍贵、濒危野生动物制品的价值，依法应当依照国家野生动物保护主管部门的规定核定。《农业部关于确定野生动物案件中水生野生动物及其产品价值有关问题的通知》（农渔发〔2002〕22号）规定：(1) 国家一级保护水生野生动物的价值标准，按照该种动物资源保护费的8倍执行；国家二级保护水生野生动物的价值标准，按照该种动物资源保护费的6倍执行……（2）水生野生动物的特殊利用部分和主要部分，其价值标准按照该种动物价值标准的80%执行……（3）CITES附录所列水生野生动物及其产品的价值标准，国内已有规定的按国内规定执行；国内没有规定的，参照国内同等保护级别的同属或同科保护动物的价值标准从高执行。2018年10月，农业农村部发布了《濒危野生动植物种国际贸易公约附录水生动物物种核准为国家重点保护野生动物名录》，其中加利福尼亚湾石首鱼被核准为我国一级保护水生野生动物。

根据上述规定，本案价格认证机构在对涉案393件鱼鳔干制品确定价格时，参照国内同科保护动物黄唇鱼的资源保护费收费标准（幼体人民币1000元/尾），以8倍核算，并按照鱼鳔系石首鱼特殊利用部分（80%）得出的结论，符合我国法律规定，可以作为定案证据。

编写人：北京市第四中级人民法院　王雅玮

走私珍贵动物制品案件中象牙价值的认定

——陈某走私珍贵动物制品案

【案件基本信息】

1. 裁判书字号

北京市第四中级人民法院（2016）京04刑初20号

2. 案由

走私珍贵动物制品罪

【基本案情】

2015年9月9日13时许，被告人陈某乘坐CA950次航班自意大利共和国米兰市抵达北京首都国际机场T3航站楼准备转机。陈某选择无申报通道通关入境时，海关关员在其托运的3个行李箱中查获5件疑似象牙制品。经检验和鉴定，5件疑似象牙制品均为亚洲象或非洲象上门齿（象牙）。根据《国家林业局关于发布破坏野生动物资源刑事案中涉及走私的象牙及其制品价值标准的通知》规定，其中4件象牙制品为一根象牙，价值人民币25万元；另1件象牙制品净重0.110千克，价值人民币4583元。现涉案象牙制品已被扣押。

【案件焦点】

1. 属于同一根象牙的单件象牙块或象牙制品，无论净重是多少，其价值不应超过一根完整象牙的价值。

2. 辩方有证据证明走私的多件象牙制品可能来自同一根象牙，而控方的证据不能排除这一可能，可采信辩方的意见，并据此认定犯罪数额。

【法院裁判要旨】

本案中，公诉方指控被告人陈某携带的5件疑似象牙制品，经过检验和鉴定，均为现代象科象牙制品，净重 17.035 千克，价值人民币 709 797.35 元。经审理认为被告人陈某携带的 5 件疑似象牙其中 4 件象牙制品为一根象牙，价值人民币 25 万元；另 1 件象牙制品净重 0.110 千克，价值人民币 4583 元。

《国家林业局关于发布破坏野生动物资源刑事案中涉及走私的象牙及其制品价值标准的通知》（林濒发〔2001〕234 号）规定了走私刑事案件中象牙制品的价值核定标准，即“一根未加工象牙的价值为 25 万元；对于无法确定是否属一根象牙切割或者雕刻成的象牙块或象牙制品，应根据其重量来核定，单价 41 667 元/千克”。对以上标准的理解，应当从规范的制定依据和立法原意出发，即在一根象牙，无论大小，其价值均为 25 万元，在此基础上，通过对一定数量的象牙样本进行净重统计，得出一根象牙的平均净重为 6 千克的结论，由此计算出每千克象牙的价值为 41 667 元，以此作为非整根的象牙块或散件象牙制品的价值核定标准。

辩方的证据能证明被告人陈某曾受赠过一根象牙；国家林业局森林公安司法鉴定中心和国家林业局野生动植物检测中心通过鉴定，确认涉案的象牙制品中有 2 件系从一根象牙上切割而来；结合象牙制品的形状、颜色和尺寸，其余 2 件又与上 2 件可能来自同一根象牙。辩方证据与鉴定意见具有一定印证关系，而控方无证据和理由排除这 4 件象牙制品来源于同一根象牙的可能，故采信了辩方的意见。

【法官后语】

一些案件中，辩方辩解称被告人携带的象牙制品是由一根象牙切割而来，其价值不应按重量乘以单价的方式计算，而应直接按一根象牙原牙的价值认定，即人民币 25 万元。在这些案件中，有的因辩方缺乏相应的证据，法庭对其辩解未予采纳。但也有的案件，辩方向法庭提交了部分证据，能够证明涉案多件象牙制品可能来自同一根象牙，但尚未达到确实、充分的程度，即不能排他的证明确属同一根象牙，于此情形，除非控方有充分的证据和理由，足以否定辩方的上述辩解，否则应按照“疑点利益归属被告人”的原则，采信辩方的意见，即在不能排除涉案象牙制品来自同一根象牙可能性的情况下，从有利于被告人的角度，认定其属于一根象牙，并按照林濒发〔2001〕234号文件的规定，认定犯罪数额。本案中，检察机关指控被告人陈某非法携带5件象牙制品入境，净重17千克，价值70余万元。法庭审理时，辩方提出被告人陈某携带的部分象牙制品系由一根象牙切割而来，并向法庭提交了陈某曾受赠过一根完整象牙的证据，而鉴定机构也确认涉案的象牙制品中有2件系从一根象牙上切割而来，其余2件又与上2件可能来自同一根象牙。经对证据综合分析，法院认为，辩方的证据与鉴定意见具有一定印证关系，而控方并无充分证据和理由否定上述内容，故采信了辩方的意见。

编写人：北京市第四中级人民法院　王雅玮

走私油画、雕塑等艺术品应缴税额价格核定基础的认定

——某公司走私普通货物案

【案件基本信息】

1. 裁判书字号

北京市第四中级人民法院（2017）京04刑初13号

2. 案由

走私普通货物罪

【基本案情】

2011年七八月间，被告单位某公司受某保险公司委托，代理运输进口油画1幅、雕塑2件。在进口过程中，被告人孙某、汪某采取低报成交价格的方法向海关申报，偷逃应缴税款共计人民币4 327 961.21元。被告人孙某于2015年12月3日被抓获归案；被告人汪某于2015年12月7日主动向侦查机关投案。

【案件焦点】

走私油画、雕塑等艺术品的应缴税额，应当以何种价格为基础进行核定。

【法院裁判要旨】

本案庭审时，辩方提出，涉案油画、雕塑属于“收藏品”，应以鉴定价格而非成交价格为基础计算应缴税额。法院认为，该代理公司的行为均已构成走私普通货物罪。关于应缴税额的认定，因涉案油画、雕塑属于“艺术品”，不属于“收藏品”，故应以成交价格为基础计算应缴税额，并

据此作出判决。

【法官后语】

《计核偷逃税款办法》第十六条规定："涉嫌走私的货物能够确定成交价格的，其计税价格应当以该货物的成交价格为基础审核确定。"第十九条规定："涉嫌走私进口的黄金、白银和其他贵重金属及其制品、珠宝制品以及其他有价值的收藏品，应当按国家定价或者国家有关鉴定部门确定的价值核定其计税价格。"对上述规定应当理解为，在能够确定成交价格的前提下，除了该办法规定的几种特殊货物以外，均应以该货物的成交价格为基础审核确定计税价格。上述规定中的"收藏品"的含义和范围，应当结合《进出口税则》所规定的税则号列、商品名称及相关注释加以理解，该税则将"收藏品"界定为"具有动物学、植物学、矿物学、解剖学、历史学、考古学、古生物学、人种学或钱币学意义的收集品和珍藏品"，而油画和雕塑则包括在"艺术品"的范围内，且"收藏品"和"艺术品"分属不同的税则号列。由此可见，在进出口税收领域，涉案油画和雕塑均属于"艺术品"范畴，而不属于"收藏品"，以其成交价格作为计税价格的核定基础符合上述办法的规定。辩护方仅以作品价值较高为由，即认为涉案货物属于"收藏品"，并据此要求对偷逃税款数额进行重新核定的辩护意见，与我国进出口商品的归类标准和计税价格的核定原则不符，故不予采纳。

编写人：北京市第四中级人民法院　王雅玮

案发后关税税率变动的，是否影响应缴税额的认定

——某技术开发公司、刘某走私普通货物案

【案件基本信息】

1. 裁判书字号

北京市第四中级人民法院（2017）京04刑初9号

2. 案由

走私普通货物罪

【基本案情】

被告人刘某系被告单位某技术开发公司的总经理。2011年4月3日，刘某以1746万港币的价格在香港某拍卖公司拍得油画作品1幅。为降低被告单位成本，刘某将该油画作品价格低报为1000美元，并安排其公司员工张某委托北京某国际货运代理有限公司于2011年7月将该画申报进口运输进京交付被告单位。经北京海关关税处计核，上述走私行为偷逃税款人民币4 509 250.33元。北京海关缉私局在侦办某国际货运代理有限公司涉嫌走私普通货物案时发现上述走私线索，遂于2016年5月17日前往某技术开发公司开展工作，起获了相关证据，刘某得知侦查人员前往其公司开展调查后，主动返回其公司配合工作，到案后其如实供认了上述走私行为。2016年5月至6月，某技术开发公司向北京海关缴纳抵押金共计人民币10 000 000元。

【案件焦点】

案发后关税税率变动的，是否影响应缴税额的认定。

【法院裁判要旨】

此案存在的问题是，走私行为发生在2011年，当时艺术品的关税税率较高，而立案侦查是在2016年，此时税率已大幅下调，对此究竟是以走私行为时的税率，还是以调整后的税率计算应缴税额。法院认为，应当以走私行为时的关税税率作为核定应缴税额的依据，认定偷逃税额为400余万元，并据此作出判决。

【法官后语】

国务院关税税则委员会、海关总署下发的关税税率文件不属于《刑法》规范的范畴，而是一种效力相当于国务院部门规章的规范性文件。因此，由此种规范性文件的修改而引起的关税税率的变动，不属于《刑法》意义上的法律变更，不适用“从旧兼从轻”原则。换言之，在被告单位和被告人欺骗海关的行为性质没有变化，以及客观造成了国家税款流失的事实没有变化的前提下，不能因为关税税率变动而影响对于先前行为的社会危害性的判断，即仍然应当以行为时的关税税率作为核定应缴税额的依据。

编写人：北京市第四中级人民法院　王雅玮

经验交流

北京市第四中级人民法院走私刑事案件审判白皮书[①]

（2015.1.1—2017.9.30）

北京市第四中级人民法院刑事审判庭课题组

王　靖[*]　翟长玺[**]　江珞伊[***]　王雅玮[****]

目　　录

前　言

一、走私类刑事案件审判概况、特点及分析

二、审理走私类刑事案件发现的问题和裁判思路

三、我院刑事审判的工作机制和主要做法

四、典型案例

---

① 本报告形成于2017年11月。

* 王靖，北京市第四中级人民法院党组成员、副院长。

** 翟长玺，北京市第四中级人民法院刑庭法官。

*** 江珞伊，北京市第四中级人民法院刑庭法官助理，法学博士。

**** 王雅玮，北京市第四中级人民法院刑事审判庭法官助理。

前　言

随着我国改革开放和国际交往的不断深入，一些企业和个人为了中饱私囊，在对外贸易中想尽各种方法偷逃税款，阻碍了市场经济的正常运行，造成了国家税款的大量流失，还有的不法分子公然违反法律和海关监管制度，铤而走险，将法律明令禁止入境的物品以各种方式走私进口，走私犯罪始终处于易发高发态势。近年来，随着互联网经济、国际物流业务的发展，走私犯罪呈现出一些新特点，犯罪手段日益翻新，使案件审理出现了一些新问题，犯罪形势的变化和发展对人民法院刑事审判工作提出了新要求。

作为首批跨行政区划法院，北京市第四中级人民法院自2015年起受理北京市走私类刑事案件。2015年至2017年，我院全面贯彻宽严相济刑事政策精神，积极推进以审判为中心的刑事诉讼制度改革，公正审理各类走私刑事案件，维护首都和谐稳定。大力提升刑事审判水平，不断加强对走私类刑事案件新情况新问题的调研，在依法惩治走私刑事犯罪和保障被告人的诉讼权利方面发挥了积极作用。本次白皮书介绍了我院审理走私刑事案件的基本情况，分析了当前首都走私刑事案件的特点和规律，同时注重研究解决审判实践中遇到的新情况新问题，总结审判工作中较为成熟的经验做法。

我院将依法履行刑事审判职能，通过公正高效审判各类走私刑事案件，维护首都市场经济秩序，为新形势下首都经济健康快速发展，营造良好的司法环境。

一、走私类刑事案件审判概况、特点及分析

（一）案件分布

《最高人民法院关于全面深化人民法院改革的意见——人民法院第四个五年改革纲要（2014—2018）》再次明确“构建普通类型案件在行政区划法院审理、特殊类型案件在跨行政区划法院审理的诉讼格局”。基于上述精神，并根据最高人民法院、最高人民检察院协调的基本意见，北京市

高级人民法院与北京市人民检察院经过会商，初步确定北京市人民检察院第四分院对下列六种情形的案件审查起诉：（1）北京市人民检察院指定管辖的跨地区重大职务犯罪案件及关联案件；（2）应由中级人民法院管辖的环境资源保护和重大食品药品刑事一审案件，北京市人民检察院指定管辖的跨地区重大环境资源保护和重大食品药品安全刑事一审案件；（3）应由中级人民法院管辖的发生在民航、公交、水运领域并由所属公安机关侦查的刑事一审案件；（4）海关所属的公安机关侦查的走私类刑事案件；（5）北京市人民检察院指定管辖的其他重大刑事案件；（6）北京市人民检察院北京铁路运输分院原管辖的刑事案件。上述六种情形的案件即为目前我院受理的“特殊类型刑事案件”的范围。从我院成立以来受理刑事案件的情况看，基本上以海关所属的公安机关侦查的走私珍贵动物及其制品、走私普通货物、物品、走私毒品等案件为主，以少量的职务犯罪案件、交通领域的毒品犯罪案件和北京铁路运输中级法院原管辖的刑事案件为辅。

2015年1月1日至2017年9月30日，我院受理刑事一审案件共计84件，其中走私案件为51件，占一审案件总数的60.7%。受理的走私案件共涉及走私珍贵动物、珍贵动物制品罪、走私普通货物、物品罪、走私毒品罪和走私国家禁止进出口的货物、物品罪4个罪名，其中走私珍贵动物、珍贵动物制品案件28件，占一审案件总数的34.52%；走私普通货物、物品案件13件，占比19.05%；走私毒品案件9件，占比10.71%；走私国家禁止进出口的货物、物品案件1件，占比1.19%（见图1）。

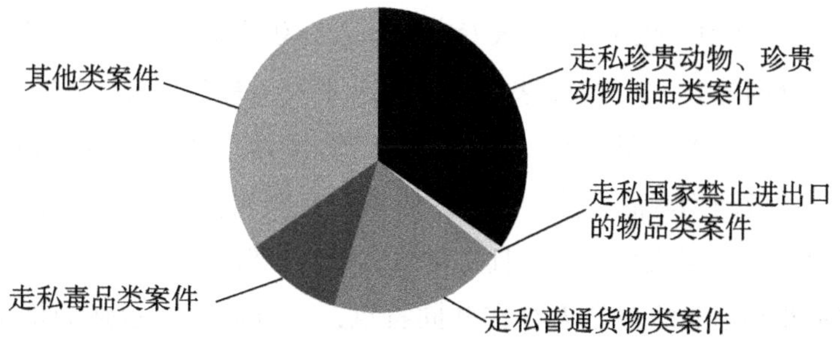

图1　2015年1月1日至2017年9月30日一审案件受理情况统计

2015 年 1 月 1 日至 2017 年 9 月 30 日走私刑事一审案件占当年走私案件比例的增减情况（见表 1）。

表 1　各走私罪名刑事一审案件占比情况说明

年份 / 案由	2015 年	2016 年	2017 年 1 月 1 日至 9 月 30 日
走私珍贵动物、珍贵动物制品	57.14%	57.58%	40%
走私国家禁止进出口的货物、物品	0	3.03%	0
走私普通货物、物品	0	21.21%	60%
走私毒品	42.86%	18.18%	0

（二）案件特点

1. 走私珍贵动物、珍贵动物制品案件的主要特点

（1）被告人基本情况。

我国《刑法》规定此罪的犯罪主体是一般主体，即年满 16 周岁具有刑事责任能力的自然人及单位都可以成为本罪的主体。从犯罪主体的统计情况看，审结的 28 件案件中涉及被告人 31 人，其中男性被告人 26 人，占 83.87%，女性被告人 5 人，占 16.13%。被告人的年龄分布情况为：40 岁到 60 岁之间的共计 19 人（其中，40 岁到 50 岁占 11 人，51 岁到 60 岁占 8 人），占总人数的 61.29%；20 岁到 40 岁的共计 12 人（其中，20 岁到 30 岁的 5 人，31 岁到 40 岁的 7 人）占总人数的 38.71%。文化层次方面，高中文化以下（含）22 人，占总人数的 70.97%（其中小学文化 4 人，初中文化 14 人，高中文化 4 人），大专文化 8 人，硕士研究生 1 人。职业层次划分上，赴国外务工人员 17 名，无业人员 6 人，商人 5 人，学生 2 人，商务代表 1 人（见图 2 至图 5）。以上统计结果表明，近三年来审结的走私珍贵动物、珍贵动物制品案件，被告主体均为自然人，以赴海外（主要是部分非洲国家）务工人员为主，且文化层次相对较低。

实施此类犯罪的被告人存在共同特点，一方面存在很强的侥幸心理，他们知道入境时要接受严格的检查，但认为只要对走私物品进行特殊包装和隐藏，如采用锡纸等材料包裹，就能顺利躲过 X 光机的检查，从而蒙混

过关，所以，虽然他们知道携带珍贵动物制品进境违法，但仍会铤而走险。另一方面是贪利和虚荣心理作祟，这类案件的犯罪动机主要两种：一是知道象牙等动物制品很珍贵，能在国内卖出很高的价格；二是回国后将这些物品馈赠亲友，会很有面子。此外，此类案件的易发高发也与被告人的职业特点和法律意识淡薄有一定关联，一方面他们所走私的象牙制品大多是从务工所在国当地的“黑市”上购买，由于长期在当地工作，熟悉“黑市”的情况，容易接触走私物品；另一方面他们虽然知道走私属于违法行为，但对《刑法》所规定的处罚程度并不十分了解，个别被告人甚至认为，一旦被查获，后果也不过是走私物品被没收而已，不知道自己还会被判刑。

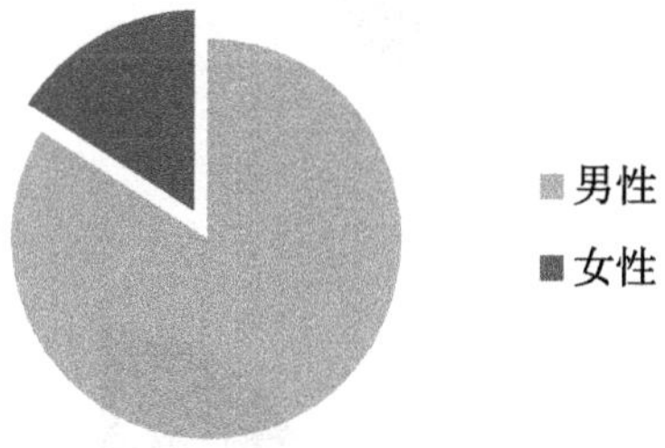

图2　被告人性别

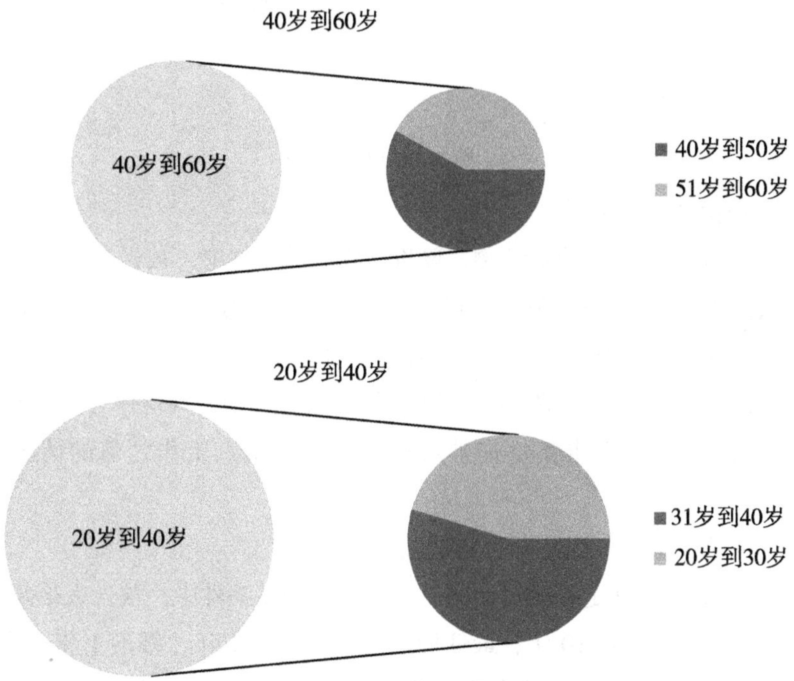

图3　被告人年龄

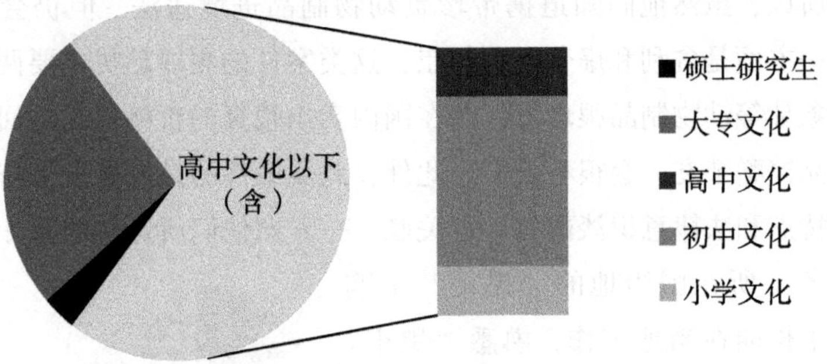

图4　文化程度

图5　职业层次

（2）律师辩护情况。

审结的28件走私珍贵动物、珍贵动物制品案件中，被告人全部为自然人，共计31人，其中审判阶段有辩护律师的案件为19件，辩护律师均系被告人及其近亲属委托，没有委托辩护律师且不符合应当指定辩护条件的案件9件，31名自然人被告中有22名被告人有律师为其辩护（见图6，说明：本次统计为“刑事案件律师辩护全覆盖”试点工作之前的情况，下同）。

（3）宣判方式、量刑和上诉情况。

在审结的28件走私珍贵动物、珍贵动物制品案件中，被告人被判处的最高刑期为有期徒刑10年，最低刑期为有期徒刑1年，缓刑1年6个月。在31名被告人中，被判处实刑的为19人，占被告人总人数的61.29%；被适用缓刑的为12人，占被告人总人数的38.71%（见图7）。

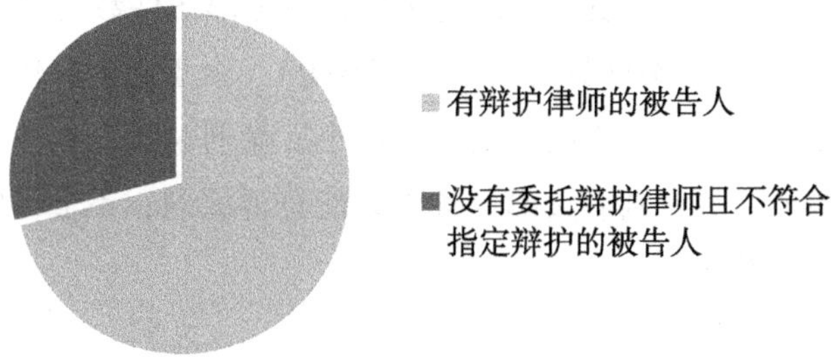

图6 辩护人情况统计

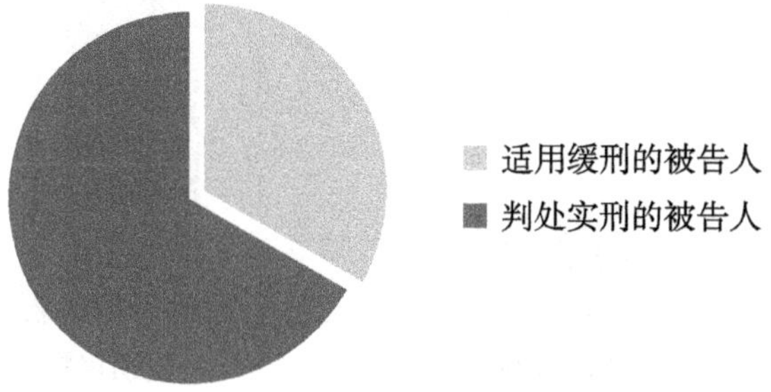

图7 量刑情况统计

量刑情节方面，被告人不具有法定从轻、减轻和从重处罚等量刑情节的4人，占被告人总人数的12.90%；具有减轻处罚情节的有11人，占被告人总人数的35.48%；具有从轻处罚情节的有16人，占被告人总人数的51.61%（见图8）。

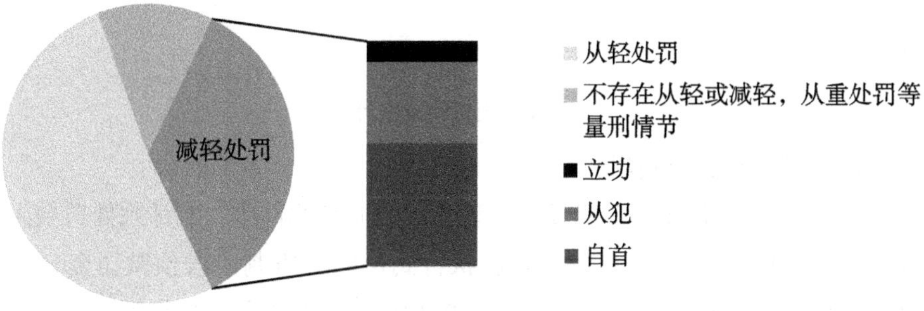

图8 量刑情节统计

从宣判方式上看，当庭宣判的为 7 件，占全部案件数的 25%；定期宣判的为 21 件，占全部案件数的 75%（见图 9）。由于此类案件的被告人绝大多数系当场抓获，认罪率高，案件争议小，量刑时又能充分考虑其从轻或减轻处罚情节，故宣判后大部分被告人能息诉服判，不上诉的为 20 件，占 71.43%（见图 10）。

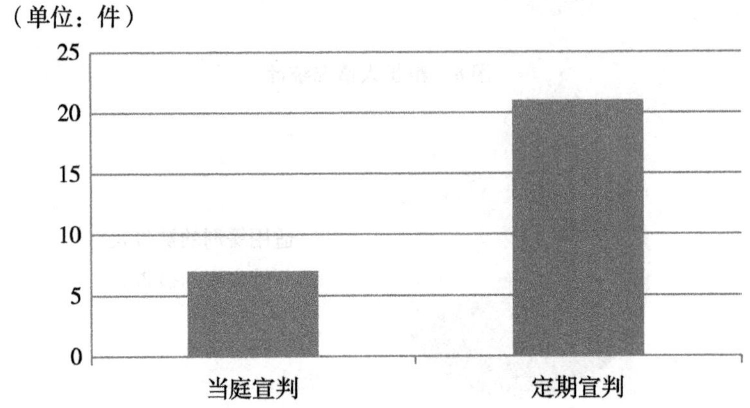

图 9　当庭宣判情况统计

图 10　上诉情况统计

（4）罚金刑执行情况。

在审结的 28 件走私珍贵动物、珍贵动物制品案件中，共计判处罚金人民币 1 035 000 元，其中审判阶段已执行到位的（审判阶段预缴罚金）共计人民币 405 000 元，占罚金总数的 39. 13%；审判阶段未执行到位，而移交执行机构的共计人民币 630 000 元，占罚金总数的 60. 84%（见图 11）。审判阶段预缴罚金比例较高与此类案件现场查获率高、被告人认罪率高不无关系，由于被告人对指控罪行没有异议，为以实际行动表示自己认罪悔罪，通常会主动提出预缴罚金，争取从轻处罚的机会。

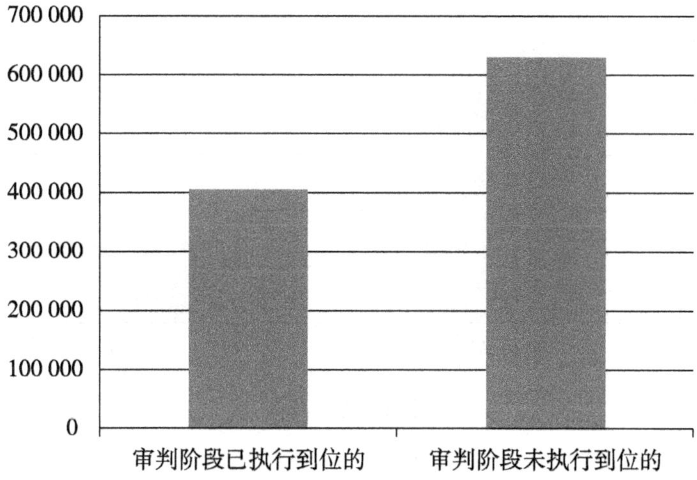

图11 罚金执行情况统计（元）

2. 走私普通货物、物品案件的主要特点

（1）被告人基本情况。

截至2017年9月30日，共计审结走私普通货物、物品案件13件，其中10件为单位犯罪，占已审结案件数量的76.92%，另外3件为自然人犯罪，占已审结案件数量的23.08%。单位犯罪占比较高是走私普通货物、物品案的共性特点之一，反映出在国际贸易领域此类案件的高发态势。所有涉案的自然人被告人共计18人，其中男性为8人，女性为10人。从文化层次上看，大学以上学历8人，大专学历5人，高中学历3人，初中学历2人（见图12至图14）。不难看出，走私普通货物、物品案件是所有走私刑事案件中女性被告人比例、被告人文化层次较高的一类案件，这与此类案件多为单位犯罪案件直接相关，特别是在一些长期从事海外贸易或国外品牌的代理企业中，法定代表人、实际负责人、高级管理人员的文化层次普遍较高，而其中女性占比较高，特别是这些企业中负责报关业务的职员大多为女性。

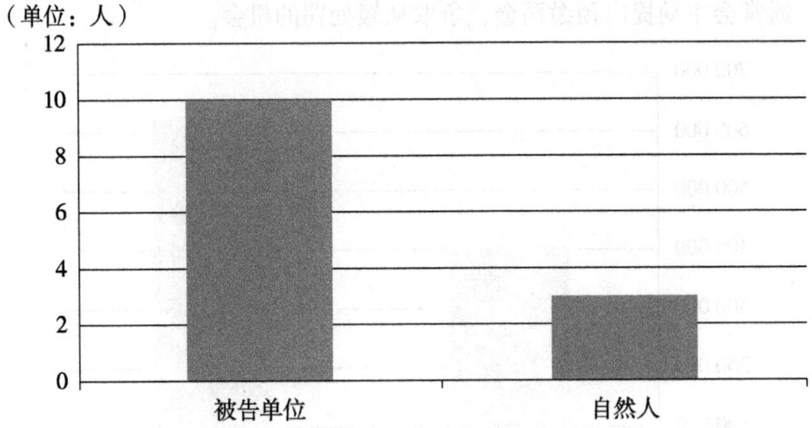

图 12　主体身份

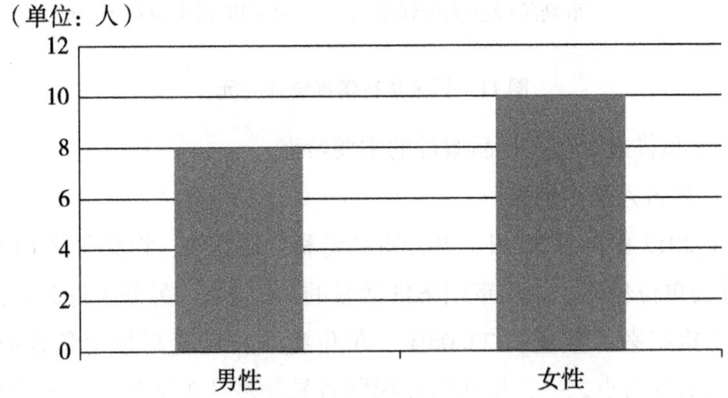

图 13　涉案的自然人性别

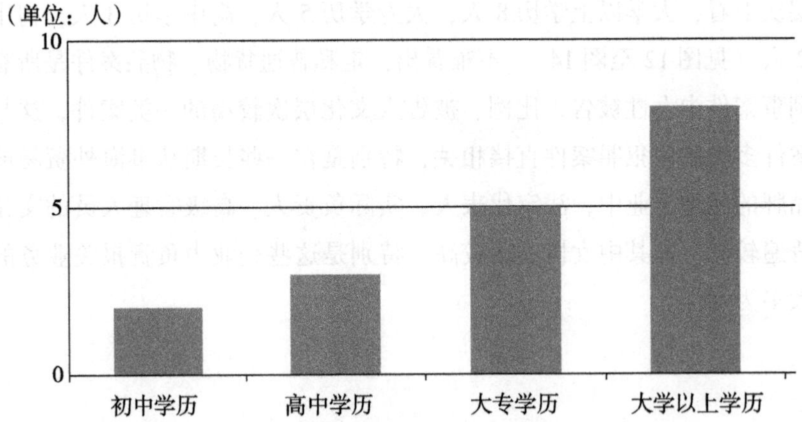

图 14　被告人文化程度

（2）律师辩护情况。

审结的13件走私普通货物、物品案件中，有辩护律师的案件为10件，全部18名自然人被告中有13人有辩护律师为其辩护（见图15），辩护律师均系被告单位或自然人被告或其近亲属委托，是三大类走私刑事案件中委托辩护率最高的一类，与此类案件中被告主体通常具有一定经济实力有关。

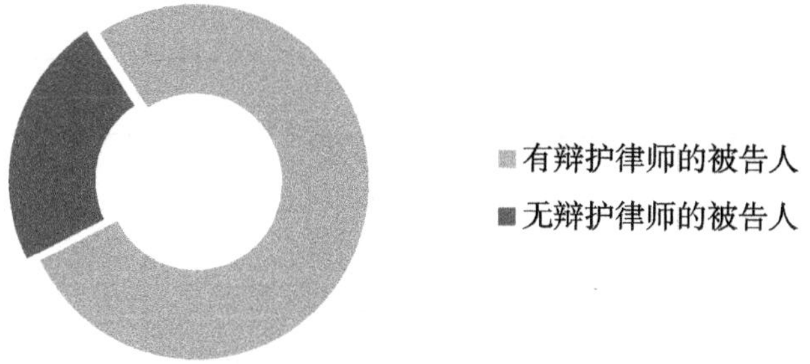

图15 辩护人情况统计

（3）宣判方式、量刑和上诉情况。

在已审结的13件走私普通货物、物品案中，最高判处罚金人民币500万元，最低判处的罚金数额为十几万元。18名被告人中有1人被判处实刑，12人被适用缓刑，5人被免予刑事处罚（见图16）。在三大类走私刑事案件中，走私普通货物、物品案的缓刑适用率最高。初步分析，主要有以下几个方面的原因：一是单位犯罪占比高，而在相同犯罪数额和情节下，《刑法》对犯罪单位的直接责任人员所规定的刑罚轻于自然人犯罪；二是自首比例较高，一些被告单位的直接责任人员在接到侦查机关电话传唤后，能自行前往侦查机关如实交代所犯罪行，应当认定为自首；三是被告主体认罪悔罪比例较高，一些被告单位和直接责任人员案发不仅能够积极配合调查，而且通过配合扣押赃物、主动退缴赃款、缴存保证金等形式退缴犯罪所得，弥补国家税收损失；四是此类案件多为共同犯罪案件，一些具体经手报关业务的直接责任人员往往是受上级指使低报货物价格，并未参与事前预谋，也未从走私行为中获利，作用和责任相对较小，认定从犯的比例较高；五是犯罪所得追缴比例高，目前已经审结的案件中，要么走私货物被扣押，要么违法所得已追缴，国家税收损失全部挽回；六是被告人均无前科劣迹，通常没有人身危险性，有固定住所和稳定的收入，符合适用非监禁刑的条件。全部案件中，当庭宣判的为6件，占全部案件数的46.15%；定期宣判的为7件，占全部案件数的53.85%（见图17）。宣判后被告人表示认罪服判，不上诉的为12件，占全部案件数的92.31%（见图18）。

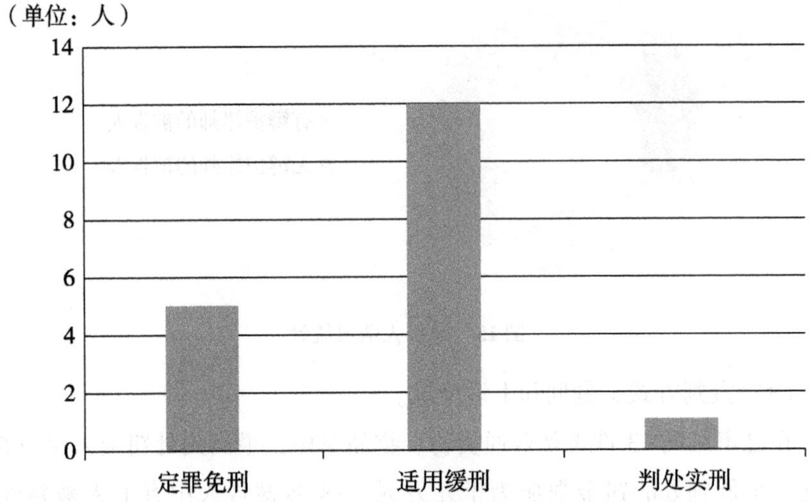

图16　量刑情况统计

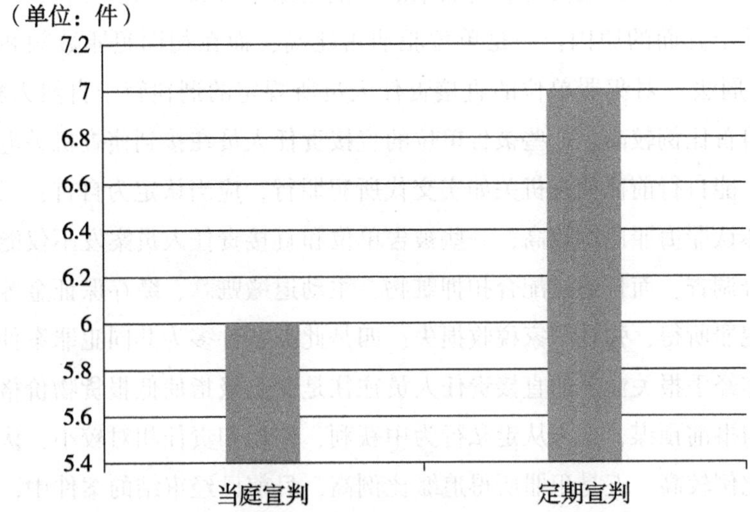

图17　当庭宣判情况统计

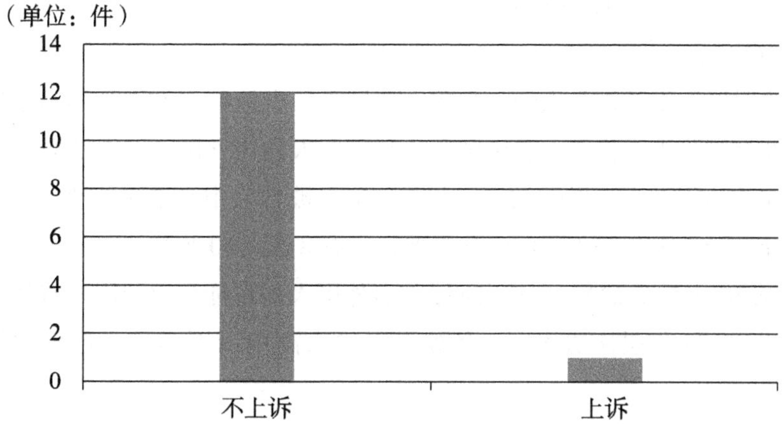

图 18　上诉情况统计

（4）罚金刑执行和犯罪所得追缴情况。

在审结的走私普通货物、物品案中，共计判处罚金人民币 1941 万元，审判阶段已执行到位共计人民币 1601 万元，占判处罚金总数的 82.48%（见图 19）。追缴犯罪所得方面，13 件案件共计给国家造成税款损失 1133 余万元，其中有 7 件已经全部追缴税款，6 件已全部没收走私货物，国家税款损失已全部挽回。犯罪所得的追缴方式主要有：一是直接扣押没收涉案走私货物；二是被告单位或被告人主动退缴所偷逃的税款；三是被告单位因涉嫌走私活动向海关缴存保证金或抵押金，判决生效后从上述保证金或抵押金中抵偿偷逃的税款。

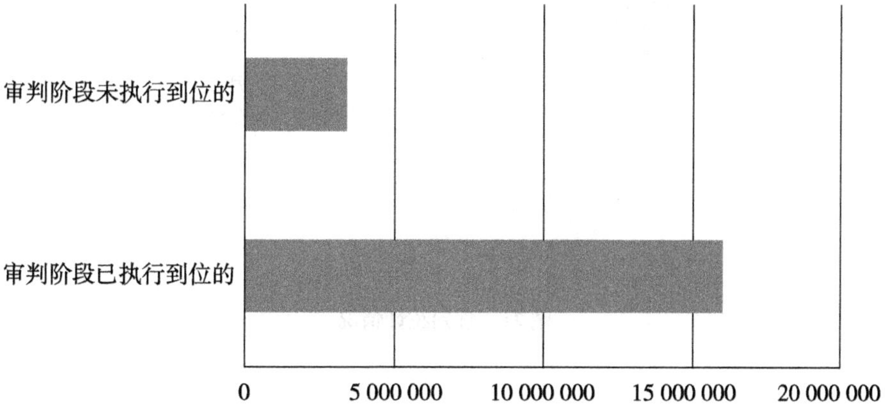

图 19　罚金刑执行情况（元）

3. 走私毒品案件的主要特点

（1）被告人基本情况。

走私毒品案的被告人绝大多数为外国人，审结的 9 件走私毒品案件共涉及 9 名被告人，仅有 1 名中国人，其余 8 人均为外国人，有 7 名来自非洲国家。性别方面，男性被告人居多，9 名被告人中有 7 名男性，2 名女性。年龄分布上，30 岁到 40 岁的被告人有 8 人，50 岁以上的被告人有 1 人（见图 20 至图 22）。职业方面，8 名外国人均自称在中国广东省从事服装等生意。文化层次方面，9 名被告人均为高中以下学历，且小学学历居多。

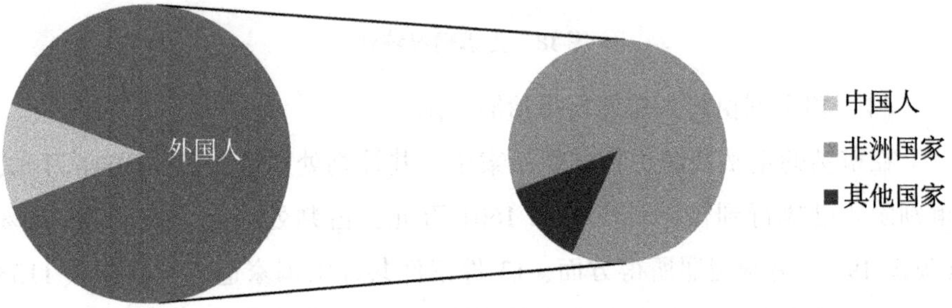

图 20　国籍统计情况

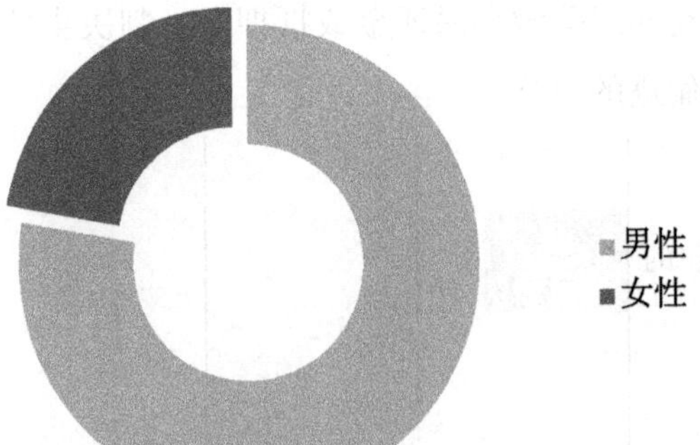

图 21　性别统计情况

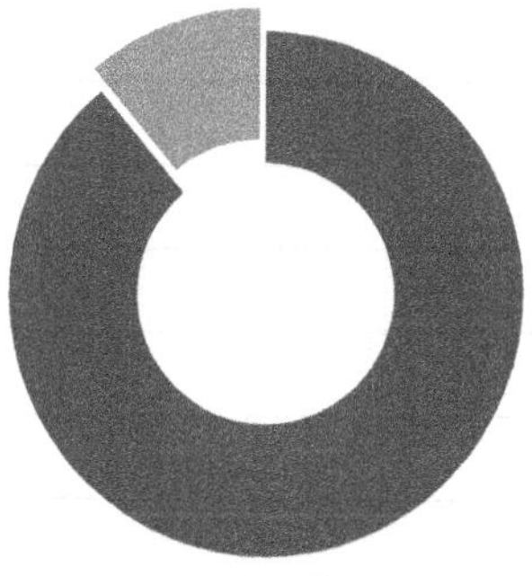

图22　年龄统计情况

（2）辩护人情况统计。

审结的9件走私毒品案件中被告人共计为9人，均有辩护律师，律师辩护率达到100%。除了1人自行委托律师辩护以外，其余8人均由法院通知法律援助机构指派律师为其提供辩护。走私毒品案在三大类走私案件中律师辩护率最高，且以指定辩护为主，这是因为受理的走私毒品案件绝大多数属于可能判处无期徒刑以上刑罚的案件，符合应当指定辩护的条件，而被告人多为外籍人员，自行委托律师辩护存在诸多困难，为此法院依法通知法律援助机构为其指定辩护。

（3）宣判方式、量刑和上诉情况。

全部案件中，9名被告人中有2名被告人被判处无期徒刑，并处没收个人全部财产；有7名被告人被判处有期徒刑15年，并处没收个人全部财产，附加驱逐出境（见图23）。审结的9件走私毒品案中，当庭宣判的为3件，占全部案件数的33.33%；定期宣判的为6件，占全部案件数的66.67%（见图24）。宣判后，法官在对被告人释法说理工作中，会结合其他同类案件的判决情况，向被告人释明《刑法》关于毒品犯罪的量刑幅度，如在没有减轻处罚情节的情况下，对走私毒品数量大的被告人，应当在15年有期徒刑以上量刑，被告人了解法律规定后绝大多数会表示认罪服判。在以上案件中，被告人不上诉的为8件，占全部案件数的88.89%（见图25）。

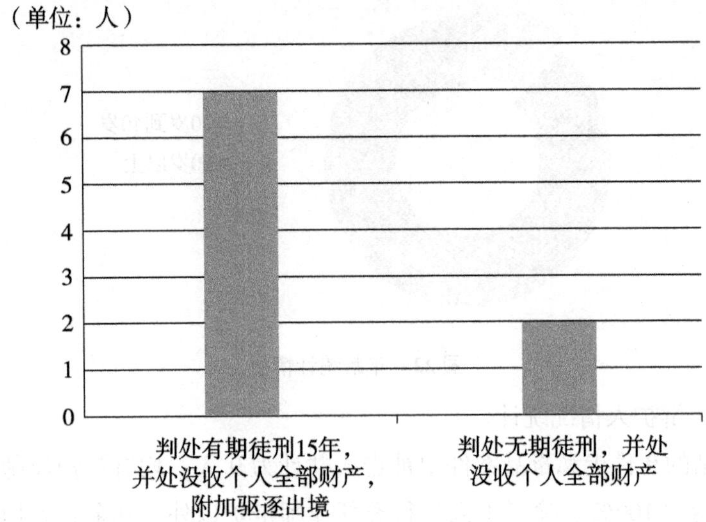

图 23　量刑情况统计

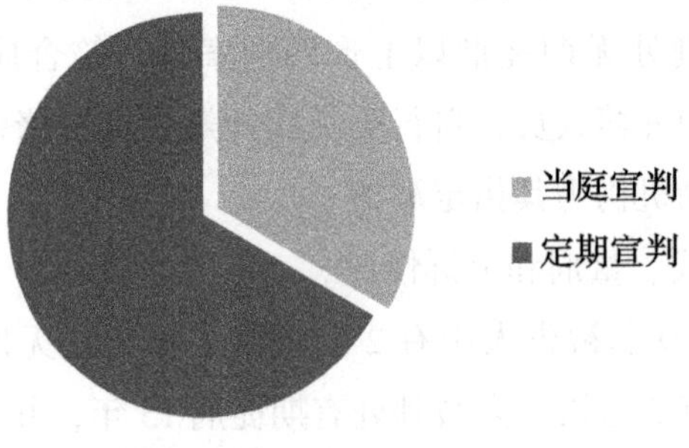

图 24　当庭宣判情况统计（件）

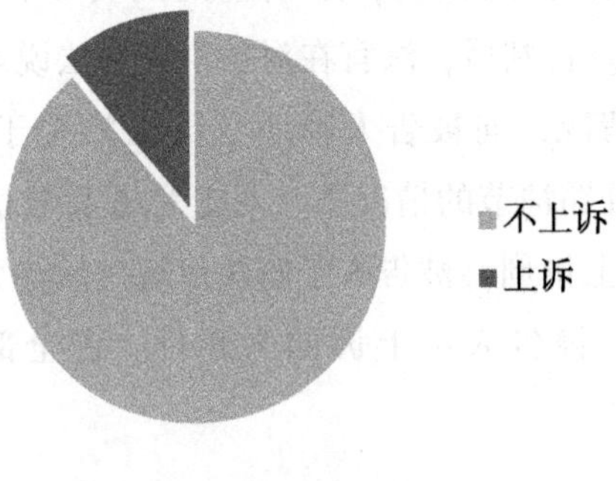

图 25　上诉情况统计（件）

（三）案件特点分析

1. 走私珍贵动物制品案件占较大比重，犯罪手段以隐藏或伪装后“行李夹带”通关为主，犯罪动机多样

从受理的走私珍贵动物制品案件情况看，犯罪对象尚无珍贵动物“活体”，均为珍贵、濒危动物制品，包括象牙、犀牛角、穿山甲片、玳瑁、棕熊胆及狼牙等。从行为方式上看，以隐藏或伪装后“行李夹带”为主，行为人将锡纸包裹的动物制品藏匿在行李箱的酒盒、奶粉桶、暖水瓶、钢管等盒状物或管状物中，或隐藏在改装的用铁板覆盖的行李箱底部，也有的行为人采取直接把整根象牙绑在身上，外穿羽绒服隐藏。入境后，行为人通常选择无申报旅检通道通关。从年龄、职业、文化层次和经济收入上看，被告人的年龄大部分集中在40岁以上，文化层次较低，大多在国内没有稳定的收入来源，而赴国外务工谋生，回国前在该国购买或受赠珍贵动物制品，后在北京首都机场通关时被查扣。据这些被告人供述，他们多是通过朋友介绍或直接在当地“黑市”上购买的珍贵动物制品。这些案件中，被告人的犯罪动机多数为将珍贵动物制品携带进境后转手牟利，少数为馈赠亲友、个人收藏等，个别案件由于证据原因，犯罪动机难以准确查明。随着国际交往的日益深入，外出务工、留学、旅游人员越来越多，预计今后此类以“行李夹带”等常见方式走私珍贵动物制品的案件，仍会占据相当比重，也说明保护生物多样性和生态安全任务的长期性和艰巨性。

2. 走私普通货物、物品案件主要发生在民营企业的对外贸易活动中，犯罪手段多样且隐蔽性强

走私普通货物、物品案件的被告主体以公司企业为主，自然人为辅，其中多数被告单位为民营企业。随着我国改革开放的不断深入，市场的不断繁荣及对外经贸往来不断增加，少数企业经营者为了“盈利”而不择手段，在各种可能的环节上降低经营成本，偷逃海关关税就是不法分子经常采用的一种“有效”方法。在审结的13件案件中，除了2件是被告人回国时帮助国内朋友捎带物品，1件是以假退运的形式携带琥珀原石入境以外，其余10件案件均为被告单位在贸易往来中，为降低经营成本而实施走私活动。此类案件中，犯罪主体的走私方法多种多样，走私手段越来越隐

蔽。行为人普遍采用的手段是在货物进口环节，向海关伪报货物品名、数量、价格等，逃避海关监管，偷逃应缴关税。为了达到伪报的目的，被告人通常采用伪造外贸合同、货物发票、运单、箱单等报关单据的方式欺骗海关。还有的企业，为了达到逃避关税的目的，向报关代理公司隐瞒真实的货物交易价格，利用代理企业的报关行为进行走私活动。实践中，海关仅通过核查单据很难发现，由于售货方为境外企业，相关核实工作存在很大困难。除上述常见的走私方式外，自然人走私普通物品的行为方式通常是将走私物品藏匿在行李箱内，以达到逃避海关监管，偷逃应缴税款的目的。如被告人曾某是国内某旅行社导游，受他人之托，将一块名牌手表放在手提行李中带入境内，因其未向海关申报并纳税而被查获，偷逃税款 10 余万元。

3. 走私毒品案件的犯罪人以外籍人员为主，走私手段包括贴身藏匿、人体藏匿、改装设备藏匿等多种，毒品数量和纯度普遍较高

审结的走私毒品案的被告人绝大多数为外国人，9 件案件中仅有 1 名中国籍被告人。犯罪手段方面，被告人大多采用贴身藏匿和人体藏匿毒品的方式走私进境，如将毒品藏在所穿用的鞋底内、身体隐私部位内等。还有的案件，被告人将毒品藏匿于经过改装的仪器设备中，利用国际物流寄递走私出境。如被告人王某伙同翁某、卢某，为将毒品走私至境外，他们将一个干燥机拆卸，然后将毒品藏匿其中，现将机器运至北京，再将其运往国外。毒品的数量和含量方面，单起案件的走私毒品的数量较多，纯度较高，除一件走私 362.8 克甲基苯丙胺纯度为 19.5% 以外，其他均为 900 克以上的海洛因或甲基苯丙胺，最高为 8328 克甲基苯丙胺，纯度从 47.8% 到 82.5% 不等。

4. 审判阶段的律师辩护率较高，为开展刑事案件律师辩护全覆盖试点工作奠定基础

长期以来，高度重视被告人辩护权的保障工作，被告人没有委托辩护人的，对于法律规定应当通知法律援助机构指派律师为其辩护的，严格依照法律规定办理；对于法律规定可以通知法律援助机构指派律师为其辩护的，坚持尽可能通过法律援助机构为其指定辩护人。特别是刑事案件认罪

认罚从宽制度试点工作开展以来，对于自愿如实供述自己的犯罪，同意适用认罪认罚从宽制度的被告人，一律通知法律援助机构指派律师为提供辩护。在审理的三大类走私刑事案件中，58名自然人被告中的44名有律师为其辩护，审判阶段律师辩护率达75.86%，其中走私毒品案件律师辩护率达到100%。辩护律师广泛参与刑事审判，一方面有效保障了被告人的合法权益；另一方面有力促进了刑事诉讼结构的平衡，为推进以审判为中心的诉讼制度改革、开展刑事案件律师辩护全覆盖试点工作奠定了坚实基础。

5. 审判阶段违法所得的追缴到位率较高，三大类案件的财产刑执行到位率相差较大

统计数据显示，审结的走私珍贵动物制品案和走私毒品案的涉案赃物在审判阶段已全部追缴到位，走私普通货物、物品案所造成的国家税款损失已全部挽回。走私案件赃物、赃款追缴比例较高，一方面源于案件特点和查获方式，在走私案件中，走私现场当场查获的比例很高，其中走私珍贵动物制品和走私毒品近乎均属此种情形，走私普通货物、物品案中也有少量属于这种情形，即走私对象在侦查之初即处于侦查机关控制之下；另一方面与司法机关重视该项工作有关，近年来，公检法三机关不断加大刑事案件的追赃减损工作力度，建立了相关工作机制，加强彼此之间的协调配合。在审判阶段，为提高判决执行率，注重做好被告人的说服教育工作，促使其主动退缴违法所得，及时将审判中发现的赃款赃物线索移送侦查机关，督促侦查机关加大追赃力度。此外，走私案件中被告人认罪悔罪比例较高、部分被告单位具备退缴违法所得的经济能力、海关对涉嫌犯罪人的保证金制度等也是违法所得追缴到位率高的重要原因。

在财产刑的执行方面，三类走私犯罪的情况差异较大，其中走私普通货物、物品案件在审判阶段的罚金执行到位率达83%，走私珍贵动物制品案的罚金执行到位率近40%，而走私毒品案件所判处的财产刑均未执行到位。原因在于，走私珍贵动物制品案及走私普通货物、物品案中，大部分被告人能够认罪、悔罪，多数被告人能在宣判前积极预交罚金，而走私毒品案件的被告人大多为外籍人员，个人财产状况难以查明，审判阶段均未

发现可供执行的个人财产。

二、审理走私类刑事案件发现的问题和裁判思路

（一）鉴定机构出具的涉案珍贵动物制品物种鉴定意见并不具有当然的证明力，仍需依法审查判断后决定是否采信

涉案珍贵动物制品的种属是审判中的专门问题，直接关系到被告人行为的罪与非罪，应当由专业机构和人员出具鉴定或检验意见。对于已经作出的鉴定或检验意见，是否能够作为认定事实的证据被采信，仍应通过严格的举证、质证和认证程序，经审查后予以确认，即鉴定、检验意见并不具有当然的证明力。对于针对同一检验对象的多份鉴定或检验意见内容不一的，应当结合在案其他证据进行审查，必要时可以请专业机构和人员出具意见，供法庭参考决策。祁某某、李某走私珍贵动物制品案中，检察机关指控祁某某、李某走私4件犀角制品，而辩护方对这4件制品的种属存在争议，为此先后由不同的鉴定机构进行了多次鉴定，但结论不尽一致。为了核实这些证据，合议庭分别走访了作出两家不同意见的鉴定机构，对检材提取部位、鉴定方法、鉴定程序等进行了比较，同时委托中国科学院北京基因组研究所对涉案物品再次进行检验，并就不同的检材提取部位、鉴定方法对鉴定结果可能产生的影响进行了分析论证，最终认定涉案制品确为现代犀科动物角制品。

（二）属于同一根象牙的单件象牙块或象牙制品，无论净重是多少，其价值不应超过一根完整象牙的价值

《国家林业局关于发布破坏野生动物资源刑事案中涉及走私的象牙及其制品价值标准的通知》（林濒发〔2001〕234号）规定了走私刑事案件中象牙制品的价值核定标准，即“一根未加工象牙的价值为25万元；对于无法确定是否属一根象牙切割或者雕刻成的象牙块或象牙制品，应根据其重量来核定，单价41 667元/千克”。对以上标准的理解，应当从规范的制定依据和立法原意出发，即在一根象牙，无论大小，其价值均为25万元，在此基础上，通过对一定数量的象牙样本进行净重统计，得出一根象牙的平均净重为6千克的结论，由此计算出每千克象牙的价值为41 667

元，以此作为非整根的象牙块或散件象牙制品的价值核定标准。实践中，在核定单件象牙块或象牙制品价值时，不应机械地套用每千克 41 667 元的标准，而应首先判断单件象牙块或象牙制品是否属于同一根象牙，对于属于同一根象牙的单件象牙块或象牙制品，如果其净重不足 6 千克的，按照每千克 41 667 元的标准核定价值，达到或超过 6 千克的，计价 25 万元。也就是说，部分的价值不应大于整体，否则，就会出现走私一段象牙制品的罪责反而大于走私一根完整象牙的悖论。一些案件中，由于对上述标准理解有误，鉴定机构出具的涉案象牙制品价值结论不合理，未予采信，而是根据上述标准客观认定。如冷某某走私珍贵动物制品案中，检察机关根据鉴定意见指控被告人走私数额为 47 万余元，而法院经审理认定走私数额为 43 万余元。

（三）辩方有证据证明走私的多件象牙制品可能来自同一根象牙，而控方的证据不能排除这一可能，可采信辩方的意见，并据此认定犯罪数额

一些案件中，辩方辩解称被告人携带的象牙制品是由一根象牙切割而来，其价值不应按重量乘以单价的方式计算，而应直接按一根象牙原牙的价值认定，即人民币 25 万元。在这些案件中，有的因辩方缺乏相应的证据，法庭对其辩解未予采纳。但也有的案件，辩方向法庭提交了部分证据，能够证明涉案多件象牙制品可能来自同一根象牙，但尚未达到确实、充分的程度，即不能排他的证明确属同一根象牙，于此情形，除非控方有充分的证据和理由，足以否定辩方的上述辩解，否则应按照“疑点利益归属被告人”的原则，采信辩方的意见，即在不能排除涉案象牙制品来自同一根象牙可能性的情况下，从有利于被告人的角度，认定其属于一根象牙，并按照林濒发〔2001〕234 号文件的规定，认定犯罪数额。如陈某走私珍贵动物制品案中，检察机关指控被告人陈某非法携带 5 件象牙制品入境，净重 17 千克，价值 70 余万元。法庭审理时，辩方提出陈某携带的部分象牙制品系由一根象牙切割而来，并向法庭提交了陈某曾受赠过一根完整象牙的证据，而鉴定机构也确认涉案的象牙制品中有 2 件系从一根象牙上切割而来，其余 2 件又与上 2 件可能来自同一根象牙。经对证据综合分析，法院认为，辩方的证据与鉴定意见具有一定印证关系，而控方并无充

分证据和理由否定上述内容，故采信了辩方的意见。

（四）在海关监管现场通过 X 光机检查发现被告人藏匿珍贵动物制品后，尚未开箱检查前，被告人承认藏匿的是珍贵动物制品并配合检查的，不构成自动投案

走私珍贵动物及其制品案的被告人一般选择无申报通道通关，当海关人员通过 X 光机检查发现被告人的行李中有疑似珍贵动物制品后，会拦截被告人并对其进行盘问，要求开箱检查，在此过程中有的被告人会“主动”向海关关员承认其携带入境的是珍贵动物制品，对于被告人的行为是否自动投案，实践中一直存在争议。我们认为，当海关关员对被告人携带的行李通过 X 光机进行先期机检时，发现行李中藏有疑似象牙制品，随后对其进行拦截并重点盘查，此时其走私行为已经败露，且其完全处于海关监管人员的控制之下，其在不得已情况下承认携带了象牙制品的，不属于自动投案意义上的“主动交代”，故不成立自动投案。

（五）走私油画、雕塑等艺术品的应缴税额，应当以其成交价格为基础进行核定

在进出口税收领域，油画、雕塑究竟属于“艺术品”，还是“收藏品”，关系到应缴税额的计算依据问题。《计核偷逃税款办法》第十六条规定：“涉嫌走私的货物能够确定成交价格的，其计税价格应当以该货物的成交价格为基础审核确定。”第十九条规定：“涉嫌走私进口的黄金、白银和其他贵重金属及其制品、珠宝制品以及其他有价值的收藏品，应当按国家定价或者国家有关鉴定部门确定的价值核定其计税价格。”上述《计核偷逃税款办法》第十九条规定中的“收藏品”的含义和范围，应当结合《进出口税则》所规定的税则号列、商品名称及相关注释加以理解，该税则将“收藏品”界定为“具有动物学、植物学、矿物学、解剖学、历史学、考古学、古生物学、人种学或钱币学意义的收集品和珍藏品”，而油画和雕塑则包括在“艺术品”的范围内，且“收藏品”和“艺术品”分属不同的税则号列。由此可见，涉案油画、雕塑均属于“艺术品”，而不属于“收藏品”，应当以其成交价格作为计税价格的核定基础。

（六）走私贵金属纪念币等贵金属制品的应交税额，应当以国家有关鉴定部门确定的价格为基础进行核定

实践中，控辩双方会对上述《计核偷逃税款办法》第十六条、第十九条的适用顺序上产生争议。如某投资公司走私普通货物案中，走私对象为从香港购买的贵金属纪念币及吊坠，被告人供述称上述货物的购买价格为港币370余万元，而鉴定机构证明上述贵金属纪念币的价格为人民币430余万元，吊坠的价格为9万余元。辩方认为，本案的计税价格应当依照《计核偷逃税款办法》第十六条的规定，以该货物的实际成交价格为基础审核确定。法院认为，上述《计核偷逃税款办法》第十六条为确定涉案货物计税价格的一般性规定，而《计核偷逃税款办法》第十九条则为确定特殊货物计税价格的特殊性规定。从适用顺序上，应当优先审查涉案货物是否符合《计核偷逃税款办法》第十九条之规定，不符合该条规定的，再适用《计核偷逃税款办法》第十六条之规定，即特殊条款优于一般条款。根据鉴定意见，涉案纪念币属贵金属制品，应当依照《计核偷逃税款办法》第十九条之规定，以鉴定部门确定的价格核定其计税价格。

（七）应缴税额应以走私行为发生时的关税税率计算，案发后关税税率变动的，不影响应缴税额的认定

由于国家政策变化等因素的存在，关税税率往往会不断调整。在部分走私普通货物案件中，行为人进口货物时的关税税率较高，而在案发或者审判时的关税税率已经降低。那么，关税税率变动是否影响应缴税额的认定？我们认为，走私行为后关税税率的变动不影响偷逃应缴税额的认定，理由是：国务院关税税则委员会、海关总署下发的关税税率文件不属于《刑法》规范的范畴，而是一种效力相当于国务院部门规章的规范性文件。因此，由此种规范性文件的修改而引起的关税税率的变动，不属于《刑法》意义上的法律变更，不适用“从旧兼从轻”原则。换言之，在被告单位和被告人欺骗海关的行为性质没有变化，以及客观造成了国家税款流失的事实没有变化的前提下，不能因为关税税率变动而影响对于先前行为的社会危害性的判断，仍然应当以行为时的关税税率作为核定偷逃应缴税额的依据。

（八）在体内或者贴身隐秘处起获毒品，且被告人不能作出合理解释的，可以推定其“明知”是毒品而予以藏匿，但有证据证明确属被蒙骗的除外①

对于被告人采取体内藏毒或贴身隐秘处藏毒的方式走私毒品的，可推定认定其“明知”是毒品，但有证据证明确属被蒙骗的除外。如某被告人走私毒品案，被告人从非洲某国乘航班抵达北京，入境时当场抓获，在其体内起获装有毒品可卡因的胶囊，涉案毒品数量为1000余克。被告人辩解称，其被他人胁迫而吞食“胶囊”并携带入境的，自己不清楚“胶囊”里面是什么。法院认为，该案毒品被藏匿在被告人体内，被告人不能作出合理解释，且没有证据证明其确属被蒙骗，可认定其“应当知道”藏匿的是毒品，主观上具有走私毒品的犯罪故意。

三、我院刑事审判的工作机制和主要做法

我院在审理走私类刑事案件过程中，严格贯彻证据裁判原则，准确认定案件事实，正确适用法律。实践证明，走私类刑事案件的审理已初步取得了良好的法律效果和社会效果，具体表现在几类审判指标上，如当庭宣判率高、律师辩护率高、犯罪所得追缴和罚金刑执行到位率高、上诉率低以及无抗诉案件、无被改判案件、无被发回重审案件和无申诉信访案件等。我们的工作机制和主要做法是：

（一）统一和明确裁判标准，坚持证据裁判原则，确保案件经得起历史检验

为了统一和明确走私案件的证据认定标准，与北京市人民检察院第四分院就案件证据标准问题多次交换意见，并通过个案的证据审查和认定，使检法两家在常见走私案件证据规格和标准方面形成统一认识。2016年，为适应审判对证据的要求，北京市人民检察院第四分院与北京海关缉私局会签了《走私犯罪案件证据参考标准》，有力推动了走私刑事案件证据的标准化。2017年，按照北京市高级人民法院的部署安排，参与了案件审判

① 《昆明会议纪要》（法〔2023〕108号）已将该情形调整为运用证据认定明知的判断因素。

规范的起草工作。截至目前，承担的《走私珍贵动物制品案件审判规范》的初稿已经完成，内容包括查明案件事实的范围、法律适用问题和参考案例等多项内容，为同类案件审判的规范化奠定基础。坚持证据裁判原则，严格执行法定证明标准。一是对于证据之间存在矛盾的案件不勉强下判，而是注重分析矛盾产生的原因，通过庭后核实、听取专家意见等工作去伪存真，增强内心确信。如上述被告人祁某某、李某走私珍贵动物制品案，针对涉案珍贵动物制品的种属问题，先后作出多份结论不一的鉴定检验意见，合议庭没有简单、武断地取舍，而是通过走访鉴定检验机构、咨询专家等，找到结论不一致的原因，并在此基础上作出判断。二是重视对有关珍贵动物制品价值标准的规范性文件的解读，对与上述文件内容不符的价值鉴定意见不予采信。三是坚持"疑点利益归属被告人"的原则，对存疑事实作出有利于被告人的认定。

（二）严格证据标准，积极推动珍贵动物制品物种鉴定检验规范化

动物制品的物种属性是走私珍贵动物及其制品案件的关键证据，也是控辩双方争议的焦点之一。自受理走私案件以来，发现涉案珍贵动物制品的种属检验意见多由中华人民共和国濒危物种科学委员会出具，虽然该委员会是我国履行《濒危野生动植物种国际贸易公约》的科学机构，在濒危野生动植物保护领域具有很高的权威性，但其不属于司法鉴定机构。为了严格证据规格标准，确保案件质量，在受理走私案件之初即与同级检察机关研究会商，并与北京海关缉私局多次沟通协调，最终达成共识并着手推动物种鉴定的规范化：一是明确了物证鉴定机构的鉴定资质是鉴定意见证明效力的前提，对于涉案物种属性问题原则上均应委托有鉴定资质的机构进行鉴定。二是考虑工作的延续性，制订了分阶段推动的方案。对于过渡期内侦查终结的案件，辩护方未提出疑问，且其他证据能够佐证的，可以将濒危物种科学委员会出具的检验意见作为认定物种的依据；对于过渡期后受理的案件，均应委托有鉴定资质的机构出具鉴定意见；辩护方对鉴定意见提出疑问且有合理理由的，应当组织重新鉴定检验或通知作出原鉴定意见的鉴定人员出庭接受控辩双方的质询。三是充分利用首都科研优势，发挥专家意见对鉴定意见客观性的佐证作用，增强法官的内心确信，确保

案件裁判经得起历史检验。

（三）强化以庭审为中心，推进庭审实质化，提高当庭宣判率

按照司法改革的要求，建院伊始即制定出台《北京市第四中级人民法院刑事审判合议庭运行规则》，对刑事案件的受理、庭前准备会议、法庭调查和辩论、案件评议、审理报告和裁判文书的制作和签发等内容进行了明确规范，强化了庭审在事实调查、证据采信和法律适用中的决定性作用，确保证据质证在法庭、事实查明在法庭、控辩意见发表在法庭、裁判结果形成在法庭。目前，根据最高人民法院制定的“三项规程”（庭前会议、排除非法证据、法庭调查）的要求，结合审判实践中存在的问题，我们正着手对上述规则作进一步修改完善。为避免一些法官判案主要依赖案卷笔录，“先入为主”“庭审流于形式”等问题，强调庭审程序的连续性、持续性，使庭审能够像外科手术一样集中进行，使法官的内心确信主要形成于庭审。实践中，对于事实清楚、争议不大且被告人认罪的，做到当庭宣判；对于被告人不认罪或部分事实有待进一步查清的，待补充完善证据后，也应争取实现当庭宣判。上述统计数据显示，在已审结的走私案件中，走私普通货物、物品案件当庭宣判率达到46.15%；走私毒品案件达到33.33%；走私珍贵动物制品案件达到25%。

（四）积极开展认罪认罚从宽制度试点工作，切实贯彻宽严相济刑事政策

被确定为开展刑事案件认罪认罚从宽制度试点后，结合审判实际，具体开展了以下工作：一是明确适用制度的案件范围，将被告人认罪的走私刑事案件列为适用制度的重点之一。二是规范合议庭的审查职责，简化庭审程序。对于公诉机关适用认罪认罚从宽制度提起公诉的案件，受理案件后，合议庭应当审查是否随案移送了量刑建议、被告人在律师在场情况下签署的《认罪认罚具结书》等材料。开庭审理时，对于事实清楚、被告人当庭确认适用认罪认罚制度的案件，庭审讯问予以简化；庭审质证时，采取集中质证或分组质证的方式简化质证程序。同时，规范了裁判文书的简化方式。三是履行对被告人的权利风险告知义务，保障辩护权的行使。要求合议庭在送达起诉书副本时，告知被告人认罪认罚从宽制度的主要内

容、相关权利义务以及适用该制度的法律后果，并询问其是否同意适用该制度。庭审中再次询问其是否同意适用，切实保障被告人的选择权。对于没有委托辩护人的被告人，通知法律援助机构为其指定律师辩护或安排值班律师提供法律帮助。四是增进与检察机关的共识，共同推动制度落实。开展试点工作以来，已适用认罪认罚从宽制度审结走私珍贵动物制品案件2件，审限均在一个月以内，且均为当庭宣判，宣判后被告人均未上诉。

（五）规范院庭长审判管理权监督权的行使，积极落实院庭长办案制度

规范和理顺了院庭长与合议庭等审判组织的关系，明晰了院、庭长审判管理监督职责的边界，在调研基础上制定出台《北京市第四中级人民法院院庭长审判管理权监督权运行规则》和《院庭长审判管理权监督权权力清单》，围绕"让审理者裁判，由裁判者负责"的基本目标，采取正面清单和负面清单的形式明确了审判管理权、监督权的行使范围和内容，防止院庭长对个案实体裁判权的不当介入；规范审判管理权、监督权的行使方式，取消院庭长直接听取案件汇报的制度，增设主审法官会议、专业法官会议等制度安排，将传统的院、庭长个人行权模式代之以组织化的行权模式；明确院庭长行使审判管理权、监督权的效力，提出院庭长对个案处理所提的个人建议仅供审判组织参考，对审判组织如何作出裁判没有当然的约束力。近三年来，除审委会讨论决定的案件外，院庭长对其未直接参加审理案件的裁判文书不进行审核签发，也不再以口头指示、旁听合议、文书送阅等方式变相审批案件，审结的全部走私刑事案件，均由合议庭独立作出裁判，裁判文书亦由审判长签发，真正实现了审判组织独立行使审判权。积极落实院庭长办案制度，近三年来，院庭长独立承办的刑事案件占全部刑事案件的20%以上，切实发挥了院庭长作为资深法官的引领示范作用。

（六）建立"侦控辩审"四方联席会议机制，共同推进以审判为中心的刑事诉讼制度改革

2015年，结合刑事案件的管辖特点，建立了由公安、检察、法院和律师团体参加的"侦控辩审"四方联席会议工作机制，联席会议研讨和协调

的内容包括：树立庭审中心意识，加大审判公开力度，贯彻证据裁判原则，强化人权司法保障；保障各方依法履职，健全错案防范机制，旨在加强公、检、法、律师在刑事审判活动中的联系、沟通和协调，保障各方依法履行职责，以严格执行庭审程序来确保案件公正裁判，合力推进以审判为中心的诉讼制度改革。两年多来，四方联席会议两次召开全体会议，研究和探讨了走私刑事案件的证据裁判标准、刑事一审案件庭前会议规则等内容。实践证明，四方联席会议机制的建立和完善对于明确裁判标准、统一裁判尺度、维护辩护方诉讼权益、推动庭审实质化，发挥了重要作用。

四、典型案例

案例一：被告人祁某某、李某走私珍贵动物制品案

裁判要旨：鉴定机构的鉴定意见并不具有当然的证明力，仍需依法审查判断后认定；对于多份鉴定意见内容不一致的，应当通过审查鉴定程序、方法，分析不一致的原因，并结合在案其他证据作出认定。

案情简介：被告人祁某某和李某经预谋后，携带4件犀牛角制品和少量其他珍贵动物制品，乘坐航班从国外抵达首都国际机场时被查获。经鉴定，涉案的4件动物角制品均由白犀角加工制成，共计价值人民币30余万元。法院认为，祁某某、李某的行为已构成走私珍贵动物制品罪。祁某某到案后协助公安机关抓获同案犯，有立功表现，到案后能如实供述主要犯罪事实，且当庭自愿认罪；李某系从犯，且到案后亦能如实供述主要犯罪事实，当庭自愿认罪，故对二被告人均减轻处罚，并对李某依法适用缓刑。据此判决：被告人祁某某犯走私珍贵动物制品罪，判处有期徒刑4年，并处罚金人民币4万元；被告人李某犯走私珍贵动物制品罪，判处有期徒刑3年，缓刑4年，并处罚金人民币3万元。

评析：本案中，控辩双方对这4件疑似犀角制品的种属问题争议较大，为此先后由不同的鉴定和检验机构进行了多次鉴定或检验，其中国家林业局野生动植物检测中心出具的鉴定意见，证明4件涉案制品均为现代犀科动物角制品（白犀），而国家林业局森林公安局野生动植物刑事物证鉴定中心的鉴定报告，未从检材中提取到有效DNA，故不能确定检材种属。经

走访作出两家不同意见的鉴定机构，对检材提取部位、鉴定方法、鉴定程序等进行了详细比较，发现两家机构提取检材的部位不同，国家林业局森林公安局野生动植物刑事物证鉴定中心系从犀角制品表面提取检材，而国家林业局野生动植物检测中心系从犀角制品内部提取，考虑到早期对犀角制品进行检验时，制品表面曾沾染过用于检测的化学物质，故不能排除鉴定机构未提取到有效DNA，系因制品表面细胞被破坏的可能。为了准确查明事实，检法两家委托中国科学院北京基因组研究所对涉案物品再次进行检验，并就不同的检材提取部位、鉴定方法对鉴定结果可能产生的影响进行了分析论证。法院认为，由于检材中有效DNA的提取受提取技术、检材表面被污染、破坏情况等多种因素影响，原因较为复杂，故国家林业局森林公安局野生动植物刑事物证鉴定中心出具的鉴定意见，不排除受检材提取部位的影响，且该结论不能否定国家林业局野生动植物检测中心出具的鉴定意见和濒危物种科学委员会出具的检验意见，应当认定涉案制品确为现代犀科动物角制品。

案例二：被告人冷某某走私珍贵动物制品案

裁判要旨：属于同一根象牙的单件象牙块或象牙制品，无论净重是多少，其价值不应超过一根完整象牙的价值标准。

案情简介：被告人冷某某乘坐航班从国外抵达首都国际机场，入境时未向海关申报任何物品，海关人员在其托运的行李箱内查获疑似象牙牙段1根、象牙牙尖2根、象牙制品31件，共计净重11.36千克。公诉机关指控上述象牙制品的价值为47万余元，法院经审理认定象牙和象牙制品价值人民币43万余元。法院认为，冷某某的行为已构成走私珍贵动物制品罪。据此判决：被告人冷某某犯走私珍贵动物制品罪，判处有期徒刑4年，并处罚金人民币5万元。

评析：涉案的34件象牙制品中，其中1根象牙段的净重为6.876千克，如果按照每千克41 667元的标准计算，价值为28万余元，而一根完整象牙的价值标准是25万元，部分的价值不应大于整体，故该根象牙段最多只能计价25万元；其余部分合计4.484千克，按照每千克41 667元的标准计算，核定价值为18万余元，总价值应为43万余元。

案例三：被告人陈某走私珍贵动物制品案

裁判要旨：辩方有证据证明涉案多件象牙制品很可能来自同一根象牙，而控方的证据不能排除这一可能，可采信辩方的意见，并据此认定犯罪数额。

案情简介：被告人陈某将5件象牙制品分别藏在3个行李箱中，乘航班从境外飞抵北京，入境时被海关人员查获。检察机关指控其犯走私珍贵动物制品罪。庭审时，辩方提出其中4件象牙制品来源于一根象牙，并向法庭提供了被告人在国外曾受赠过一根完整象牙、剩余2段象牙尚留在国外家中的证据。法院认为，陈某的行为构成走私珍贵动物制品罪。关于犯罪数额，根据辩方提供的证据，结合鉴定意见，可以认定涉案的4件象牙制品来源于一根象牙，价值人民币25万元；另1件象牙制品净重0.110千克，价值人民币4583元。公诉机关指控的罪名成立，但对象牙制品的价值认定不妥。据此判决：被告人陈某犯走私珍贵动物制品罪，判处有期徒刑5年，并处罚金人民币5万元。

评析：辩方的证据能证明陈某曾受赠过一根象牙；国家林业局森林公安司法鉴定中心和国家林业局野生动植物检测中心通过鉴定，确认涉案的象牙制品中有2件系从一根象牙上切割而来；结合象牙制品的形状、颜色和尺寸，其余2件又与上2件可能来自同一根象牙。辩方证据与鉴定意见具有一定印证关系，而控方无证据和理由排除这4件象牙制品来源于同一根象牙的可能，故采信了辩方的意见。

案例四：被告人曲某走私珍贵动物制品案

裁判要旨：海关监管现场通过X光机检查发现被告人藏匿走私物品后，尚未开箱检查前，被告人承认藏匿的是走私物品并配合检查的，不构成自动投案。

案情简介：被告人曲某入境时，海关人员对其托运的行李箱进行X光机检查时发现内有象牙制品，于是让他打开行李检查，海关人员问他里面是什么东西，他回答说有一些食品和象牙制品。随后，海关人员在其行李箱中查出426件象牙制品，价值42万余元。法院认为，曲某的行为已构成走私珍贵动物制品罪。鉴于其到案后能如实供述犯罪事实，当庭自愿认罪，且预交全部罚金，可对其从轻处罚。

评析：审理期间，曲某的辩护人认为曲某具有自首情节。我们认为，海关人员对曲某携带的行李通过 X 光机进行先期机检时，已发现行李中藏有象牙制品，随后对其进行拦截并重点盘查，此时其走私行为已经败露，且其完全处于海关监管人员控制之下，其在不得已情况下承认携带了象牙制品，不属于自动投案意义上的"主动交代"，故不成立自动投案。

案例五：被告人王某某走私珍贵动物制品案

裁判要旨：被告人因携带疑似象牙制品在海关监管现场被查获后放行，后侦查机关对其"电话传唤"，其接到电话后自行前往侦查机关接受调查，并如实供述犯罪事实的，可以视为自动投案。

案情简介：被告人王某某携带疑似玳瑁制品入境后被海关查获，当日他离开海关。几天后，北京海关缉私局对此案立案侦查并电话通知王某某来该局接受讯问，王某某接到电话后自行前往该局，该局为其办理了取保候审手续。庭审期间，王某某如实交代了走私玳瑁制品的犯罪事实。法院认为，王某某的行为已构成走私珍贵动物制品罪，鉴于其有自首情节，故对其减轻处罚。

评析：侦查机关电话通知或"电话传唤"不属于法定的传唤方式，没有法定拘束力和强制力。被告人离开海关后直至其被采取强制措施以前，其并未受到有法律效力的实际控制，人身处于自由状态。当被告人接到侦查机关电话通知后，其可以选择逃走，也可以拒绝配合，但其在没有外力强制的情况下，选择前往侦查机关接受调查，并始终如实交代所犯罪行，表明其主观上具有归案的主动性和自愿性，认定其系自动投案符合立法和司法解释的精神。

案例六：被告单位某代理公司走私普通货物案

裁判要旨：走私油画、雕塑等艺术品的应缴税额，应当以其成交价格为基础进行核定。

案情简介：某代理公司受某保险公司委托，代理运输进口油画 1 幅、雕塑 2 件。在进口过程中，某代理公司采取低报成交价格的方法向海关申报，偷逃应缴税款共计人民币400余万元。庭审时，辩方提出，涉案油画、雕塑属于“收藏品”，应以鉴定价格而非成交价格为基础计算应缴税额。法院认为，该代理公司的行为均已构成走私普通货物罪。关于应缴税额的认定，因涉案油画、雕塑属于“艺术品”，不属于“收藏品”，故应以成交价格为基础计算应缴税额，并据此作出判决。

评析：《计核偷逃税款办法》第十六条规定：“涉嫌走私的货物能够确定成交价格的，其计税价格应当以该货物的成交价格为基础审核确定。”第十九条规定：“涉嫌走私进口的黄金、白银和其他贵重金属及其制品、珠宝制品以及其他有价值的收藏品，应当按国家定价或者国家有关鉴定部门确定的价值核定其计税价格。”上述“收藏品”的含义和范围，应当结合《进出口税则》所规定的税则号列、商品名称及相关注释加以理解，该税则将“收藏品”界定为“具有动物学、植物学、矿物学、解剖学、历史学、考古学、古生物学、人种学或钱币学意义的收集品和珍藏品”，而油画和雕塑则包括在“艺术品”的范围内，且“收藏品”和“艺术品”分属不同的税则号列。由此可见，在进出口税收领域，涉案油画、雕塑均属于“艺术品”范畴，而不属于“收藏品”，以其成交价格作为计税价格的核定基础符合《计核偷逃税款办法》的相关规定。

案例七：被告单位某投资公司走私普通货物案

裁判要旨：走私贵金属纪念币等贵金属制品的应缴税额，应当按国家定价或者国家有关鉴定部门确定的价格为基础进行核定。

案情简介：被告单位某投资公司从境外购买贵金属纪念币及铂金吊坠后，由公司员工携带入境，未向海关申报任何货物、物品，共计偷逃税款70余万元。审理期间，辩方认为涉案的贵金属制品的境外购买价有证据证明，且该价格低于鉴定价格，应当以实际成交价为基础核定应缴税额。法院认为，走私对象为贵金属制品，依照《计核偷逃税款办法》第十九条的规定，应当按国家定价或者国家有关鉴定部门确定的价值核定其应缴税额，并据此作出判决。

评析：《计核偷逃税款办法》第十六条为确定涉案货物计税价格的一般性规定，而《计核偷逃税款办法》第十九条则为确定涉案特殊货物计税价格的特殊性规定。从适用顺序上，应当优先审查涉案货物是否符合《计核偷逃税款办法》第十九条之规定，不符合该条规定的，再适用《计核偷逃税款办法》第十六条之规定，即特殊条款优于一般条款的适用。本案中，涉案贵金属纪念币、吊坠符合《计核偷逃税款办法》第十九条之规定，应以国家有关鉴定部门确定的价格核定其计税价格，而不应以成交价格为基础确定计税价格。

案例八：被告单位某技术开发有限公司走私普通货物案

裁判要旨：应缴税额应以走私行为发生时的关税税率计算，案发后关税税率变动的，不影响应缴税额的认定。

案情简介：被告单位某技术开发有限公司以1000余万元港币从香港购得油画一幅，并将该画进口至北京。为了降低成本，该公司向海关申报的价格为1000美元。此案存在的问题是，走私行为发生在2011年，当时艺术品的关税税率较高，而立案侦查是在2016年，此时税率已大幅下调，对此究竟是以走私行为时的税率，还是以调整后的税率计算应缴税额。法院认为，应当以走私行为时的关税税率作为核定应缴税额的依据，认定偷逃税额为400余万元，并据此作出判决。

评析：国务院关税税则委员会、海关总署下发的关税税率文件不属于《刑法》规范的范畴，而是一种效力相当于国务院部门规章的规范性文件。因此，由此种规范性文件的修改而引起的关税税率的变动，不属于《刑法》意义上的法律变更，不适用"从旧兼从轻"原则。换言之，在被告单位和被告人欺骗海关的行为性质没有变化，以及客观造成了国家税款流失的事实没有变化的前提下，不能因为关税税率变动而影响对于先前行为的社会危害性的判断，即仍然应当以行为时的关税税率作为核定应缴税额的依据。

走私犯罪新变化及司法应对研究①

北京市第四中级人民法院刑事审判庭课题组

王 靖[*] 江珞伊[**] 郭红佛[***]

调研情况说明

2021年7月1日，习近平总书记在庆祝中国共产党成立100周年大会上发表重要讲话，深情回顾了党百年奋斗的光辉历程和团结带领人民创造的伟大成就，号召全体党员在新的赶考路上努力为党和人民争取更大光荣。习近平总书记的重要讲话，指引我们要始终做到牢记初心使命，坚定理想信念，努力让人民群众在每一个司法案件中感受到公平正义，奋力推动首都法院刑事审判工作高质量发展。

北京作为首都，是全国政治、文化、国际交往和科技创新中心，市场经济繁荣活跃，人流量、物流量和进出口贸易量巨大，反走私态势相对严峻。五年多来，在市委、北京市高级人民法院的统一部署和指导下，作为全国首批跨行政区划法院之一的北京市第四中级人民法院积极推进以审判为中心的刑事诉讼改革，全面贯彻宽严相济刑事政策精神，公正审理各类走私刑事案件，为建设国际一流的和谐宜居之都提供有力司法保障。

为了更好地总结审判工作经验，有效预防和惩治走私犯罪行为，我们

---

① 本文形成于2022年2月。

* 王靖，北京市第四中级人民法院党组成员、副院长。

** 江珞伊，北京市第四中级人民法院刑庭法官助理，法学博士。

*** 郭红佛，北京市第四中级人民法院刑庭法官助理。

对2015年1月1日至2021年6月30日我院走私刑事案件的审理情况进行了全面梳理，针对近年来走私犯罪展现出的新特点、新规律，在其变化情况的基础上，分析原因，明确裁判思路，总结经验做法，提出司法应对路径。

截至目前，该调研已形成三项主要成果：一是制作《走私刑事案件审判白皮书》，并通过北京市第四中级人民法院主持召开的新闻发布会对外发布；二是从审判的案件中选取八个具有参考意义的典型案例予以发布；三是在调研基础上对走私案件起草了审判规范指引初稿。

随着我国改革开放和国际交往的不断深入，一些企业和个人为了中饱私囊，在对外贸易中想尽各种方法偷逃税款，阻碍了市场经济的正常运行，造成了国家税款的大量流失，还有的不法分子公然违反法律和海关监管制度，铤而走险，将法律明令禁止入境的物品以各种方式走私进口，走私犯罪始终处于易发高发态势。近年来，随着互联网经济、国际物流业务的发展，走私犯罪呈现出一些新特点，犯罪手段日益翻新，使案件审理出现了一些新问题，犯罪形势的变化和发展对人民法院刑事审判工作提出了新要求。

我院自2015年起受理北京市走私类刑事案件，针对我院目前主要受理走私类刑事案件的现状，为切实解决走私案件审理过程中遇到的新情况和新问题，课题组在全面收集我院于2015年1月1日至2021年6月30日作出的走私刑事案件判决的基础上，采用数据统计法、个案分析法和文献研究法，汇总走私刑事案件审判概况、特点并利用图表进行分析；总结我院审理走私刑事案件发现的问题及裁判思路；根据走私案件易发的问题，根据我院刑事审判的工作机制和主要做法，提出有针对性的对策和建议。

一、审理走私刑事案件的基本情况

2015年1月1日至2021年6月30日，我院受理刑事一审案件共计207件，其中走私案件为166件，占一审案件总数的80.19%。受理的走私案件涉及走私珍贵动物制品罪、走私普通货物、物品罪、走私毒品罪和走私国家禁止进出口的货物、物品罪等罪名，其中走私珍贵动物制品案件73件，占走私案件总数的43.98%；走私普通货物、物品案件54件，占比

32.53%；走私毒品案件24件，占比14.45%；走私国家禁止进出口的货物、物品案件9件，占比5.42%。共计对42个被告单位和222名自然人被告人判处刑罚，对7名自然人被告人免除刑事处罚。在判刑的被告人中，判处实刑121人，判处缓刑94人。判处实刑的罪犯中，判处无期徒刑的4人，判处10年以上有期徒刑的29人，判处5年以上不满10年有期徒刑的39人，判处3年以上（不包括3年）不满5年有期徒刑的17人，判处3年以下有期徒刑（包括拘役，不包括缓刑）的25人。

二、审理走私刑事案件的主要特点和原因分析

（一）走私珍贵动物制品案件占较大比重，以通关走私为主要犯罪形式，犯罪动机多样

依法严厉惩处针对珍稀、濒危动植物资源的犯罪行为，一直以来都是人民法院生态环境司法保护工作的重要内容。走私行为人将象牙、犀牛角、穿山甲片、玳瑁、棕熊胆及狼牙等珍贵动物制品藏匿在行李箱或随身携带通关入境为主要犯罪方式，依靠机场的人流来掩盖自己的犯罪行为。从犯罪主体来看，以海外务工人员和游客为主。随着国际交往的日益深入，我国外出务工、留学、旅游的人员逐年增多，或是为了在国内黑市上倒卖牟利，或是用于馈赠亲友、治疗疾病，这些海外务工人员和游客在回国时携带珍贵动物制品进境。预计今后此类通关走私珍贵动物制品的案件，仍会占据相当比重，这也说明保护生物多样性和生态安全的任务是长期而艰巨的。

（二）走私普通货物、物品案件主要发生在企业的对外贸易活动中，偷逃税款数额巨大且犯罪手段多样，近年来利用边民互市和边境小额贸易走私的犯罪形式值得关注

在审结的54件走私普通货物、物品案件中，28件为单位犯罪，涉及34个被告单位和54名被告人，偷逃税额共计180 275 825.70元；另外26件为自然人犯罪，涉及34名被告人，偷逃税额共计58 826 910.59元。在这些案件中，被告主体呈现出以外贸企业为主，自然人为辅的特点。其中，被告单位偷逃应缴税款100万元以上的有16件，占比57.14%。被告

单位的客观行为均表现为在进口货物通关环节中，逃避海关监管，偷逃应缴税款。但具体到细节，手段方式又各不相同，有的单位直接修改进口货物的实际价格后向海关申报；有的单位利用香港等地的离岸公司进行转口贸易，变相减少关税；有的单位篡改贸易方式，将FOB改为CIF，逃避运费、保险费上产生的税款；有的单位利用国家边贸优惠政策，从边境地区绕关进口货物等，可谓手段多样。

近年来，我院审理了一系列单位和个人将应当以一般贸易方式进口的调料品、海产品采用边民互市贸易和边境小额贸易的方式进口入境的案件。这一类案件涉案数额大，犯罪环节涉及面广，证据材料多，涉及法律问题复杂，部分被告人否认犯罪事实，控辩双方争议激烈，审理难度较大。这种采用边民互市贸易和边境小额贸易的方式走私货物的行为在边境口岸较为普遍，形成了国内货主—职业“过货”团伙—“过货”边民—国外清关公司—国外货主的走私“产业”链。

（三）同其他走私案件相比，走私毒品案件的犯罪人中外籍人员占比较高，走私手段包括贴身藏匿、人体藏匿、改装设备藏匿等，个案毒品数量普遍较高

我院共审结24件走私毒品案件，共涉及27名被告人，其中18人为外国人。他们大多采用贴身藏匿和人体藏匿毒品的方式走私进境，如将毒品藏在所穿用的鞋底内、身体隐私部位等。还有的案件，被告人将毒品藏匿于经过改装的仪器设备中，利用国际物流走私入境。在这些案件中，走私毒品数量普遍较大，2020年我院受理的陈某某走私毒品案是我院建院以来审理的毒品数量最大的案件，被告人将净重达24公斤的可卡因分装在30个奶粉罐内，分别放入两个行李箱托运入境，社会危害性很大，罪行极其严重。

（四）审判阶段四大类走私案件违法所得的追缴到位率较高，五大类案件的财产刑执行到位率相差较大

审结的走私珍贵动物制品案、走私毒品案、走私武器、弹药案和走私国家禁止进出口的货物、物品案等四大类案件的涉案赃物在审判阶段已全部追缴到位，赃物、赃款追缴比例较高。分析原因，一方面源于案件特点和查获方式，在四大类走私案件中，走私现场当场查获的比例很高，走私

普通货物、物品案中也有少量属于这种情形，即走私对象在侦查之初即处于侦查机关控制之下。另一方面与司法机关重视该项工作有关，近年来，公检法三机关不断加大刑事案件的追赃减损工作力度，建立了相关工作机制，加强彼此之间的协调配合。

在财产刑的执行方面，五类走私犯罪的情况差异较大，走私珍贵动物制品案、走私武器、弹药案、走私普通货物、物品案和走私国家禁止进出口的货物、物品案的执行到位率分别为 43%、22.72%、6%、4.88%，而走私毒品案件所判处的财产刑绝大部分没有执行到位。原因在于，走私珍贵动物制品案、走私武器、弹药案中，部分被告人能够认罪、悔罪，在宣判前积极预缴罚金，财产刑执行率随之较高；走私普通货物、物品案、走私国家禁止进出口的货物、物品案中，被告单位和被告人往往被判处巨额罚金刑（有的达上亿元），截至审判阶段查控的财产往往不足以全额执行，财产刑执行率相对较低；走私毒品案件的被告人的个人财产状况往往难以查明，审判阶段均未发现可供执行的个人财产。

（五）认罪认罚从宽制度的适用大大节约了司法资源，在落实宽严相济刑事政策和提高审判质效上发挥作用明显

我院从准确理解和把握认罪认罚从宽制度的立法精神、价值功能出发，严格遵循认罪认罚从宽制度的基本原则，以积极、稳妥、务实的态度推进认罪认罚从宽制度正确实施，坚持提速不降低质量、从简不减损权利，取得了较好的法律效果和社会效果。一是息诉服判效果显著。认罪认罚从宽制度赋予被告人自愿选择是否认罪认罚和审理程序的权利，使其获得了实体和程序上实实在在的从宽处理。在 166 件一审走私刑事案件中，86 件适用认罪认罚从宽制度，认罪认罚适用率达 51.80%。二是审判效率明显提升。适用认罪认罚从宽制度办理的走私刑事案件，庭审举证质证得到简化，极大节约了司法资源。在办理的认罪认罚案件中，当庭宣判率达到 53.49%，极大地提升了诉讼效率，也为简案快审、难案精审提供了保障。

三、我院走私刑事案件审判工作机制和主要做法

在审理走私刑事案件过程中，我院严格贯彻证据裁判原则，准确认定

案件事实，正确适用法律。实践证明，走私刑事案件的审理取得了良好的法律效果和社会效果，具体表现在几类审判指标上，如当庭宣判率高、律师辩护率高、犯罪所得追缴和罚金刑执行到位率高、上诉率低等。我们的工作机制和主要做法是：

（一）强化以庭审为中心，推进庭审实质化，提高当庭宣判率

近年来，我们严格执行最高人民法院关于刑事案件庭审程序的各项规定，并结合自身实际，对走私刑事案件的受理、庭前会议、法庭调查和辩论、案件评议、裁判文书的制作等内容明确、细化了具体工作要求，确保质证在法庭、案件事实查明在法庭、诉辩意见发表在法庭、裁判理由形成在法庭，强化了庭审在事实调查、证据采信和法律适用中的决定性作用。实践中，对于事实清楚、争议不大且被告人认罪的，做到当庭宣判；对于被告人不认罪或部分事实有待进一步查清的，待补充完善证据后，也争取实现当庭宣判。

（二）深入推进认罪认罚从宽制度的适用，切实贯彻宽严相济刑事政策

刑事案件认罪认罚从宽制度试点期间，我院作为试点法院积极探索，先行先试，积累了一定经验。该项制度正式施行后，我院第一时间召开审判业务培训会，组织干警学习认罪认罚从宽制度的适用条件、程序启动、程序设计和刑罚裁量等相关规定，提升办案人员审查证据、适用法律、把握政策、释法说理、沟通协调、化解矛盾的能力，为制度执行打好基础。定期对认罪认罚案件进行系统梳理，听取检察机关意见建议，充分发挥庭审主导作用。

按照院党组部署，我院将被告人认罪的走私刑事案件列为适用认罪认罚从宽制度的重点之一，并针对案件特点进一步明确合议庭的审查职责，简化庭审程序。对于事实清楚、被告人当庭确认适用认罪认罚制度的案件，庭审讯问予以简化；庭审质证时，采取集中质证或分组质证的方式简化质证程序；探索裁判文书的简化方式，切实发挥认罪认罚的制度价值。

（三）坚决落实刑事案件审判阶段律师辩护全覆盖要求，切实维护被告人合法权益

长期以来，我院高度重视被告人辩护权的保障工作，被告人没有委托辩护人的，对于法律规定应当通知法律援助机构指派律师为其辩护的，严格依照法律规定办理；对于法律规定可以通知法律援助机构指派律师为其辩护的，坚持尽可能通过法律援助机构为其指定辩护人。特别是刑事案件审判阶段律师辩护全覆盖试点工作以来，我院严格落实试点工作要求，切实保障了被告人的辩护权。自建院以来，在审理的所有走私刑事案件中，222 名自然人被告中有 207 人有律师为其辩护，审判阶段律师辩护率达 93.24%，其中走私毒品案件律师辩护率达到 100%。自最高人民法院、司法部出台《关于开展刑事案件律师辩护全覆盖试点工作的办法》，将北京作为试点地区以来，我院实现了所有刑事案件律师辩护率 100%。在审判过程中，我们注重依法保障辩护律师会见、阅卷、取证、质证、辩护等多项执业权利，有力促进了刑事诉讼结构的平衡，对推进以审判为中心的诉讼制度改革和我国刑事法律援助制度不断完善，进一步促进司法公正起到了重要作用。

新时代呼唤新担当、新作为，做好走私刑事案件审判工作责任重大、使命光荣。我院将深入学习贯彻习近平总书记“七一”重要讲话精神，践行习近平法治思想，按照最高标准、最严要求、最好效果，以永不懈怠的精神状态，继续推进以审判为中心的诉讼制度改革，积极推进庭审实质化，依法履行刑事审判职责，努力在新时代新征程作出新的更大贡献。

北京市第四中级人民法院刑事审判庭关于刑事案件认罪认罚从宽制度适用情况的调研报告

北京市第四中级人民法院刑事审判庭课题组

王　靖*　江珞伊**　郭红佛***

为进一步落实宽严相济刑事政策，切实提高办理刑事案件的质量与效率，我院深入调研、勇于探索、大胆实践，积极推进刑事案件认罪认罚从宽制度的适用，并不断总结、梳理、整合，充分发挥认罪认罚从宽制度对优化司法资源配置、提高司法效率的重要意义。截至目前，该项工作取得了一定成效，也积累了一些好的经验做法。

一、我院适用刑事案件认罪认罚从宽制度的基本情况

从认罪认罚制度试点开始，到该项制度正式实施以来，我院始终严格贯彻执行《刑事诉讼法》《关于适用认罪认罚从宽制度的指导意见》等法律规范中的相关规定，刑事一审案件认罪认罚适用率逐年升高。通过认罪认罚制度的适用，提高了当庭宣判率和息诉服判率，取得了良好的法律效果和社会效果。

---

* 王靖，北京市第四中级人民法院党组成员、副院长。

** 江珞伊，北京市第四中级人民法院刑庭法官助理，法学博士。

*** 郭红佛，北京市第四中级人民法院刑庭法官助理。

(一) 认罪认罚从宽制度适用的总体情况

截至2022年6月30日，我院共审理刑事案件284件，其中一审刑事案件226件，适用认罪认罚从宽制度的108件，总适用率达47.49%。各年度适用认罪认罚制度的一审刑事案件数量和比例情况如表1所示：

表1　北京市第四中级人民法院2015年1月至2022年6月适用认罪认罚制度的刑事一审案件数量和占比

（2022年的数据截止到当年6月30日）

阶段	年份	刑事案件数	一审刑事案件数	一审刑事案件中认罪认罚案件数	一审刑事案件中认罪认罚案件占比
	2015	30	12	0	
	2016	46	39	0	
试点阶段	2017	37	32	4	12.50%
	2018	43	35	22	62.86%
实施阶段	2019	59	49	35	71.43%
	2020	34	32	23	71.88%
	2021	28	21	19	90.48%
	2022	7	6	5	83.33%
合计		284	226	108	47.49%

依据2016年9月3日全国人民代表大会常务委员会《关于授权最高人民法院、最高人民检察院在部分地区开展刑事案件认罪认罚从宽制度试点工作的决定》及2016年11月11日最高人民法院、最高人民检察院、公安部、国家安全部、司法部联合发布的《关于在部分地区开展刑事案件认罪认罚从宽制度试点工作的办法》，我院着手开展为期2年的刑事案件认罪认罚从宽制度的试点工作。在2017年、2018年试点期间，我院审理刑事案件中适用认罪认罚从宽制度的共26件，占刑事一审案件的38.81%。其中，2017年4件，占比12.50%；2018年22件，占比62.85%。

2018年10月26日修正的《刑事诉讼法》将认罪认罚从宽制度正式纳入法律规范之中，自此认罪认罚从宽制度进入正式实施阶段。2019年1月1日至2022年6月30日，我院适用认罪认罚从宽制度的案件共82件，占刑事一审案件的75.93%。其中2019年35件，占比71.43%；2020年23件，占比71.88%；2021年19件，占比90.48%；2022年上半年5件，占比83.33%。

（二）适用认罪认罚从宽制度的刑事一审案件的具体情况

具体而言，我院适用认罪认罚从宽制度的刑事一审案件的案由、被告人、辩护、量刑建议采纳、当庭宣判、刑事处罚、从宽处罚、上诉、陪审等情况如下：

1. 案由情况

我院审结的108件适用认罪认罚制度的一审刑事案件中，走私案件97件，占比89.81%，其中走私珍贵动物、珍贵动物制品46件，走私普通货物、物品35件，走私毒品7件，走私武器、弹药5件，走私国家禁止进出口的货物、物品4件。职务犯罪案件9件，占比8.33%，其中贪污2件，受贿4件，行贿1件，单位行贿2件。其他案件2件，占比1.86%。如表2所示：

表2 北京市第四中级人民法院适用认罪认罚制度的刑事一审案件案由分布

案由		案件数	占比
走私案件	走私珍贵动物、珍贵动物制品罪	46	42.60%
	走私普通货物、物品罪	35	32.41%
	走私毒品罪	7	6.48%
	走私武器、弹药罪	5	4.63%
	走私国家禁止进出口的货物、物品罪	4	3.70%
职务犯罪案件	贪污罪	2	1.85%
	受贿罪	4	3.70%
	行贿罪	1	0.93%
	单位行贿罪	2	1.85%
其他案件		2	1.85%

2. 被告人情况

108件适用认罪认罚制度的刑事一审案件中，涉及被告单位21个，被告人151人。21个被告单位中有18个住所地为北京，住所地为天津和辽宁盘锦的分别为2个和1个。151名被告人中有男性116人（其中承认男性1人），占比为76.8%；女性35人，占比为23.2%。具有外籍身份的有9人，在国外工作的中国公民有5人。

从职业分布来看，被告人在党政机关工作的有6人，企事业单位工作的有65人，经商人员26人，务工人员25人，学生4人，务农3人，无业人员22人。其中在党政机关担任领导职务或在企事业单位高管以上的有34人，占比达22.5%。

从受教育程度来看，被告人具有小学以下文化程度的有12人，初中文化37人，高中文化22人，中专文化11人，大专文化20人，大学文化36人，研究生文化9人，博士文化1人，3人文化程度不详。

从年龄来看，35岁及以下的被告人有46人，占总数的30.3%；35岁至50岁的被告人有66人，占比为43.1%；50岁以上的为40人，占比为26.6%。

3. 辩护情况

在上述108件案件中，有辩护人的106件，其中有指定辩护律师的45件，占比41.7%。在接受指定辩护的被告人中，有18人无业，15人为务工人员，1人务农，2人为学生，均属于收入不稳定群体。刑事案件律师辩护全覆盖试点后，我院严格落实相关规定，确保每一名刑事被告人都有律师辩护，切实维护当事人合法权益。辩护律师参与诉讼有助于被告人更充分地理解认罪认罚制度，为推进认罪认罚制度正确实施提供了有利条件。

4. 量刑建议采纳情况

在上述108件案件中，我院采纳检察机关量刑建议的107件，未采纳量刑建议的1件，量刑建议采纳比例较高。

5. 当庭宣判情况

在认罪认罚刑事一审案件中，当庭宣判的案件共54件，占比50%，其中走私普通货物和走私珍贵动物制品两类案件总数为46件，占比达85.2%。在全部282件刑事一审案件中，有91件当庭宣判，占比为32.3%，可见适用认罪认罚制度审理的案件当庭宣判比例明显高于其他案件，说明该项制度对提高审判效率的重要作用。

6. 刑事处罚情况

在适用认罪认罚制度的刑事一审案件中，给予被告主体刑事处罚的106件，免予刑事处罚的2件，免予刑事处罚的案件均为走私珍贵动物制品案件。

7. 从宽处罚情况

我院审理的全部刑事一审案件中，对被告主体从轻处罚的182件，占比64.5%，减轻或免予处罚的73件，占比25.9%。在适用认罪认罚制度的刑事一审案件中，从轻处罚的70件，占比64.8%；减轻或者免予刑事处罚的38件，占比35.2%。由此可见，认罪认罚案件的刑事处罚普遍轻于其他刑事案件，特别是在减轻处罚或者免予刑事处罚层面。

具体而言，在认罪认罚案件中，判处无期徒刑的1件，10年以上有期徒刑的16人，5件以上不满10年有期徒刑的23人，3年以上5年以下有期徒刑的9人，3年以下有期徒刑的27人，适用缓刑的73人，免予刑事处罚的2人，被判处5年以上刑罚的被告人占比为26.5%。在全部刑事案件中，判处无期徒刑的8人，10年以上有期徒刑的65人，5年以上不满10年有期徒刑的55人，3年以上5年以下有期徒刑的21人，3年以下有期徒刑的79人，适用缓刑的121人，判处5年以上刑罚的比率为33.1%，明显高于认罪认罚案件。

8. 上诉情况

在适用认罪认罚制度的刑事一审案件中，被告单位、被告人上诉的15件，抗诉的1件，分别占认罪认罚刑事一审案件的13.9%和0.9%。在全部刑事案件中，被告单位、被告人上诉的有54件，抗诉的4件，占比分别为19.1%和1.4%，均要高于认罪认罚案件。

9. 陪审情况

认罪认罚案件中，有人民陪审员参审的95件。全部刑事案件中由人民陪审员参与的案件有115件。认罪认罚案件人民陪审员参与审理的比例也高于一般刑事案件。

二、我院审理认罪认罚案件的主要特点

（一）刑事一审案件认罪认罚制度适用比例高

近五年来，我院审理的刑事案件中认罪认罚制度的适用率（认罪认罚案件占当年刑事案件总数的百分率）分别为 51.2%（2018 年）、59.3%（2019 年）、70.6%（2020 年）、60.7%（2021 年）和 85.7%（2022 年）；一审案件中认罪认罚适用率分别为 62.86%（2018 年）、71.43%（2019 年）、71.88%（2020 年）、90.48%（2021 年）、83.33%（2022 年），占比均较高，且呈现逐年上升态势。

我院认罪认罚制度适用率较高的原因是多方面的：其一，走私案件中多为海关监管现场查获，被告人否认犯罪事实的余地较小，被告人倾向于适用认罪认罚程序；其二，轻微刑事案件占比较高，被告人多为初犯偶犯，经过说服教育后，认罪、悔罪比例相对较高；其三，这些案件中走私普通货物、物品犯罪的比例较高，在犯罪被查获后，被告人多数能够积极补缴税款，弥补犯罪行为造成的损失，进而适用认罪认罚制度。

（二）适用认罪认罚制度起步时间早

我院在 2017 年认罪认罚制度的试点阶段即着手适用，第一件适用认罪认罚制度的案件为刘某林走私珍贵动物制品案，刘某林系云南某公司驻非洲赤道几内亚共和国公司厨师，其将净重 8.82 千克、价值人民币 367 502.94元的象牙制品通过航空运输走私入境，其在收到侦查机关口头传唤后自行到案并如实供述罪行，系自首，且其携带象牙制品回国只是为了自留和送给亲友作收藏，并无牟利目的，系初犯偶犯。该案中，被告人始终如实供述罪行，认罪悔罪，而且自愿签署了认罪认罚具结书，符合适用认罪认罚从宽制度的条件。刘某林案于 2017 年 4 月立案，当年 6 月即作出判决，用时不到 2 个月，此时距离北京等 18 个地区开展试点工作不过半年时间。在试点阶段，我院在认罪认罚制度适用方面已积累了不少经验，为后来该项制度的正式实施奠定了坚实基础。随着《最高人民法院、最高人民检察院、公安部、国家安全部、司法部关于适用认罪认罚从宽制度的指导意见》的出台，认罪认罚制度更为明确、规范，我院适用的比例也逐

年上升。

（三）走私案件中适用认罪认罚制度的比例明显较高

在全部认罪认罚案件中，走私犯罪案件共有98件，占比90.7%，高于全部走私案件在全部刑事案件中的占比71.5%。其中，走私珍贵动物制品和走私普通货物两类案件共有79件，占比73%，也高于全部两类案件在全体案件中的占比48.6%。

（四）认罪认罚案件当庭宣判率、量刑建议采纳比例高、上诉率较低

几年来，我院刑事一审案件当庭宣判率总体为32.3%，而适用认罪认罚制度的案件当庭宣判率为50%，这个比例相对较高。量刑建议采纳方面，我院办理的适用认罪认罚制度的案件中，只有1件没有采纳检察机关的量刑建议，采纳率高达99.1%。上诉率方面，刑事一审案件上诉率总体为19.1%，而认罪认罚案件的上诉率仅为13.9%，低于普通一审案件。

三、我院办理认罪认罚案件的主要做法

（一）高度重视认罪认罚制度的实施，切实发挥其在司法体制改革中的重要作用

从试点期间开始，我院即积极探索、大胆实践，将试点工作作为重要工作来落实，深入学习相关政策文件、召开专题会议研讨、组织干警学习，充分认识认罪认罚制度在贯彻落实宽严相济刑事政策，优化司法资源配置、完善刑事法律制度、及时有效惩处犯罪、为社会稳定保驾护航等方面的重要意义和作用，积极探索认罪认罚制度的适用。正式实施阶段，随着认罪认罚案件数量、比例逐渐增长，我院进一步总结经验，对疑难问题展开调研，最大限度平衡效率和正义的关系，助力以审判为中心的刑事诉讼制度改革。

（二）注重对成熟工作做法的梳理，加强对具体工作程序的设计

认罪认罚从宽制度是刑事诉讼中从实体上和程序上鼓励、引导、保障犯罪嫌疑人、被告人自愿认罪并予以从宽处理、处罚的一系列法律制度、诉讼程序组成的法律制度总和。为实现这样的目标，我院围绕认罪认罚案件的程序设置、从宽幅度的把握等问题开展了大量调研，并在工作中不断

梳理、总结成熟的做法。一是在程序上不断完善具体流程设计。认罪认罚制度试点期间，由于缺少可操作性的法律规范，适用该项制度的诸多细节问题需要审判主体自行探索解决，为此，我院在深入调研基础上，针对认罪认罚案件的特点，拟订了不同于常规案件的庭审方案、质证方式和裁判文书格式。认罪认罚制度全面实施后，依据法律规范和最高人民法院的指导意见，我院第一时间对试点期间的工作做法和文书格式及时梳理、调整和完善，为认罪认罚制度的全面实施打下了坚实基础。二是在实体上注重审查被告人认罪认罚意愿的真实性和悔罪程度的大小，并将其作为裁量刑罚的重要参考因素。实践中，多数认罪认罚案件的被告人在侦查或审查起诉阶段已表示认罪，但也有个别被告人到审理阶段乃至于二审阶段才认罪认罚，对于不同阶段认罪认罚的被告人，虽然在形式上都表现为签署认罪认罚具结书，但在认罪悔罪程度上还是有差异的。我院在明确认罪认罚制度目的的基础上，进一步考察被告人真实的认罪认罚意愿，以使认罪认罚制度不违初衷、落到实处。在《关于适用认罪认罚从宽制度的指导意见》发布后，我院积极学习领会上级规范意见精神，坚持效率和正义并重。考虑被告人认罪认罚阶段的不同，要求在量刑时适当予以区别，充分体现刑罚适用的差异性。

（三）对审判实践出现的疑难复杂问题及时研究会商，并形成裁判思路

在认罪认罚制度的适用中，我院注重对审判实践中遇到的新情况、新问题的分析研究。如在一审中被告人认罪认罚，一审法院采纳量刑建议对被告人判处刑罚后，被告人为获取更低的刑罚上诉，检察机关因此提出抗诉的，是否属于被告人对认罪认罚具结书的反悔，二审法院是否应当撤销一审法院因其认罪认罚而给予其的从宽处罚，改判较重的刑罚，存在较大争议。对此，我院经调研认为，一方面，认罪认罚制度的适用并不妨碍被告人上诉权的行使，不能仅因被告人上诉就判定其不再认罪认罚，而应当审查被告人上诉的真实原因，实事求是地予以认定；另一方面，二审应当全面审查案件事实，综合评判被告人的犯罪事实和情节与所判刑罚是否匹配、适应，以此作为二审裁判的基础。

（四）加强与检察机关的沟通协调，正确处理相互配合和相互制约的关系，共同推动认罪认罚制度的实施

刑事案件认罪认罚从宽制度是全面贯彻宽严相济刑事政策的具体制度设计，在处理审判与公诉的关系上，要充分认识协商性司法对维护公平正义的重要价值，这就要求人民法院在一定条件下，认可和尊重检察机关与被告人协商达成的量刑协议。我院在具体案件办理中始终重视与检察机关的沟通协调，就认罪认罚制度适用中的疑难问题，双方不定期交换意见，就案件办理中的经验做法，双方不定期开展交流，并在个案办理中，就量刑建议的调整等问题随时交换意见。

（五）严格落实法律规定的释明责任，强化对刑事被告人的人权司法保护

权利告知和程序选择自由是认罪认罚从宽制度的重要组成部分，权利告知也是一种法律释明，我院对该项工作高度重视，在向被告人送达起诉书副本时、开庭前、开庭中等多个时间节点对被告人解释说明认罪认罚从宽制度的具体规定，确保被告人知晓适用该项制度的法律后果，对于已签署认罪认罚具结书的被告人，我院在庭审中要再次确认其签署具结书的自愿性，从而充分保证被告人的知情权和自主选择的权利。

走私珍贵动物制品犯罪价值认定司法疑难问题研究调研报告

北京市第四中级人民法院刑事审判庭课题组

王　靖[*]　江珞伊[**]　郭红佛[***]

我院刑事审判庭负责审理全北京市范围内的走私刑事案件，其中走私珍贵动物制品犯罪占有一定比例，这类案件具有自身鲜明的特点。根据2022年4月施行的《最高人民法院、最高人民检察院关于办理破坏野生动物资源刑事案件适用法律若干问题的解释》第二条第一款的规定，走私国家禁止进出口的珍贵动物及其制品，价值20万元以上不满200万元的，应当依照《刑法》第一百五十一条第二款的规定，以走私珍贵动物、珍贵动物制品罪处5年以上10年以下有期徒刑，并处罚金；价值200万元以上的，应当认定为“情节特别严重”，处10年以上有期徒刑或者无期徒刑，并处没收财产；价值2万元以上不满20万元的，应当认定为“情节较轻”，处5年以下有期徒刑，并处罚金。因而，走私珍贵动物制品案件中，涉案珍贵动物制品案件的价值认定是定罪量刑的核心要素，往往也是控辩双方的争议焦点。同时在我院办理走私珍贵动物制品案件的过程中，针对部分案件中涉案珍贵动物制品案件价值认定中的疑难问题，形成了一定的裁判思路，在走私珍贵动物制品犯罪的审理中具有一定的审判经验和研究

---

[*] 王靖，北京市第四中级人民法院党组成员、副院长。

[**] 江珞伊，北京市第四中级人民法院刑庭法官助理，法学博士。

[***] 郭红佛，北京市第四中级人民法院刑庭法官助理。

优势。据此，围绕走私珍贵动物制品犯罪价值认定司法疑难问题，以我院审理的所有走私珍贵动物、珍贵动物制品案件为样本展开调研，现将调研的过程、思路和相关成果汇报如下：

一、我院审结的走私珍贵动物制品案件情况梳理

作为首批跨行政区划法院，我院自2015年起受理北京市走私类刑事案件，办理的走私刑事案件情况能够反映出北京市整体的走私犯罪态势和审理情况，在本次研究中，以2015年1月1日至2022年12月31日八个年度办理的走私案件为研究样本，对相关数据进行统计分析：

（一）走私案件案由分布情况

2015年1月1日至2022年12月31日，我院受理刑事一审案件共计306件，其中走私案件为224件，占一审案件总数的73.2%。受理的走私案件共涉及走私珍贵动物、珍贵动物制品罪、走私普通货物、物品罪、走私毒品罪和走私国家禁止进出口的货物、物品罪4个罪名，其中走私珍贵动物、珍贵动物制品案件77件，占一审案件总数的25.16%；走私普通货物、物品案件84件，占比27.45%；走私毒品案件46件，占比15.03%；走私国家禁止进出口的货物、物品案件11件，占比3.6%。各年度审结各案由的案件数量如表1所示：

表1 走私类案件占比一览

案由＼年份	2015	2016	2017	2018	2019	2020	2021	2022
走私珍贵动物、珍贵动物制品	5.19%	19.48%	9.09%	16.88%	31.16%	10.38%	6.49%	1.3%
走私国家禁止进出口的货物、物品	0	9.09%	0	0	9.09%	9.09%	9.09%	0
走私普通货物、物品	0	8.3%	15.47%	11.9%	15.47%	14.28%	8.3%	19.04%
走私毒品	8.7%	23.91%	13.04%	8.7%	19.56%	10.87%	15.21%	0

由此可见，走私珍贵动物、珍贵动物制品罪在走私案件中占比较大，且案件数量分布相对不均匀，在2016年、2018年、2019年占比较高，尤其在2018年、2019年为走私案件中占比数量最高的案件类型。在2020年占比呈现下降趋势，近几年受理案件数量均较少。

（二）走私珍贵动物、珍贵动物制品案件情况

1. 被告人基本情况

我国《刑法》规定此罪的犯罪主体是一般主体，即年满16周岁具有刑事责任能力的自然人及单位都可以成为本罪的主体。从犯罪主体的统计情况看，审结的77件案件中涉及被告人87人，其中男性被告人70人，占80.45%；女性被告人17人，占19.54%。被告人的年龄分布情况为：40岁到60岁之间（其中，40岁到50岁的31人，51岁到60岁的19人）的共计50人，占总人数的65.52%；20岁到40岁的共计28人（其中，20岁到30岁的7人，31岁到40岁的21人）占总人数的29.89%；60岁以上的5人。文化层次方面，高中文化以下（含）56人，占总人数的64.37%（其中小学文化11人，初中文化35人，高中文化10人），中专5人，大专文化12人，大学本科6人，硕士研究生5人，3人文化程度不详。职业层次划分上，务工人员25名，无业人员12人，农民6人，商人7人，学生1人，商务代表1人，个体经营者3人，有限公司法定代表人4人。以上统计结果表明，近三年来审结的走私珍贵动物、珍贵动物制品案件，被告主体均为自然人，以赴海外（主要是部分非洲国家）务工人员为主，且文化层次相对较低。

2. 律师辩护情况

审结的77件走私珍贵动物、珍贵动物制品案件中，被告人全部为自然人，共计87人，其中审判阶段有辩护律师的案件为43件，辩护律师均系被告人及其近亲属委托，没有委托辩护律师且不符合应当指定辩护条件的案件8件，87名自然人被告中有52名被告人有律师为其辩护。（统计中包括部分“刑事案件律师辩护全覆盖”试点工作之前的情况）

3. 宣判方式、量刑和上诉情况

在审结的77件走私珍贵动物、珍贵动物制品案件中，被告人被判处的

最高刑期为10年以上有期徒刑，最低刑期为3年以下有期徒刑。在87名被告人中，被判处实刑的为47人，占被告人总人数的54.02%；被适用缓刑的40人，占45.97%。

量刑情节方面，被告人不具有法定从轻、减轻和从重处罚等量刑情节的10人，占被告人总人数的11.49%；具有减轻处罚情节的有27人，占被告人总人数的31.03%；具有从轻处罚情节的有46人，占被告人总人数的52.87%；免予刑事处罚3人，占被告人总人数的3.4%；不予从宽1人。

从宣判方式上看，当庭宣判的为38件，占全部案件数的49.35%；定期宣判的为39件，占全部案件数的50.64%。由于此类案件的被告人绝大多数系当场抓获，认罪率高，案件争议小，量刑时又能充分考虑其从轻或减轻处罚情节，故宣判后大部分被告人能息诉服判，不上诉的为65件，占比84.41%。

4. 罚金刑执行情况

在审结的77件走私珍贵动物、珍贵动物制品案件中，共计判处罚金人民币2 526 000元，其中审判阶段已执行到位的（审判阶段预缴罚金）共计人民币1 431 000元，占罚金总数的56.65%；审判阶段未执行到位，而移交执行机构的共计人民币1 095 000元，占罚金总数的43.35%。审判阶段预缴罚金比例较高与此类案件现场查获率高、被告人认罪率高不无关系，由于被告人对指控罪行没有异议，为以实际行动表示自己认罪悔罪，通常会主动提出预缴罚金，争取从轻处罚的机会。

二、走私珍贵动物制品案件特点归纳

（一）实施走私珍贵动物制品案件被告人的共同特点

实施此类犯罪的被告人存在共同特点，一方面存在很强的侥幸心理，他们知道入境时要接受严格的检查，但认为只要对走私物品进行特殊包装和隐藏，如采用锡纸等材料包裹，就能顺利躲过X光机的检查，从而蒙混过关，所以，虽然他们知道携带珍贵动物制品进境违法，但仍会铤而走险。另一方面是贪利和虚荣心理作祟，这类案件的犯罪动机主要有两种：一是知道象牙等动物制品很珍贵，能在国内卖出很高的价格；二是回国后将这些物品馈赠亲友，会很有面子。此外，此类案件的易发高发也与被告人的职业特点和法律意识淡薄有一定关联，一方面他们所走私的象牙制品大多是从务工所在国当地的“黑市”上购买，由于长期在当地工作，熟悉“黑市”的情况，容易接触走私物品；另一方面他们虽然知道走私属于违法行为，但对刑法所规定的处罚程度并不十分了解，个别被告人甚至认为，一旦被查获，后果也不过是走私物品被没收而已，不知道自己还会被判刑。

（二）认罪认罚、息诉服判比例高

走私珍贵动物制品案件的被告人绝大多数系当场抓获，认罪率高，案件争议小，量刑时又能充分考虑其从轻或减轻处罚情节，故宣判后大部分被告人能息诉服判，因而相对于其他案由，走私珍贵动物制品案件的认罪认罚比例高、上诉比例低，审判期间内罚金主动缴纳比例高。

（三）适用缓刑比例高

走私珍贵动物制品案件中，87 名被告人中被适用缓刑的有 40 人，占 45.97%，这一比例在走私案件中相对较高。原因在于：其一，走私珍贵动物制品的价值普遍不高，符合适用缓刑的法定刑区间；其二，走私珍贵动物制品多为从国外回来时存在侥幸心理而携带，多为初犯偶犯，行为人本身人身危险性不高；其三，走私珍贵动物制品案件的被告人认罪态度普遍较好，符合适用缓刑的条件。

（四）主要诉争因素为涉案珍贵动物制品价值

走私珍贵动物制品案件多为认罪认罚案件，被告人对检察院的指控有异议的，多集中在不认可涉案珍贵动物制品的鉴定价值。一方面，因为涉案珍贵动物制品的鉴定价值是认定罪与非罪及适用的法定刑区间的核心要素，直接影响被告人的刑罚轻重；另一方面，涉案珍贵动物制品的价值主要以鉴定机构出具的鉴定报告为准，而不同鉴定机构间对于同一涉案珍贵动物制品的价值可能存在不同意见，因而引发诸多争议。

三、珍贵动物制品价值认定相关规范梳理

珍贵动物制品的价值认定涉及诸多行政规范，因而在走私珍贵动物制

品案件中，认定相关涉案珍贵动物制品价值，需要梳理涉及的相关法律规范的等级和效力。基于此，课题组在北大法宝中，以“珍贵动物”“野生动物”为关键词，检索与珍贵动物制品价值认定相关的规范，现将部分规范汇总如下（见表2）：

表2　与珍贵动物制品价值认定相关的规范

名称	制定机关	效力位阶	施行时间
濒危物种进出口管理办公室、国家物价局、财政部关于野生动植物进出口管理收费的通知	濒危物种进出口管理办公室、国家物价局（已变更）、财政部	部门规范性文件	1988年7月27日
林业部、财政部、国家物价局关于发布《陆生野生动物资源保护管理费收费办法》的通知	林业部（已变更）、财政部、国家物价局（已变更）	部门规章	1993年1月1日
国家林业局、公安部印发关于森林和陆生野生动物刑事案件管辖及立案标准的通知	国家林业局（已撤销）、公安部	部门规范性文件	2001年4月23日
国家林业局关于发布破坏野生动物资源刑事案中涉及走私的象牙及其制品价值标准的通知	国家林业局（已撤销）	部门规范性文件	2001年6月13日
国家林业局关于发布破坏野生动物资源刑事案件中涉及犀牛角价值标准的通知	国家林业局（已撤销）	部门规范性文件	2002年5月18日
最高人民法院、最高人民检察院、国家林业局、公安部、海关总署关于破坏野生动物资源刑事案件中涉及的CITES附录Ⅰ和附录Ⅱ所列陆生野生动物制品价值核定问题的通知	最高人民法院、最高人民检察院、国家林业局（已撤销）、公安部、海关总署	司法解释性质文件	2012年9月17日
最高人民法院、最高人民检察院关于办理走私刑事案件适用法律若干问题的解释	最高人民法院、最高人民检察院	司法解释	2014年9月10日

续表

名称	制定机关	效力位阶	施行时间
国家发展和改革委员会价格认证中心关于印发《野生动物及其产品（制品）价格认定规则》的通知	国家发展和改革委员会价格认证中心	部门工作文件	2015年1月1日
野生动物及其制品价值评估方法	国家林业局（已撤销）	部门规章	2017年12月15日
最高人民法院、最高人民检察院关于办理破坏野生动物资源刑事案件适用法律若干问题的解释	最高人民法院、最高人民检察院	司法解释	2022年4月9日

（一）濒危物种进出口管理办公室、国家物价局、财政部关于野生动植物进出口管理收费的通知

“三、贸易性出口，按每次允许出口的总金额（合同额）计收管理费：《公约》或者我国规定的一类濒危野生动植物或其产品，制成品，计收7%；二类濒危野生动植物或其产品、制成品，计收6%；其他允许贸易出口的野生动植物或其产品、制成品，计收5%。其中人工养殖或栽培所获野生动植物或其产品、制成品，按以上收费标准分别递减1%。

“四、非贸易性出口，按每次允许出口的只数、株数或件数计收管理费：《公约》或者我国规定的一类濒危野生动植物或其产品、制成品，每只、株或件计收200元；二类濒危野生动植物或其产品、制成品，每只、株或件计收100元；其他允许非贸易出口的野生动植物或其产品、制成品，每只、株或件计收50元。

“六、对无证或不按证书规定进口、出口或再出口野生动植物或其产品、制成品的，按贸易或非贸易出口最高收费标准的2－5倍补收管理费。”

（二）林业部、财政部、国家物价局关于发布《陆生野生动物资源保护管理费收费办法》的通知

“六、非法经营利用野生动物或者其产品的，除依照野生动物保护法

律、法规给予处罚外，还必须按本办法规定收费标准的二至五倍补收野生动物资源保护管理费。”

（三）国家林业局、公安部印发关于森林和陆生野生动物刑事案件管辖及立案标准的通知

“（十一）走私珍贵动物、珍贵动物制品案

“走私国家重点保护和《濒危野生动植物种国际贸易公约》附录一、附录二的陆生野生动物及其制品的应当立案；走私国家重点保护的陆生野生动物重大案件和特别重大案件按附表的标准执行。

“走私国家重点保护和《濒危野生动植物种国际贸易公约》附录一、附录二的陆生野生动物制品价值10万元以上的，应当立为重大案件；走私国家重点保护和《濒危野生动植物种国际贸易公约》附录一、附录二的陆生野生动物制品价值20万元以上的，应当立为特别重大案件。”

（四）国家林业局关于发布破坏野生动物资源刑事案中涉及走私的象牙及其制品价值标准的通知

“现将破坏野生动物资源刑事案件中涉及走私的象牙及其制品的价值标准规定如下：一根未加工象牙的价值为25万元；由整根象雕刻而成的一件象牙制品，应视为一根象牙，其价值为25万元；由一根象牙切割成数段象牙块或者雕刻成数件象牙制品的，这些象牙块或者象牙制品总合，也应视为一根象牙，其价值为25万元；对于无法确定是否属一根象牙切割或者雕刻成的象牙块或象牙制品，应根据其重量来核定，单价为41 667元/千克。按上述价值标准核定的象牙及其制品价格低于实际销售价的按实际销售价格执行。”

（五）国家林业局关于发布破坏野生动物资源刑事案件中涉及犀牛角价值标准的通知

“将破坏野生动物资源刑事案件中涉及犀牛角的价值标准确定为：每千克犀牛角的价值为25万元，实际交易价高于上述价值的按实际交易价执行。”

（六）最高人民法院、最高人民检察院、国家林业局、公安部、海关总署关于破坏野生动物资源刑事案件中涉及的CITES附录Ⅰ和附录Ⅱ所列陆生野生动物制品价值核定问题的通知

“一、CITES附录Ⅰ、附录Ⅱ所列陆生野生动物制品的价值，参照与其同属的国家重点保护陆生野生动物的同类制品价值标准核定；没有与其同属的国家重点保护陆生野生动物的，参照与其同科的国家重点保护陆生野生动物的同类制品价值标准核定；没有与其同科的国家重点保护陆生野生动物的，参照与其同目的国家重点保护陆生野生动物的同类制品价值标准核定；没有与其同目的国家重点保护陆生野生动物的，参照与其同纲或者同门的国家重点保护陆生野生动物的同类制品价值标准核定。

“二、同属、同科、同目、同纲或者同门中，如果存在多种不同保护级别的国家重点保护陆生野生动物的，应当参照该分类单元中相同保护级别的国家重点保护陆生野生动物的同类制品价值标准核定；如果存在多种相同保护级别的国家重点保护陆生野生动物的，应当参照该分类单元中价值标准最低的国家重点保护陆生野生动物的同类制品价值标准核定；如果CITES附录Ⅰ和附录Ⅱ所列陆生野生动物所处分类单元有多种国家重点保护陆生野生动物，但保护级别不同的，应当参照该分类单元中价值标准最低的国家重点保护陆生野生动物的同类制品价值标准核定；如果仅有一种国家重点保护陆生野生动物的，应当参照该种国家重点保护陆生野生动物的同类制品价值标准核定。

“三、同一案件中缴获的同一动物个体的不同部分的价值总和，不得超过该种动物个体的价值。

“四、核定价值低于非法贸易实际交易价格的，以非法贸易实际交易价格认定。

“五、犀牛角、象牙等野生动物制品的价值，继续依照《国家林业局关于发布破坏野生动物资源刑事案中涉及走私的象牙及其制品价值标准的通知》（林濒发〔2001〕234号），以及《国家林业局关于发布破坏野生动物资源刑事案件中涉及犀牛角价值标准的通知》（林护发〔2002〕130号）的规定核定。”

（七）最高人民法院、最高人民检察院关于办理走私刑事案件适用法律若干问题的解释

1. 量刑

“第九条第二款、第三款、第四款　具有下列情形之一的，依照刑法第一百五十一条第二款的规定处五年以上十年以下有期徒刑，并处罚金：

“（一）走私国家一、二级保护动物达到本解释附表中（一）规定的数量标准的；

“（二）走私珍贵动物制品数额在二十万元以上不满一百万元的；

“（三）走私国家一、二级保护动物未达到本解释附表中（一）规定的数量标准，但具有造成该珍贵动物死亡或者无法追回等情节的。

“具有下列情形之一的，应当认定为刑法第一百五十一条第二款规定的‘情节特别严重’：

“（一）走私国家一、二级保护动物达到本解释附表中（二）规定的数量标准的；

“（二）走私珍贵动物制品数额在一百万元以上的；

“（三）走私国家一、二级保护动物达到本解释附表中（一）规定的数量标准，且属于犯罪集团的首要分子，使用特种车辆从事走私活动，或者造成该珍贵动物死亡、无法追回等情形的。

“不以牟利为目的，为留作纪念而走私珍贵动物制品进境，数额不满十万元的，可以免予刑事处罚；情节显著轻微的，不作为犯罪处理。”

2. 价值核定

“第十条　刑法第一百五十一条第二款规定的‘珍贵动物’，包括列入《国家重点保护野生动物名录》中的国家一、二级保护野生动物，《濒危野生动植物种国际贸易公约》附录Ⅰ、附录Ⅱ中的野生动物，以及驯养繁殖的上述动物。

“走私本解释附表中未规定的珍贵动物的，参照附表中规定的同属或者同科动物的数量标准执行。

“走私本解释附表中未规定珍贵动物的制品的，按照《最高人民法院、最高人民检察院、国家林业局、公安部、海关总署关于破坏野生动物资源

刑事案件中涉及的 CITES 附录Ⅰ和附录Ⅱ所列陆生野生动物制品价值核定问题的通知》（林濒发〔2012〕239 号）的有关规定核定价值。”

（八）国家发展和改革委员会价格认证中心关于印发《野生动物及其产品（制品）价格认定规则》的通知

“第六条　《濒危野生动植物种国际贸易公约》附录Ⅰ中非原产于我国的野生动物，比照与国家一级重点保护野生动物同一分类单元的野生动物进行价格认定。

“《濒危野生动植物种国际贸易公约》附录Ⅱ、Ⅲ中非原产于我国的野生动物，比照与国家二级重点保护野生动物同一分类单元的野生动物进行价格认定。

“第七条　地方重点保护野生动物，依法获得出售、收购行政许可的，按野生动物许可交易市场的中等价格认定。未依法获得出售、收购行政许可的，地方制定野生动物价值标准的，按地方标准进行价格认定。无地方标准的，比照与国家重点保护野生动物同一分类单元中价值标准最低的野生动物进行价格认定。

“第八条　有益的或有重要经济、科学研究价值的陆生野生动物，依法获得出售、收购行政许可的，按野生动物许可交易市场的中等价格认定。未依法获得出售、收购行政许可的，地方制定野生动物价值标准的，按地方标准进行价格认定。无地方标准的，比照与国家重点保护野生动物同一分类单元中价值标准最低的野生动物进行价格认定。

“第九条　野生动物产品（制品），依法获得出售、收购行政许可的，按野生动物产品（制品）许可交易市场的中等价格认定。未依法获得出售、收购行政许可的，按国家野生动物产品（制品）价值标准相关规定进行价格认定。

“犀牛角、象牙等国家有特别规定的野生动物（产品）制品，按国家特别规定的价值标准进行价格认定。

“第十一条　新发现的且没有市场交易的野生动物，可经办案机关确认，比照与国家重点保护野生动物同一分类单元的野生动物进行价格认定。

“第十二条　办案机关已查明实际交易价格的，原则上不进行价格认定。

“第十三条　野生动物及其产品（制品）非法市场交易价格不作为价格认定依据。

“第十四条　同一案件中缴获的同一野生动物个体的不同部分的价值总和，不得超过该种野生动物个体的价值。”

（九）野生动物及其制品价值评估方法

“第四条　野生动物整体的价值，按照《陆生野生动物基准价值标准目录》所列该种野生动物的基准价值乘以相应的倍数核算。具体方法是：

“（一）国家一级保护野生动物，按照所列野生动物基准价值的十倍核算；国家二级保护野生动物，按照所列野生动物基准价值的五倍核算；

“（二）地方重点保护的野生动物和有重要生态、科学、社会价值的野生动物，按照所列野生动物基准价值核算。

“两栖类野生动物的卵、蛋的价值，按照该种野生动物整体价值的千分之一核算；爬行类野生动物的卵、蛋的价值，按照该种野生动物整体价值的十分之一核算；鸟类野生动物的卵、蛋的价值，按照该种野生动物整体价值的二分之一核算。

“第五条　野生动物制品的价值，由核算其价值的执法机关或者评估机构根据实际情况予以核算，但不能超过该种野生动物的整体价值。但是，省级以上人民政府林业主管部门对野生动物标本和其他特殊野生动物制品的价值核算另有规定的除外。

“第七条　人工繁育的野生动物及其制品的价值，按照同种野生动物及其制品价值的百分之五十执行。

“人工繁育的列入《人工繁育国家重点保护野生动物名录》的野生动物及其制品的价值，按照同种野生动物及其制品价值的百分之二十五执行。

“第八条　《濒危野生动植物种国际贸易公约》附录所列在我国没有自然分布的野生动物，已经国家林业局核准按照国家重点保护野生动物管理的，该野生动物及其制品的价值按照与其同属、同科或者同目的国家重点保护野生动物的价值核算。

“《濒危野生动植物种国际贸易公约》附录所列在我国没有自然分布的野生动物、未经国家林业局核准的，以及其他没有列入《濒危野生动植物种国际贸易公约》附录的野生动物及其制品的价值，按照与其同属、同科或者同目的地方重点保护野生动物或者有重要生态、科学、社会价值的野生动物的价值核算。”

（十）最高人民法院、最高人民检察院关于办理破坏野生动物资源刑事案件适用法律若干问题的解释

1. 量刑规则

“第二条　走私国家禁止进出口的珍贵动物及其制品，价值二十万元以上不满二百万元的，应当依照刑法第一百五十一条第二款的规定，以走私珍贵动物、珍贵动物制品罪处五年以上十年以下有期徒刑，并处罚金；价值二百万元以上的，应当认定为‘情节特别严重’，处十年以上有期徒刑或者无期徒刑，并处没收财产；价值二万元以上不满二十万元的，应当认定为‘情节较轻’，处五年以下有期徒刑，并处罚金。

“实施前款规定的行为，具有下列情形之一的，从重处罚：

“（一）属于犯罪集团的首要分子的；

“（二）为逃避监管，使用特种交通工具实施的；

“（三）二年内曾因破坏野生动物资源受过行政处罚的。

“实施第一款规定的行为，不具有第二款规定的情形，且未造成动物死亡或者动物、动物制品无法追回，行为人全部退赃退赔，确有悔罪表现的，按照下列规定处理：

“（一）珍贵动物及其制品价值二百万元以上的，可以处五年以上十年以下有期徒刑，并处罚金；

“（二）珍贵动物及其制品价值二十万元以上不满二百万元的，可以认定为‘情节较轻’，处五年以下有期徒刑，并处罚金；

“（三）珍贵动物及其制品价值二万元以上不满二十万元的，可以认定为犯罪情节轻微，不起诉或者免予刑事处罚；情节显著轻微危害不大的，

不作为犯罪处理。”

2. 人工繁育

“第十三条　实施本解释规定的相关行为，在认定是否构成犯罪以及裁量刑罚时，应当考虑涉案动物是否系人工繁育、物种的濒危程度、野外存活状况、人工繁育情况、是否列入人工繁育国家重点保护野生动物名录，行为手段、对野生动物资源的损害程度，以及对野生动物及其制品的认知程度等情节，综合评估社会危害性，准确认定是否构成犯罪，妥当裁量刑罚，确保罪责刑相适应；根据本解释的规定定罪量刑明显过重的，可以根据案件的事实、情节和社会危害程度，依法作出妥当处理。

“涉案动物系人工繁育，具有下列情形之一的，对所涉案件一般不作为犯罪处理；需要追究刑事责任的，应当依法从宽处理：

“（一）列入人工繁育国家重点保护野生动物名录的；

“（二）人工繁育技术成熟、已成规模，作为宠物买卖、运输的。”

3. 价值核定

“第十五条　对于涉案动物及其制品的价值，应当根据下列方法确定：

“（一）对于国家禁止进出口的珍贵动物及其制品、国家重点保护的珍贵、濒危野生动物及其制品的价值，根据国务院野生动物保护主管部门制定的评估标准和方法核算；

“（二）对于有重要生态、科学、社会价值的陆生野生动物、地方重点保护野生动物、其他野生动物及其制品的价值，根据销赃数额认定；无销赃数额、销赃数额难以查证或者根据销赃数额认定明显偏低的，根据市场价格核算，必要时，也可以参照相关评估标准和方法核算。”

4. 司法鉴定

“第十六条　根据本解释第十五条规定难以确定涉案动物及其制品价值的，依据司法鉴定机构出具的鉴定意见，或者下列机构出具的报告，结合其他证据作出认定：

“（一）价格认证机构出具的报告；

“（二）国务院野生动物保护主管部门、国家濒危物种进出口管理机构或者海关总署等指定的机构出具的报告；

“（三）地、市级以上人民政府野生动物保护主管部门、国家濒危物种进出口管理机构的派出机构或者直属海关等出具的报告。

“第十七条　对于涉案动物的种属类别、是否系人工繁育，非法捕捞、狩猎的工具、方法，以及对野生动物资源的损害程度等专门性问题，可以由野生动物保护主管部门、侦查机关依据现场勘验、检查笔录等出具认定意见；难以确定的，依据司法鉴定机构出具的鉴定意见、本解释第十六条所列机构出具的报告，被告人及其辩护人提供的证据材料，结合其他证据材料综合审查，依法作出认定。”

四、非原产于我国的野生动物保护级别的认定问题

审判实践中，不同鉴定机构的鉴定意见经常存在较大差异，加之《濒危野生动植物种国际贸易公约》（CITES）和相关国内行政法规经过多次修订，二者如何衔接适用，对部分规范内容如何正确理解，都可能存在不同认识，亟待梳理和明确。

（一）案例引入——李某有走私珍贵动物制品案

案情简介：被告人李某有从几内亚共和国出发，经阿拉伯联合酋长国迪拜转机后，乘坐EK308次航班于2019年1月19日抵达北京首都国际机场T3航站楼，入境时选择走无申报通道，未向海关申报任何货物、物品，海关关员在其携带的行李箱中查获疑似穿山甲鳞片四包。经鉴定，上述疑似穿山甲鳞片来源于鳞甲目穿山甲科长尾穿山甲属黑腹长尾穿山甲和树穿山甲，共计价值人民币275 200元。李某有于2019年10月23日被侦查机关电话通知到案，自愿如实供述自己的罪行。涉案穿山甲鳞片等物品已被依法扣押。在审理期间，李某有亲属代其缴纳罚金人民币25 000元。

在案件侦查过程中，云南濒科委司法鉴定中心出具《司法鉴定意见书》（濒司鉴（动）字〔2019〕463号）认定涉案穿山甲鳞片来源于鳞甲目穿山甲科长尾穿山甲属黑腹长尾穿山甲和树穿山甲，为国家二级保护动物，按照野生动物基准价值的五倍计算涉案穿山甲鳞片的价值。云南云林司法鉴定中心出具《司法鉴定意见书》（〔2019〕动司鉴字第323号）认定案涉穿山甲为CITES附录Ⅰ中所列物种，是（等同于）国家一级保护野生

动物，按照野生动物基准价值的十倍核算涉案穿山甲鳞片的价值。

被告人李某有的辩解及其辩护人的主要辩护意见是：不认可云南云林司法鉴定中心《司法鉴定意见书》中将涉案穿山甲认定为国家一级保护野生动物并按照野生动物基准价值十倍核算涉案金额的鉴定意见，涉案穿山甲属于国家二级保护动物，应当按照野生动物基准价值的五倍核算涉案价值。

我院于2020年11月26日作出北京市第四中级人民法院（2020）京04刑初25号刑事判决：被告人李某有犯走私珍贵动物制品罪，判处有期徒刑2年6个月，并处罚金人民币25 000元。一审宣判后，被告人李某有未提出上诉，公诉机关未提出抗诉，判决现已生效。

裁判要旨：在无特别规定时，CITES附录Ⅰ与附录Ⅱ中非原产于我国的物种分别对应于国家一级保护野生动物和国家二级保护野生动物。

（二）保护级别争议背景

涉案黑腹长尾穿山甲和树穿山甲为非原产于我国的野生动物，属于CITES附录中保护的野生动物。CITES于1981年4月8日对我国生效，经过多次修订，2016年第十七届CITES缔约方大会将穿山甲科中印度穿山甲、菲律宾穿山甲、大穿山甲、马来穿山甲、中华穿山甲（Manis pentadactyla）、南非穿山甲、长尾穿山甲、树穿山甲八种属由CITES附录Ⅱ升入附录Ⅰ。在我国1988年12月10日经国务院批准的《保护动物名录》中，穿山甲（Manis pentadactyla）属于鳞甲目鲮鲤科，保护级别为二级。从物种分布及英文翻译来看，《保护动物名录》中“穿山甲”对应CITES附录中的“中华穿山甲”。2020年6月3日实施的《2020年第12号公告》将穿山甲属所有种（Manis spp.）由国家二级保护野生动物调整为国家一级保护野生动物，《2020年第12号公告》附件中备注，穿山甲属所有种仅指在我国自然分布的种，即中华穿山甲。新修订的《保护动物名录》于2021年1月4日经国务院批准，于2021年2月1日起施行，其中，印度穿山甲、马来穿山甲和穿山甲（Manis pentadactyla）保护级别均为一级。本案被告人李某有的走私行为发生于2019年，《2020年第12号公告》和新修订的《保护动物名录》尚未实施，此时1988年《保护动物名录》中的穿山甲，即 CITES 附录Ⅰ中的中华穿山甲，在我国属于国家二级保护野生动物；涉案的黑腹长尾穿山甲和树穿山甲属于长尾穿山甲属，已列入 CITES 附录Ⅰ。

（三）双方观点理由

云南云林司法鉴定中心出具的《司法鉴定意见书》认定涉案穿山甲为国家一级保护野生动物，其依据是最高人民法院、最高人民检察院、国家林业局、公安部、海关总署于 2012 年 9 月 17 日颁布的《239 号通知》规定，此规定的含义为将 CITES 附录Ⅰ和附录Ⅱ中所列野生动物分别对应于我国国家一级、二级保护野生动物，而涉案黑腹长尾穿山甲、树穿山甲在案发时已经列入 CITES 附录Ⅰ，故应认定为国家一级保护野生动物。

认为涉案穿山甲属于国家二级保护动物的理由在于：其一，从林业部门对 CITES 附录中野生动物保护级别的规定来看。上述《239 号通知》中的内容位于具体条文之前，属于相关背景的叙述，不具有规范效力。同时，林业部于 1993 年 4 月 14 日发布的《48 号通知》是将当时"《公约》附录一和附录二"中所列的"非原产我国的所有野生动物"分别核准为"国家一级和国家二级保护野生动物"。并未规定《48 号通知》实施后因修订而列入"《公约》附录一和附录二"的情形。同时，该规定表述为"所有野生动物"，并非仅指陆生野生动物，否则无法合理解释我国现阶段对水生野生动物的相关规定。如农业农村部于 2018 年 11 月 28 日发布的《关于规范濒危野生动植物种国际贸易公约附录水生动物物种审批管理工作的通知》（农办渔〔2018〕78 号）第三条规定，"CITES 附录中的水生动物物种，尚未列入国家重点保护野生动物名录、被暂缓核准的，不再视为国家重点保护野生动物进行国内管理，无需办理人工繁育许可证或经营利用批文"。这说明《48 号通知》中将 CITES 附录Ⅰ和附录Ⅱ中的野生动物对应于国家一级、二级保护野生动物，只是针对规范实施时已经被列入 CITES 附录Ⅰ和附录Ⅱ中的具体野生动物。

其二，从《濒危野生动植物种国际贸易公约》对我国的效力来看。我国为成文法国家，不能直接适用国际公约，需由国内相关法律法规转化为国内法，方可作为适用依据。同时，根据 CITES 第二十三条，CITES 允许成员国对附录进行保留，如果将《48 号通知》中上述规定理解为修订后 CITES 附录Ⅰ和附录Ⅱ中增加的物种亦分别对应国家一级、二级保护野生动物，相当于提前放弃了我国对国际公约的保留权利，将对国家利益造成损害。

其三，从其他相关规范的表述来看。一方面，最高人民法院于 2000 年 11 月 27 日发布的《关于审理破坏野生动物资源刑事案件具体应用法律若干问题的解释》① 第十条仅规定参照同属或同科的国家一级、二级保护野生动物的认定标准执行，表明 CITES 附录Ⅰ和附录Ⅱ中的野生动物并不等同于国家一级、二级保护野生动物。另一方面，国家林业局于 2017 年 12 月 16 日实施的《野生动物及其制品价值评估方法》（国家林业局第 46 号令）第八条表明 CITES 附录所列在我国没有自然分布的野生动物、未经国家林业局核准的，不属于国家重点保护野生动物。

综上，本案中，在案发时我国并无明文确认 2016 年 CITES 附录中对于穿山甲的修订，故根据《保护动物名录》，应认定涉案穿山甲为国家二级保护野生动物。

（四）CITES 附录Ⅰ和附录Ⅱ分别对应国家一级、二级保护野生动物的理由

对于上述争议，我们认为，在无特别规定时，CITES 附录Ⅰ与附录Ⅱ中非原产于我国的物种分别对应国家一级保护野生动物和国家二级保护野生动物，原因如下：

第一，根据 CITES 第十五条和第十六条，附录Ⅰ或Ⅱ中的物种，公约有提出保留的时间限制。保留的提出应是在一个国家成为缔约国时或是在附录有关修正提案被通过后的 90 天内；对于附录Ⅲ的物种（或其部分和衍生物），一个国家可在成为缔约方时或以后任何时候提出保留。我国未对 2016 年 CITES 附录修订的内容提出保留。因而将《48 号通知》中上述规定理解为修订后的 CITES 附录Ⅰ和附录Ⅱ亦分别对应国家一级、二级保护野生动物并不影响我国对 CITES 附录保留的权利。同时，国家濒管办分

① 现已失效。

别于2004年、2007年、2010年、2013年、2017年、2019年、2020年对CITES附录的修订内容进行了相应公告①，其中，国家濒管办与海关总署于2017年7月13日发布《联合公告》对CITES附录2016年修订的内容进行了公告。后该公告根据国家濒管办、海关总署联合公告2018年第1号废止，但一方面，2018年1号公告仅是对《进出口野生动植物种商品目录》中部分内容的修改，未对《联合公告》附件中作为附表的《濒危野生动植物种国际贸易公约》的内容进行修改；同时，2018年1号公告附件中规定“濒危物种包括CITES附录所列物种、国家重点保护野生动物和国家重点保护野生植物”，故《联合公告》的废止实质上不影响我国对CITES附录2016年修订内容的认可。另一方面，国家濒管办2019年第5号公告对CITES第18届缔约方大会中附录的修订进行了公告，公告内容中对穿山甲的规定与2016年CITES附录修订的内容相同。故对于2016年CITES附录的修订我国并未保留，对包括上述八种穿山甲属由CITES附录Ⅱ升入附录Ⅰ在内的修订内容是认可的。

第二，根据2022年修订的《野生动物保护法》第三十七条第一款、第四款，对于我国缔结或者参加的国际公约禁止或者限制贸易的野生动物或者其制品名录，由“国家濒危物种进出口管理机构”，即濒危物种进出口管理办公室核准；对于CITES附录中野生动物是否按照国家重点保护野生动物管理，由国务院野生动物保护主管部门，即林业和草原局（负责陆生动物）和农业农村部（负责水生动物）核准。② 故对于穿山甲的保护级别问题，核心在于对林业部门发布的《48号通知》和《239号通知》中上述规定的理解。

我们认为，《48号通知》中上述规定适用于其实施后修订的CITES附录Ⅰ与附录Ⅱ，原因在于：其一，从文义解释的角度，该规定中的表述为“所有野生动物”，实质上将CITES附录Ⅰ与附录Ⅱ中非原产于我国的物种

① 详见《濒危物种进出口管理办公室公告》2004年第1号、2007年第3号、2010年第2号、2013年第3号、2019年第5号、2020年第2号及《国家濒管办、海关总署联合公告》2017年第6号。

② 参见2022年修订《野生动物保护法》第七条第一款规定：“国务院林业草原、渔业主管部门分别主管全国陆生、水生野生动物保护工作。”

分别对应于国家一级保护野生动物和国家二级保护野生动物，是两个框架之间的对应，而不仅限于规范实施时两个框架内具体物种的对应。其二，从实质解释的角度，动物保护级别评定中主要考量物种的科学价值、经济价值、资源数量及濒危程度等因素，这些因素都会随着动物种群的发展发生变化，CITES 附录的修订正是为了应对这种变化。在此基础上，从我国野生动物相关法律规范保护野生动物、保护生物多样性、维持生态系统平衡的立法目的出发，对野生动物保护级别的认定及相应的法律规范亦应是动态的。将修订后的 CITES 附录Ⅰ与附录Ⅱ中的物种分别对应于国家一级和国家二级保护野生动物实际上是将野生动物的种群变化，非法捕猎、买卖野生动物等行为对环境的实质影响考虑其中。其三，《239 号通知》中的上述规定为背景叙述，而非规范指引。一方面，上述规定位于《239 号通知》中叙述相关背景的正文第一段，未规定于具有规范性指引作用的具体条文中。另一方面，该规定表述为“已依法被分别核准”，不同于“均依法分别核准”等表述，属于对过去已发生事件的描述。该内容实际上指向《48 号通知》中的上述规定，进一步确认了《48 号通知》已经将 CITES 附录Ⅰ与附录Ⅱ中非原产于我国的物种分别对应于国家一级保护野生动物和国家二级保护野生动物。其四，农业农村部关于水生野生动物的上述规定属特别规范，对 CITES 附录和国家重点野生动物保护级别对应关系的突破并不能否定对应关系本身。其五，除《48 号通知》和《239 号通知》外，林业部门未发布其他关于修订后的 CITES 附录Ⅰ与附录Ⅱ中物种动物级别认定的规范，而如上文所述，《239 号通知》中相关内容仅为背景叙述，这可以在一定程度上说明《48 号通知》上述规定中 CITES 附录和国家重点野生动物保护级别之间的对应为动态对应，可以涵盖 CITES 附录后续的修订内容，故不需通过其他规范对 CITES 附录中修订的野生动物的保护级别单独进行规定。

第三，根据《野生动物及其制品价值评估方法》第四条的规定，在野生动物价值认定中不同保护级别对应的倍数与野生动物基准价值、野生动物的数量是相互独立的，上述《关于审理破坏野生动物资源刑事案件具体应用法律若干问题的解释》[①]中“情节严重”“情节特别严重”的认定，主要考量数量标准，而《野生动物及其制品价值评估方法》中的规定主要针对野生动物的基准价值。影响定罪量刑的数量标准和野生动物基准价值参照同属、同科的重点保护野生动物，而不根据保护级别进行划分，主要是从生物学的角度，基于亲缘关系相近的物种间遗传物质、体型、身体结构、习性等方面的相似性，考虑到这些相似性对野生动物基准价值和野生动物对环境影响程度的影响，选择重点保护野生动物中亲缘关系最近的物种作为参考标准。当然，由于各种因素的影响，亲缘关系相近的物种珍稀程度并不必然接近，但是参照《关于办理走私刑事案件适用法律若干问题的解释》《关于审理破坏野生动物资源刑事案件具体应用法律若干问题的解释》[②]附表中对走私、非法猎捕、杀害、收购、运输、出售不同珍贵、濒危野生动物刑事案件情节认定中的数量标准，同属或同科动物量刑标准差别较大的情形并不多见，大多数情况下还是比较接近的。同时，野生动物基准价值的判断在参照同属、同科的重点保护野生动物时，亦需结合野生动物的保护级别。如《239 号通知》第二条、《国家发展和改革委员会价格认证中心关于印发〈野生动物及其产品（制品）价格认定规则〉的通知》第六条等规定，故《关于审理破坏野生动物资源刑事案件具体应用法律若干问题的解释》[③]和《野生动物及其制品价值评估方法》中的上述规定不能否定 CITES 附录和国家保护野生动物级别之间的对应关系。

综上，在无特别规定时，CITES 附录Ⅰ与附录Ⅱ中非原产于我国的物种分别对应于国家一级保护野生动物和国家二级保护野生动物。在穿山甲中，中华穿山甲的保护级别明确规定在 1988 年《保护动物名录》中，属于特别规定，根据《2020 年第 12 号公告》，2020 年 6 月 3 日前中华穿山甲为国家二级保护野生动物，其后为国家一级保护野生动物；除中华穿山甲外的其他穿山甲属，如为印度穿山甲、菲律宾穿山甲、大穿山甲、马来穿山甲、南非穿山甲、长尾穿山甲、树穿山甲其中之一的，为 2016 年修订的

① 现已失效。
② 现已失效。
③ 现已失效。

CITES 附录Ⅰ中所列野生动物，对应国家一级保护野生动物（其中，印度穿山甲和马来穿山甲经2021年《保护动物名录》的修订，自2021年2月1日起直接认定为国家一级保护野生动物）；上述穿山甲属以外的，为CITES 附录Ⅱ所列野生动物，对应国家二级保护野生动物。本案中，走私行为发生时黑腹长尾穿山甲和树穿山甲为CITES 附录Ⅰ所列野生动物，可以认定为国家一级保护野生动物，应当按照野生动物基准价值的十倍核算涉案穿山甲鳞片的价值。

五、动物保护级别、价值的鉴定意见的审查问题

走私珍贵动物制品案件中，动物保护级别、价值的认定多依赖于相关鉴定意见的鉴定结论，一般而言，因鉴定意见属于专业领域，由专业人员鉴定的事项，法院仅审查鉴定机构、鉴定人员的资质和鉴定程序的规范性，但部分案件中，对于鉴定意见，存在不同鉴定机构意见不一致或是鉴定意见结论不合理的情况，对此，法院如何进行审查存在争议。

（一）案例引入——祁某某、李某走私珍贵动物制品案

案情简介：被告人祁某某和李某经预谋后，携带4件犀牛角制品和少量其他珍贵动物制品，乘坐航班从国外抵达首都国际机场时被查获。经鉴定，涉案的4件动物角制品均由白犀角加工制成，共计价值人民币30余万元。法院认为，祁某某、李某的行为已构成走私珍贵动物制品罪。祁某某到案后协助公安机关抓获同案犯，有立功表现，到案后能如实供述主要犯罪事实，且当庭自愿认罪；李某系从犯，且到案后亦能如实供述主要犯罪事实，当庭自愿认罪，故对二被告人均减轻处罚，并对李某依法适用缓刑。据此判决：被告人祁某某犯走私珍贵动物制品罪，判处有期徒刑4年，并处罚金人民币4万元；被告人李某犯走私珍贵动物制品罪，判处有期徒刑3年，缓刑4年，并处罚金人民币3万元。

本案中，控辩双方对这4件疑似犀角制品的种属问题争议较大，为此先后由不同的鉴定和检验机构进行了多次鉴定或检验，其中国家林业局野生动植物检测中心出具的鉴定意见，证明4件涉案制品均为现代犀科动物角制品（白犀），而国家林业局森林公安局野生动植物刑事物证鉴定中心

的鉴定报告，未从检材中提取到有效DNA，故不能确定检材种属。经走访作出两家不同意见的鉴定机构，对检材提取部位、鉴定方法、鉴定程序等进行了详细比较，发现两家机构提取检材的部位不同，国家林业局森林公安局野生动植物刑事物证鉴定中心系从犀角制品表面提取检材，而国家林业局野生动植物检测中心系从犀角制品内部提取，考虑到早期对犀角制品进行检验时，制品表面曾沾染过用于检测的化学物质，故不能排除鉴定机构未提取到有效DNA，系因制品表面细胞被破坏的可能。为了准确查明事实，检法两家委托中国科学院北京基因组研究所对涉案物品再次进行检验，并就不同的检材提取部位、鉴定方法对鉴定结果可能产生的影响进行了分析论证。法院认为，由于检材中有效DNA的提取受提取技术，检材表面被污染、破坏情况等多种因素影响，原因较为复杂，故国家林业局森林公安局野生动植物刑事物证鉴定中心出具的鉴定意见，不排除受检材提取部位的影响，且该结论不能否定国家林业局野生动植物检测中心出具的鉴定意见和濒危物种科学委员会出具的检验意见，应当认定涉案制品确为现代犀科动物角制品。

裁判要旨：鉴定机构的鉴定意见并不具有当然的证明力，仍需依法审查判断后认定；对于多份鉴定意见内容不一致的，应当通过审查鉴定程序、方法，分析不一致的原因，并结合在案其他证据作出认定。

（二）鉴定机构出具的涉案珍贵动物制品物种鉴定意见并不具有当然的证明力，仍需依法审查判断后决定是否采信

涉案珍贵动物制品的种属是审判中的专门问题，直接关系到被告人行为的罪与非罪，应当由专业机构和人员出具鉴定或检验意见。对于已经作出的鉴定或检验意见，是否能够作为认定事实的证据被采信，仍应通过严格的举证、质证和认证程序，经审查后予以确认，即鉴定、检验意见并不具有当然的证明力。对于针对同一检验对象的多份鉴定或检验意见内容不一的，应当结合在案其他证据进行审查，必要时可以请专业机构和人员出具意见，供法庭参考决策。祁某某、李某走私珍贵动物制品案中，检察机关指控祁某某、李某走私4件犀角制品，而辩护方对这4件制品的种属存在争议，为此先后由不同的鉴定机构进行了多次鉴定，但结论不尽一致。

为了核实这些证据，合议庭分别走访了作出两家不同意见的鉴定机构，对检材提取部位、鉴定方法、鉴定程序等进行了比较，同时委托中国科学院北京基因组研究所对涉案物品再次进行检验，并就不同的检材提取部位、鉴定方法对鉴定结果可能产生的影响进行了分析论证，最终认定涉案制品确为现代犀科动物角制品。

（三）对野生动物保护级别的鉴定意见存在异议或分歧的，法官可以通过对相关规范的梳理和理解认定保护级别

在野生动物相关案件中，准确鉴定涉案野生动物及其制品的物种及价值关系到罪与非罪、此罪与彼罪的认定。鉴定意见是刑事诉讼为了解决案件中某些专门性问题指派或聘请具有专门知识和技能的人，进行鉴定后所作的书面意见，包括法医鉴定、司法精神病鉴定、痕迹鉴定等，是八种法定证据之一。鉴定意见仅限于解决案件所涉及的科学技术问题，而不是就法律问题提供意见。但在司法实践中，因鉴定涉及问题的复杂性和多样性，鉴定意见中有时不可避免地涉及部分法律适用问题。如本案中涉案穿山甲鳞片的价值 = 穿山甲基准价值 × 涉案穿山甲鳞片对应穿山甲数量 × 保护级别对应的倍数，鉴定过程包括涉案穿山甲的物种鉴定、基准价值鉴定、数量鉴定和保护级别鉴定，其中，物种、基准价值、数量的鉴定主要为科学技术问题，而在物种鉴定结果确定的基础上，保护级别的鉴定涉及《濒危野生动植物种国际贸易公约》《保护动物名录》《48 号通知》《239 号通知》等相关法律规范的衔接和理解问题，主要为法律适用问题。

鉴定人员对其专业领域内的科学技术问题具有专业水平，但是对于相关法律规范的解读和理解则属于法官的专业领域，在此基础上，可以将鉴定意见中相关问题划分为科学技术问题和法律适用问题。一方面，鉴定意见包括鉴定机构及人员资质、鉴定设备配置、选用的鉴定方法、鉴定程序、依据的法律及行业规范等几个要素，鉴定机构、鉴定人员、鉴定设备、鉴定方法、鉴定程序、行业规范等属于科学技术问题，依据的法律规范属于法律适用问题。公诉方和被告人方对于鉴定意见存在异议，或多个鉴定意见不一致的，如争议为科学技术问题，因超过法官专业领域，法官仅能进行形式上的审查，根据 2021 年 3 月 1 日起施行的《刑事诉讼法解

释》第九十七条的规定，法官可以审查鉴定意见中鉴定机构、人员的资质，送检过程，鉴定程序等，参照《关于司法鉴定管理问题的决定》《人民法院司法鉴定工作暂行规定》《司法鉴定程序通则》等规范进行审查，必要时可以通知鉴定人出庭作证，鉴定意见存在《刑事诉讼法解释》第九十八条规定的九种情形的不得作为定案根据，可以委托鉴定机构重新鉴定；如争议为法律问题，属于法官的专业领域，法官可以进行实质审查，在基础性的科学技术问题无争议的基础上，法官对鉴定意见作出所依据的规范、过程及结论等可以进行审查，酌情采纳或予以调整。本案中，动物保护级别鉴定主要涉及相关法律规范的衔接和理解问题，在涉案穿山甲鳞片所属物种、基准价值、对应穿山甲数量的鉴定结果无争议的基础上，法官可以酌情采纳鉴定机构对动物保护级别作出的鉴定意见，或者调整鉴定意见中存在的法律适用问题。另一方面，一般而言，对于相对独立的鉴定过程，对其中一项鉴定意见不予采纳的，不影响其他单项鉴定意见的证据效力。鉴定意见中法律适用存在问题的一般不影响对案件中科学技术问题鉴定结果的采纳。本案中，对涉案穿山甲的物种鉴定、基准价值鉴定、对应穿山甲数量鉴定和保护级别鉴定均为相对独立的鉴定过程，虽然物种鉴定的结果是其他鉴定的基础，但在物种鉴定结果无争议的基础上，保护级别鉴定存在问题的，不影响对鉴定意见中物种、基准价值及数量鉴定结果的采纳。

六、象牙及象牙制品的价值认定问题

象牙是走私珍贵动物制品犯罪中常见的走私对象，对于象牙制品，一般按照象牙制品重量乘以重量平均价值计算，但同时，对于整根象牙亦存在价值标准，在按照重量计算得出的价值，超过整根象牙价值时如何取舍，是部分案件中的争议焦点。

（一）案例引入——冷某某走私珍贵动物制品案

案情简介：被告人冷某某乘坐航班从国外抵达首都国际机场，入境时未向海关申报任何物品，海关人员在其托运的行李箱内查获疑似象牙牙段1根、象牙牙尖2根、象牙制品31件，共计净重11.36千克。公诉机关指控上述象牙制品的价值为47万余元，法院经审理认定象牙和象牙制品价值人民币43万余元。法院认为，冷某某的行为已构成走私珍贵动物制品罪。据此判决：被告人冷某某犯走私珍贵动物制品罪，判处有期徒刑4年，并处罚金人民币5万元。

涉案的34件象牙制品中，其中1根象牙段的净重为6.876千克，如果按照每千克41 667元的标准计算，价值为28万余元，而一根完整象牙的价值标准是25万元，部分的价值不应大于整体，故该根象牙段最多只能计价25万元；其余部分合计4.484千克，按照每千克41 667元的标准计算，核定价值为18万余元，总价值应为43万余元。

裁判要旨：属于同一根象牙的单件象牙块或象牙制品，无论净重是多少，其价值不应超过一根完整象牙的价值标准。

（二）属于同一根象牙的单件象牙块或象牙制品，无论净重是多少，其价值不应超过一根完整象牙的价值

《国家林业局关于发布破坏野生动物资源刑事案中涉及走私的象牙及其制品价值标准的通知》（林濒发〔2001〕234号）规定了走私刑事案件中象牙制品的价值核定标准，即“一根未加工象牙的价值为25万元；对于无法确定是否属一根象牙切割或者雕刻成的象牙块或象牙制品，应根据其重量来核定，单价41 667元/千克”。对以上标准的理解，应当从规范的制定依据和立法原意出发，即在一根象牙，无论大小，其价值均为25万元，在此基础上，通过对一定数量的象牙样本进行净重统计，得出一根象牙的平均净重为6千克的结论，由此计算出每千克象牙的价值为41 667元，以此作为非整根的象牙块或散件象牙制品的价值核定标准。实践中，在核定单件象牙块或象牙制品价值时，不应机械地套用每千克41 667元的标准，而应首先判断单件象牙块或象牙制品是否属于同一根象牙，对于属于同一根象牙的单件象牙块或象牙制品，如果其净重不足6千克的，按照每千克41 667元的标准核定价值，达到或超过6千克的，计价25万元。也就是说，部分的价值不应大于整体，否则，就会出现走私一段象牙制品的罪责反而大于走私一根完整象牙的悖论。一些案件中，由于对上述标准理解有误，鉴定机构出具的涉案象牙制品价值结论不合理，未予采信，而是根据上述标准客观认定。如冷某某走私珍贵动物制品案中，检察机关根

据鉴定意见指控被告人走私数额为47万余元，而法院经审理认定走私数额为43万余元。

（三）辩方有证据证明走私的多件象牙制品可能来自同一根象牙，而控方的证据不能排除这一可能，可采信辩方的意见，并据此认定犯罪数额

一些案件中，辩方辩解称被告人携带的象牙制品是由一根象牙切割而来，其价值不应按重量乘以单价的方式计算，而应直接按一根象牙原牙的价值认定，即人民币25万元。在这些案件中，有的因辩方缺乏相应的证据，法庭对其辩解未予采纳。但也有的案件，辩方向法庭提交了部分证据，能够证明涉案多件象牙制品可能来自同一根象牙，但尚未达到确实、充分的程度，即不能排他的证明确属同一根象牙，于此情形，除非控方有充分的证据和理由，足以否定辩方的上述辩解，否则应按照“疑点利益归属被告人”的原则，采信辩方的意见，即在不能排除涉案象牙制品来自同一根象牙可能性的情况下，从有利于被告人的角度，认定其属于一根象牙，并按照林濒发〔2001〕234号文件的规定，认定犯罪数额。如陈某走私珍贵动物制品案中，检察机关指控被告人陈某非法携带5件象牙制品入境，净重17千克，价值70余万元。法庭审理时，辩方提出陈某携带的部分象牙制品系由一根象牙切割而来，并向法庭提交了陈某曾受赠过一根完整象牙的证据，而鉴定机构也确认涉案的象牙制品中有2件系从一根象牙上切割而来，其余2件又与上2件可能来自同一根象牙。经对证据综合分析，法院认为，辩方的证据与鉴定意见具有一定印证关系，而控方并无充分证据和理由否定上述内容，故采信了辩方的意见。

七、结语

走私珍贵动物制品案件因涉及诸多行政规范，不同珍贵动物的主管行政部门亦不同，审理相关案件需要具备相关动物分类知识、了解相关行政规范，为走私珍贵动物制品案件的审理带来了挑战，同时案件的价值认定一般由鉴定机构作出，如何审查鉴定意见亦是走私珍贵动物制品案件审理时的重要问题。围绕走私珍贵动物制品犯罪中核心争议问题，即价值认定问题，从我院审理情况、相关法律规范及审理中的疑难问题展开分析，从

典型案例切入，汇总审判经验，提出审判思路，希望以此裨益走私珍贵动物制品案件的审判。

走私珍贵动物制品犯罪直接关涉珍贵动物的保护。珍贵动物是人类的朋友，是大自然留给人类的宝贵财富，是自然生态系统的重要组成部分，保护发展和合理利用动物资源，对于维护生态平衡、改善自然环境、促进人与自然的和谐、保持生物多样性、促进经济社会全面持续可协调发展有着非常重要的意义。没有买卖，就没有杀害，遏制珍贵动物相关违法犯罪行为，明确入罪标准、细化构成要件是必要的一环，同时需认识到保护珍贵动物仍然任重而道远，需要社会各方面形成合力，加强珍贵动物保护宣传，让民众认识到动物资源对于人类社会存续发展的重要意义。

理论前沿

“盲盒”类走私行为中主观故意的司法认定

——以《走私意见》第六条的适用为视角

江珞伊*

摘要： 走私案件中广泛存在行为人对行为对象不明确、被海关查获时方认识到的情形，此类走私行为可称为“盲盒”类走私。一般情况下，走私犯罪的主观故意，以明知或者应当知道走私的具体对象为前提，而在“盲盒”类走私行为中，适用《走私意见》第六条时，应当区分概括故意和对象认识错误，客观上的走私对象涵盖在行为人能认识到的对象范围之内的，可认定为故意；行为人认为行为对象为其他走私犯罪规制对象的，应结合走私犯罪间的体系关系，在主客观相一致的范围内予以认定；行为人认识不到行为对象为走私犯罪规制对象的，不具有走私故意。走私故意的认定要求行为人能认识到其行为大概率会侵害法益，在主观推定中可从行为异常性、合理性和可罚性三个方面对在案证据予以综合评价。

关键词： 走私犯罪　主观故意　对象不明确　概括故意　对象认识错误

引　言

走私案件中广泛存在行为人对其行为的具体对象不明确、被海关查获时方认识到的情形，如在出入境时帮助他人携带包装好的物品，或帮助收

* 江珞伊，北京市第四中级人民法院刑事审判庭法官助理，法学博士。

取、寄送包裹、办理清关手续等，全程并未拆开包裹，仅凭相关人员的语言、行为等对物品的类别进行判断。这些案件的共性是行为人在客观上帮助实施走私行为时主观上并不明确知道行为对象具体是什么，此种情况与购买时未知、仅在拆开包装后才知道具体商品的“盲盒”类似，因而本文中将客观上实施了走私行为的行为人对其行为对象不明确、被海关查获时方认识到的走私行为称为“盲盒”类走私行为。对于此类行为，2002 年《走私意见》第六条与走私犯罪主观故意司法认定的一般标准存在显著差异，对于如何理解其中的“走私犯罪故意”存在较大分歧，导致司法中对于“盲盒”类走私行为中主观故意认定标准的尺度把握不一的问题。同时，主观故意的认定是走私犯罪案件的重点和难点，直接关涉罪与非罪，行为人多以误认为“盲盒”内之物为合法之物作为辩解理由，对此如何认定行为人的主观故意存在实践难题，引发较大争议。本文试从“盲盒”类走私行为主观故意司法认定的现状及困境出发，分析《走私意见》第六条与一般走私故意认定标准关系，明确《走私意见》第六条中“走私犯罪故意”的合理范畴及认定要件，在此基础上细化“盲盒”类走私行为中主观故意认定要素，以期规范“盲盒”类走私行为中主观故意的司法认定，缓解此类走私行为中主观认定的司法难题。

一、“盲盒”类走私行为主观故意认定司法困境之梳理

司法实践中，“盲盒”类走私行为广泛存在，一方面，实践中存在很多走私行为帮助人确未打开物品外包装，不明知行为具体对象的情形；另一方面，很多走私案件中缺少证明行为人明知走私具体对象的直接证据，行为人往往以不明知走私行为的对象作为辩解理由，如被海关查获后称受托为他人携带、不明知其中藏有国家禁止进出境的物品等①，以不具有走私犯罪的主观故意否认构成犯罪。下文三个案例均涉及“盲盒”类走私行为，在案件审理过程中，对相关行为人主观故意的认定均存在较大争议，本文试以此为例梳理现阶段此类走私行为中主观故意的司法现状及相关

---

① 参见牛克乾、许建华：《走私犯罪主观故意的推定》，载《人民司法》2012 年第 8 期。

困境。

案例1 2020年7月至12月，被告人刘某某根据张某（被告人的母亲，自2016年前往泰国）提供的收件人信息、购物发票等材料，通过网络平台多次帮助张某申报从泰国邮寄的包裹入境，收到包裹后转发他人。其中，2020年12月11日申报的国际快件，内容为“运动鞋2双”，海关在快件内的运动鞋鞋底内查获氯胺酮，净重146.79克。2020年12月15日申报的国际快件，内容为“运动鞋2双”（后更正为3双），海关在快件内的运动鞋鞋底内查获甲基苯丙胺，共164.51克，含量为77.2%－78.7%。①

案例2 在“阿华”（另案处理）委托许某、刘某（导游，均另案处理）从泰国携带货物回国过程中，被告人邵某（导游）负责居间联系并组织国内赵某（某平台运输司机）到机场接收货物、胡某（某快递公司快递员）寄发快递包裹。海关关员分别在许某、刘某的行李中查获减肥药四万余粒。上述减肥药中均含有安非拉酮、芬特明、地西泮三种精神活性物质，邵某参与走私的减肥药共计价值人民币217 029元。证人赵某证言证明，邵某让他帮忙到机场取货送货，后交给快递员胡某，邵某通过微信给他结账，一般一次100元人民币。证人胡某证言证明邵某的货都是赵某送来，货物都是用纸箱子装着，其把货物拆开，拍照发到群里，根据“阿华”提供的地址填写发货单。②

案例3 2020年10月至12月，被告人埃某（尼日利亚联邦共和国公民）使用何某姓名、地址、联系方式，联络境外人员先后从坦桑尼亚、尼日利亚邮寄毒品入境。2020年12月28日，海关在以埃某所提供前述信息为收件人、申报品名为塑料袋的快递中查获毒品海洛因，重399.83克。同年12月31日，在以埃某所提供前述信息为收件人、申报品名为电流表的快递中查获毒品甲基苯丙胺（冰毒），重504.39克。证人何某证言证明，其帮助埃某收取过6次快递，涉案两个快递均为埃某利用其的姓名及地址接收。埃某总派别的黑人来他这儿取，他感觉取件的人鬼鬼祟祟的，风格

① 参见北京市第四中级人民法院（2021）京04刑初16号刑事判决书，北京市高级人民法院（2022）京刑终97号刑事裁定书。

② 参见北京市第四中级人民法院（2021）京04刑初25号刑事判决书。

和在三里屯周边兜售毒品的黑人相似。[①]

上述三个案例的共性在于涉案人员（案例 1 中的被告人刘某某，案例 2 中的被告人邵某、证人赵某，案例 3 中的证人何某）在帮助他人实施走私行为时，均未拆开走私物品的外包装，或即便拆开外包装但仅凭物品外观情况难以了解物品的具体成分及性质（如案例 2 中的证人胡某）。上述涉案人员虽在客观上实施了帮助他人走私的行为，但在案件办理中均以不明知包裹中物品的性质、不明知其中装有走私犯罪规制的物品，而辩解其不具有走私犯罪的主观故意，进而不构成走私犯罪。案例 1 中被告人刘某某辩称，自己仅是帮母亲张某的忙，清关中没有任何隐瞒，都是按照张某给的购物小票来申报，自己并不知道包裹内藏有毒品，在案证据不足以证明其存在直接或间接的走私故意。案例 2 中被告人邵某辩解称其不明知他人入境时携带的物品中包含减肥药，其主观上对于禁止进出口的物品（减肥药）及行为可能构成犯罪并不明知。证人赵某、胡某，因参与帮助走私犯罪实施，对二者是否明知走私物品性质，是否构成走私犯罪亦存在争议。案例 3 中证人何某因帮助接收装有毒品的快递，在侦查初期以涉嫌走私毒品罪共犯被采取强制措施，后因对其是否明知快递中装有毒品存在不同意见，对其解除强制措施，仅作为埃某一案的证人。

由上述三个案例可见，客观上实施走私行为的行为人，尤其对于为他人实施走私犯罪提供帮助的行为人，在未实质接触、了解走私物品时，往往仅凭相关人员的语言、行为等对物品的类别、性质进行判断，很可能出现对其走私行为的具体对象不明确的情形，此种情况中相关人员亦多以主观上无明知而否认存在走私故意。在司法中如何判断此类行为人的主观明知、如何认定走私故意，因直接关涉罪与非罪，且缺少明确的判断方法和认定路径，往往存在极大争议，在“盲盒”类走私案件中判断行为人的主观故意已成为困扰司法实践的一大难题。

具体而言，“盲盒”类走私行为中行为人主观故意司法认定的困境表现为以下三个方面：其一，从犯罪故意的一般认定标准来看，走私犯罪中

---

① 参见北京市第四中级人民法院（2021）京 04 刑初 21 号刑事判决书。

主观故意的认定应当以行为人认识到走私的具体对象为前提，部分相关法律规范亦采此观点。从规范文义的角度来理解《走私意见》第六条，针对“行为人对其走私的具体对象不明确”的情形，只要具有“走私犯罪故意”，即可按照客观走私对象定罪量刑，实质上降低了“盲盒”类走私行为的主观认定标准。如何理解其与犯罪故意的一般标准、走私犯罪主观故意其他规范间的关系，优先适用何种规范，是亟待解决的基础问题。其二，走私犯罪属类罪名，如何把握《走私意见》第六条中的“走私犯罪故意”的认定标准，如何理解“走私犯罪故意”与具体走私犯罪故意间的关系，需立足于走私犯罪中各具体罪名的关系予以明确。其三，走私犯罪的主观故意中是否包括间接故意，在司法中如何把握其认定标准，如何准确界分间接故意与过于自信的过失，在认定中从哪些方面审查在案证据、如何回应被告人不明知的相关辩解等，均有待进一步厘清。

二、《走私意见》第六条与一般走私故意认定标准关系之分析

对于“盲盒类”走私行为，从语义上理解，《走私意见》第六条突破了一般走私犯罪故意的认定标准，降低了此类行为主观故意的证明标准，与具体走私罪名中主观认定的规范内容存在较大差异，引发走私犯罪主观故意司法认定标准不统一的问题，亟待梳理与规范。

（一）《走私意见》第六条与一般走私故意认定标准的差异梳理

走私犯罪均为故意犯罪，对其主观故意的认定，根据《刑法》第十四条①的规定，一般认为，在认识要素上应当以认识到走私的具体对象为前提，而后在意志要素上判断行为人是否对犯罪结果的发生持希望或放任的心态。这是因为“从证明顺序上看，认识因素是意志因素的基础，只有当行为人认识到自己的行为会发生危害社会的结果时，才谈得上是希望还是放任这种结果的发生”。② 对象不同的走私行为对海关秩序及相关公共利益的侵害程度存在显著差异，直接影响罪与非罪、构成何种犯罪，可以说是

---

① 该条第一款规定，明知自己的行为会发生危害社会的结果，并且希望或者放任这种结果发生，因而构成犯罪的，是故意犯罪。

② 司西霞：《走私犯罪“明知”的解析》，载《中国检察官》2022年第2期。

判断罪刑的关键要素之一。对行为对象认识不明确，直接影响行为人对其行为是否构成走私犯罪、构成何种走私犯罪的判断。因而走私犯罪故意中一般要求行为人明知走私行为的对象。对此，《走私意见》第五条明确规定，认定为具有走私的主观故意的，行为人应明知自己的行为违反国家法律法规，逃避海关监管。该规定系《刑法》第十四条在走私犯罪中的细化，强调走私犯罪的主观故意以行为人明知行为的违法性为要件，而对行为违法性的认识一般以对走私具体对象的事实认识为前提。如行为人对走私行为的具体对象存在认识错误，自然影响其对行为违法性的判断。以走私毒品罪为例，2007 年《毒品意见》第二条中对走私毒品罪中的“走私故意”予以进一步明确，该条规定明确要求走私毒品罪的走私故意以行为人明确认识到走私的对象属于毒品范畴。在此基础上，针对毒品犯罪，后续《全国部分法院审理毒品犯罪案件工作座谈会纪要》《全国法院毒品犯罪审判工作座谈会纪要》《昆明会议纪要》等规范文件进一步丰富了毒品犯罪主观故意推定规则[①]，但各项推定规则指向的内容均为“行为人主观上明知行为对象为毒品”[②]。

上述规范内容的基础在于，一方面，故意中的认识内容是对构成要件事实的认识，而无论是走私违禁品，走私国家限制进出口的货物、物品，还是走私普通货物、物品，走私的具体对象均为构成要件事实的一部分，因而完整的故意中应当包含对走私具体对象的认识；另一方面，违法性认识一般以明确的事实认识为基础，如行为人未认识到行为的具体对象，无法判断行为是否违反相关法律规范，进而难以认识到其行为属走私行为，此种情况下行为人的应受刑罚处罚性存疑。正如有论者提出在走私毒品罪中，“只要行为人没有认识到行为对象是毒品，就不能构成本罪。这是责任主义的要求”。[③]

与上述规范内容不同的是，《走私意见》第六条中规定，行为人对具

① 如《昆明会议纪要》中规定，被告人到案后否认明知是毒品的，应当综合运用在案证据加以证明，必要时可要求检察机关补充提供相关证据。

② 如安徽省公检法于 2014 年发布的《毒品案件证据收集审查判断规则》第四十条规定，审查判断被告人主观上是否明知行为对象是毒品时，应当综合考虑案件中的各种客观实际。

③ 张明楷：《刑法学》（下），法律出版社 2021 年版，第 1510 页。

体对象不明确的，只要具有走私犯罪故意，即以实际的走私对象定罪处罚。[①] 此规定设置最直接的原因在于，走私犯罪中广泛存在行为人辩称其对行为的具体对象不明确的案件，对于此类案件，往往没有证明行为人明知走私具体对象的证据，难以认定行为人明知，易导致轻纵走私犯罪、影响走私犯罪的一般预防效果等问题，因而通过降低司法证明标准，将无明确认识但具有“走私犯罪故意”的情形纳入刑罚规制范畴。同时，该条的逻辑基础为走私犯罪为类罪名，虽然因走私的具体对象不同分属于不同的罪名，但其行为性质相同，均为违反国家进出口的法律法规、逃避海关监管的行为，差异仅在于行为对象不同。

（二）《走私意见》第六条的规制范围与适用顺序

因走私毒品罪与其他走私犯罪规定在不同章节，且《走私意见》其他条文中均未明确涉及走私毒品罪，因而对于《走私意见》第六条是否适用于走私毒品罪，存在争议。对此笔者认为，走私毒品罪虽与规定在《刑法》分则第三章“破坏社会主义市场经济秩序罪”的其他走私犯罪的条文位置不同，与毒品犯罪一并规定在《刑法》分则第六章“妨害社会管理秩序罪”中，但其性质上仍属走私犯罪，与其他走私犯罪的区别仅在于走私的具体对象不同，这一点从走私毒品罪条文的历史演变上亦可得到印证。在1990年12月28日通过《全国人民代表大会常务委员会关于禁毒的决定》之前，走私毒品罪与其他走私犯罪一并规定为走私犯罪[②]；同时，2006年7月31日通过的《最高人民法院关于审理走私刑事案件具体应用法律若干问题的解释（二）》[③] 第五条进一步对《走私意见》第六条予以

① 该条内容为：关于行为人对其走私的具体对象不明确的案件的处理问题，走私犯罪嫌疑人主观上具有走私犯罪故意，但对其走私的具体对象不明确的，不影响走私犯罪构成，应当根据实际的走私对象定罪处罚。但是，确有证据证明行为人因受蒙骗而对走私对象发生认识错误的，可以从轻处罚。

② 1979年通过的《刑法》第一百一十六条、第一百一十八条、第一百一十九条，1982年通过的《关于严惩严重破坏经济的罪犯的决定》，1987年通过的《海关法》及1988年通过的《关于惩治走私罪的补充规定》等规范中，均将走私毒品行为纳入走私犯罪之中。

③ 现已失效。

细化,[①] 如在走私的普通货物、物品或者废物中隐匿毒品的，以实际走私的货物、物品定罪处罚。由此可见，走私毒品罪属于走私犯罪，应当适用《走私意见》第六条的规定。

对于《走私意见》第六条与一般走私犯罪中故意认定标准间的适用顺序问题，以《走私意见》第六条与《毒品意见》第二条之间的关系为例，从制定时间、适用范围来看，后规范制定时间在后、仅适用于走私毒品罪，是否可以认为相较于后规范其为新法、特别法，据此优先适用前规范？笔者认为，上述规范虽在法律效力、规范级别上无明显差异，但从对规范内容进行实质解释的角度，后者为在一般情形下对走私毒品罪主观故意认定标准的规定，而前者为在“行为人对其走私的具体对象不明确”这一特殊情形下对走私犯罪主观认定标准的特别规定，亦适用于走私毒品罪。在符合特殊情形的情境下，前者属于特别规定，应当优先适用。综上，一般情况下，走私犯罪的主观故意，以明知或者应当知道走私的具体对象为前提；在“行为人对其走私的具体对象不明确的案件”，即如上文所述“盲盒”类走私毒品的行为中，应当以主观上具有“走私犯罪故意”为标准。在此基础上，亟待明确的问题是如何理解适用《走私意见》第六条中“走私犯罪故意”，与具体走私罪名中的走私故意有何关系，该条文是不是以司法解释的方式降低一般走私故意的认定标准，这些问题的基础均为准确界定《走私意见》第六条中“走私犯罪故意”的范畴。

三、《走私意见》第六条中“走私犯罪故意”合理范畴之界定

如上文所述，从规范语义层面理解，《走私意见》第六条之规定是从走私犯罪为类罪名的角度，突破一般犯罪故意的认定标准，通过将具体走私罪名中明确认识到具体走私对象的主观故意这一认定标准，降低为不明知具体走私对象但具有“逃避海关监管”的模糊走私犯罪故意，来缓解司法中走私犯罪主观故意的认定难题。对此有观点认为，该条内容实际上是

---

① 该条规定：对在走私的普通货物、物品或者废物中隐匿刑法第一百五十一条、第一百五十二条、第三百四十七条、第三百五十条规定的货物、物品，构成犯罪的，以实际走私的货物、物品定罪处罚；构成数罪的，实行数罪并罚。

一种推定，“行为人主观上具有走私的主观故意，虽然尚无证据证明其对走私的具体对象有明确的认识，但这种实际对象已经涵盖在行为人所能认识到的对象范围之内”。[①] 此观点立足于走私犯罪行为性质的相似性，认为具备走私的故意足以推定出走私特定对象的具体故意。换言之，达到走私故意标准的即可认定具有每个走私犯罪罪名的主观故意，对走私具体对象认识的可能性已经被包含在其中。此观点实际上是认为所有走私犯罪的主观故意的性质是相同的、程度是相近的，差异仅为具体内容上的区别，类似于在同类物品中选择 A 或是 B，虽然行为客观表现不同，但对具体对象的认知和对行为性质的判断对走私犯罪的定罪量刑均无实质影响。据此，以走私毒品罪为例，即便行为人未认识到走私的对象为毒品，只要其主观上具有走私犯罪故意（即便仅认识到走私对象普通货物、物品），亦不影响走私毒品罪的认定，即将走私毒品罪中的主观故意的标准由明知具体对象为毒品降低为明知为走私犯罪的规制对象。

对于此种语义层面的理解，笔者认为存在两方面问题：一方面，此理解实质上混淆了主观故意认定中的“概括故意”[②] 与“对象认识错误”两种情形；另一方面，此理解未充分考量走私犯罪中各个罪名间的体系化关系，进而忽视了走私行为具体对象的差异对走私犯罪程度的影响。

（一）概括故意与对象认识错误的区分

主观故意认定中的“概括故意”与“对象认识错误”是两个不同的概念，以走私犯罪为例，前者是指行为人虽然未明确认识到走私的具体对象，但客观上的走私对象能够涵盖在行为人所能认识到的对象范围之内；后者是对行为对象存在认识错误，客观上的走私对象不在行为人认识到的对象范围内。[③] 由此可见，二者的核心区别在于行为人客观上的走私对象

---

① 苗有水、黄河、李文健、高冬竹：《〈最高人民法院、最高人民检察院、海关总署关于办理走私刑事案件适用法律若干问题的意见〉的理解与适用》，载《刑事司法指南》2002 年第 3 辑，法律出版社 2002 年版。

② 概括故意属不确定故意的一种，指行为人对于认识的具体内容并不明确，但明知自己的行为会发生危害社会的结果。包括对行为认识不明确、对行为对象不明确、对危害结果认识不明确等情形。参见张永红：《概括故意研究》，载《法律科学（西北政法大学学报）》2008 年第 1 期。

③ 参见梁根林等主编：《责任理论与责任要素》，北京大学出版社 2020 年版，第 39 页。

是否在行为人主观上所能认识到的对象范围之内。

一般而言，概括故意中，由于不确定故意的行为人对自己行为将造成的实际损害处于不肯定状态，因此行为人应对其认识范围以内的实际结果负刑事责任，这是主客观一致原则的要求。① 基于此，《走私意见》第六条中的“走私犯罪故意”应理解为“概括故意”，即行为人虽然未明确认识到走私的具体对象，但其模糊的故意中包含了走私该对象的故意时，可认定其主观上为故意，进而按照客观上其走私行为的具体对象定罪量刑。对于“对象认识错误”的情形，因客观上的走私对象不在行为人认识到的对象范围内，应当进一步结合走私犯罪间的体系关系予以认定。

（二）走私犯罪主观故意的等级划分与体系构建

对于不同的走私对象，行为人主观上均应至少具有“违反国家法律法规，逃避海关监管”的故意，但基于不同罪名间法定刑的显著差异，行为侵害海关秩序及相关公共利益的程度亦存在显著差异，因而对走私对象认识不明确，实质上也属于对走私行为性质认识不明确。如走私毒品罪和走私普通物品罪虽均为走私犯罪，但从行为违法性及结果危害性来看，走私毒品进入国境危害民众身心健康和在合法贸易中仅偷逃部分税款的行为性质和危害程度显然存在显著差异，相应地，不同走私罪名间行为人主观故意的程度亦不同，应当根据走私罪名间的体系关系，构建走私故意的体系关系，以此为基础理解认定“盲盒”类走私行为的主观故意。

走私犯罪属类罪名，如上文所述，《走私意见》第六条适用于走私毒品罪，在此基础上，走私犯罪具体包括规定在《刑法》第一百五十一条的走私武器、弹药罪，走私核材料罪，走私假币罪，走私文物罪，走私贵重金属罪，走私珍贵动物罪、走私珍贵动物制品罪，走私国家禁止进出口的货物、物品罪，规定在第一百五十二条的走私淫秽物品罪，走私废物罪，规定在第一百五十三条的走私普通货物、物品罪，以及规定在第三百四十七条的走私毒品罪，规定在第三百五十条的走私制毒物品罪。上述走私犯罪的共性在于行为方式相同，即违反海关规定、逃避海关监管，违法携带

---

① 参见高铭暄、马克昌主编：《刑法学》（第10版），北京大学出版社、高等教育出版社2022年版，第69页。

物品进出境；区别在于走私的对象不同。具体而言，上述走私犯罪罪名可以划分为三个类别，从行为性质的违法性程度从重到轻依次为：第一类为走私违禁品（毒品、武器、弹药、核材料、假币等）及国家禁止进出口的货物、物品（文物、黄金、白银和其他贵重金属，珍贵动物、珍稀植物及其制品，淫秽物品，废物等）；第二类为走私国家限制进出口的货物、物品（按照许可证及额度管理，如原油、钢材等）；第三类为走私普通货物、物品，从物品性质上来看法律对其进出境无禁止或限制性规定，但超过一定数量应该缴纳税款，其行为违法性在于应当缴纳超额部分税款而没有缴纳。

结合各走私罪名的法定刑区间和行为的入罪标准，笔者认为，可以将走私犯罪划分为（从重到轻）：第一等级为走私毒品罪；第二等级为走私武器、弹药罪，走私核材料罪，走私假币罪；第三等级为走私文物罪，走私贵重金属罪，走私珍贵动物、珍贵动物制品罪；第四等级为走私国家禁止进出口的货物、物品罪，走私废物罪；第五等级为走私普通货物、物品罪。其中走私淫秽物品罪中明确要求行为人主观上以牟利或者传播为目的，属法定目的犯①，这以行为人认识到走私的具体对象为淫秽物品为前提，不涉及“盲盒”类走私行为，因而未参与等级排序。在此基础上，对于“盲盒”类走私行为的主观故意，立足于主客观相统一原则，应当进行体系化、阶梯式的理解。

首先，在走私行为人对行为具体对象不明确时，应准确判断行为人的认识范围，判断其对走私对象是否具有“概括故意”。如行为人客观上走私的对象为走私国家限制进出口的物品，即便行为人不知道走私的具体对象，但从其获取的相关利益中能够认识到其走私对象属于违反海关监管进出境的物品，其行为触犯相关法律的，可以认定其主观上包含了走私限制禁止进出口的物品的概括故意。虽然行为人未认识到具体的行为对象，但其主观上所具有的走私的概括故意涵盖了走私限制进出口的物品的故意，

---

① 法定的目的犯是在刑法条文中直接规定该犯罪的特殊目的，不具备该目的的就不构成相应的犯罪。参见曹坚：《以主客观相一致的视角检视走私犯罪的主观故意》，载《政治与法律》2007 年第 2 期。

与其实施的行为在走私限制进出口的物品这一行为上主客观相统一，因而不影响其罪名的认定，可以认定为具有“走私犯罪故意”。如行为人走私的概括故意未涵盖实际的走私对象，则属于对象认识错误的情形。

其次，对于存在对象认识错误的，一般而言“只能在故意内容与客观事实重合的限度内认定为轻罪的既遂犯”。[①] 日本、德国等国家对此问题亦采此观点。[②] 举例而言，在行为人客观上实施了等级较重罪名中的走私行为，行为人对走私具体对象不明确，但具有等级较轻罪名中的走私故意的，应当认定为等级较轻的罪名；反之，客观上实施了等级较轻罪名中的走私行为，行为人主观上有等级较重罪名中的走私故意的，亦应当认定为等级较轻的罪名。如案例 2 中，被告人邵某因其亦未打开物品包装，亦不了解减肥药的具体成分，无法认识到其中含有安非拉酮、芬特明、地西泮等精神活性物质；同时因其从事导游行业，了解海关进出口相关规定，根据在案证据，其通过群内他人聊天记录知道“阿华”等因怕被海关查到，要把燕窝或减肥药用果干袋伪装成果干让导游带来，其能够认识到相关包裹中物品有国家禁止或限制进出口的货物、物品，因而其虽然在客观上实施了走私毒品的行为，但主观上为走私国家禁止进出口的货物的故意，应认定为走私国家禁止进出口的货物罪。

综上，对于《走私意见》第六条中的“走私犯罪故意”应理解为“概括的走私故意”，即行为人虽不确定行为对象具体是什么，但客观上的走私对象能够涵盖在行为人能认识到的对象范围之内的，可认定为具有“走私犯罪故意”；反之则不能认定为故意。如行为人对其实际走私的对象不具有概括故意，则不应适用《走私意见》第六条，如对行为对象存在“认识错误”的，结合走私犯罪的体系结构，在主客观相一致的范围内认定走私犯罪；如行为人误认为行为对象为合法之物的，因不具有走私故意，应当认定为无罪。以此观之，《走私意见》第六条的规定与一般走私

① 张明楷：《刑法学》（上），法律出版社 2021 年版，第 961 页。

② 参见《日本刑法典》第 38 条第 2 款规定，实施应属于重罪行为，但行为时不知属重罪的事实的，不得以重罪论处。《德国刑法典》第 16 条第 2 款规定，行为人行为时误以为具有较轻法定构成要件，对其故意犯罪仅能依较轻法处罚。

犯罪故意的认定标准间并无实质冲突，同样要求客观上的走私对象在行为人的认识范围之内，区别仅在于认识是概括的还是具体的。

四、《走私意见》第六条中“走私犯罪故意”认定要件之厘清

在明确了《走私意见》第六条中“走私犯罪故意”的合理范畴后，在司法中如何把握《走私意见》第六条的适用标准，如何准确的区分罪与非罪，仍需细化其认定要件。

（一）走私犯罪主观故意认识要素的内容与限度

走私犯罪故意中是否包括间接故意，在理论上存在一定争议。[①] 对此笔者认为走私故意中包括间接故意，原因在于：一方面，基于走私案件的司法实践，许多行为人利用自身从事外贸经营、报关代理等便利条件，在明知行为可能属于逃避海关监管、构成走私犯罪的情况下，为了谋取利益而放任危害结果的发生，可见走私犯罪中的确存在间接故意的情形；另一方面，《走私意见》第五条明确规定了“希望或者放任危害结果发生”这两种意志要素，因而走私故意中应当包括间接故意。

在此基础上，间接故意与过于自信的过失在认识要素上，均为行为人认识到其行为存在侵害法益的可能，在走私犯罪的司法实践中极易混淆。如案例3中，证人何某证言证明其感觉找他取件的人的风格和在三里屯周边兜售毒品的黑人相似，怀疑被告人埃某等的行为可能涉及毒品，但此处的“怀疑”在程度上和间接故意中行为人认识到的“可能”是不同的。笔者认为，对侵害法益可能的认知需要以一定的客观因果律作为依据，而间接故意与过失的核心区别“与对客观风险的认知、估算或判断有关”。[②] 认定间接故意中的“可能”表明行为人能认识到其行为大概率上（至少存在50%以上的可能）会侵害法益，进而放任其发生，反映了行为人对法益积极蔑视的态度，而不是过失中因损害结果发生概率较低而反映出的消极不保护的态度，否则任何有一定风险的行为都可能演变为故意犯罪。相应

① 参见曹坚：《以主客观相一致的视角检视走私犯罪的主观故意》，载《政治与法律》2007年第2期。

② 劳东燕：《犯罪故意理论的反思与重构》，载《政法论坛》2009年第1期。

地，行为引起损害后果的可能性为小概率的，一般属于过失。如交通肇事罪和以危险方法危害公共安全罪的区分中，对行为人主观是故意还是过失的判断主要依据违反交通法规的行为导致人身、财产损害的可能性上的区分。对于因一般的违章行为引发的交通事故，如行为人醉酒或超速等，行为人在主观上一般认定为过失，是因为一般违章行为实际上发生交通事故的比例不高。对于“在肇事后继续驾车冲撞，造成重大伤亡”等行为，已经发生了交通事故，说明驾驶人员的驾驶能力已明显受到影响，同时“驾车冲撞”行为具有引发交通事故的较高概率，因而对于此类行为，足以认定行为人主观上对于危害公共安全持放任态度。综上，间接故意中的“可能”表明行为人在认识要素上能认识到行为大概率会侵害法益，才有进一步判断意识要素去放任的空间，而如实施的行为本身引发损害结果的可能性较低，行为人即可以此作为赖以“轻信”的依据，进而认定行为人在主观上为过失。

（二）事实认识错误与法律认识错误的影响

行为人在以对其走私的具体对象不明确为理由进行辩解时，一般从以下两个层面辩解其未达到上述走私犯罪的明知要求。一是存在事实层面的认识错误，即根据其已掌握的全部信息，对涉案物品的客观类别存在认识错误，如认为涉案物品为衣物等可合法进出境的对象，未认识到涉案物品存在不能出入境或需要缴纳税款的可能。除了对同一等级走私罪名间走私对象的认识错误外，对走私对象的事实认识错误一般必然带来对违法性的认识错误，因而在走私犯罪主观故意的认定中应当充分考量行为人辩解是否合理、是否可以排除其存在事实认识错误的合理怀疑。如难以排除其确实存在事实认识错误的可能，在《走私意见》第六条的适用中应当注意，认定存在事实认识错误，不等于否定行为人存在走私故意，应根据在案证据及认定的事实情况对其走私故意的范围进行合理判断，认定是“概括故意”还是“对象认识错误”，若为前者则直接适用《走私意见》第六条，若为后者则结合客观走私行为的罪名等级以主客观相一致的轻罪认定其罪名。

二是存在法律层面的认识错误，即根据其掌握的信息，其对涉案物品的客观类别有一定认识，但误以为涉案物品属于法律规范允许进出境且不需要额外缴纳税款的范围。对于此类法律认识错误，因走私犯罪为典型的法定犯，法定犯中“违反了行政法律法规且情节严重而构成犯罪，其行为的犯罪性需要依赖于行政法律法规的规定去认识”。① 关于违法性认识对行为人主观明知及刑事责任的影响上，长期以来存在违法性认识不要说和违法性认识说的争论，现阶段“各国立法和判例在向违法性认识可能说接近”②，其原因在于一个人没有公然违反法律的意识，就没有处罚的理由，③ 即行为人的罪责“仅仅存在于有可能获得对不法认识的情况下”。④ 但为避免“越了解法律责任越重”的悖论，同时为了有效规制以不知法为理由的不合理辩解，仅在行为人不具有违法性认识可能性时，方阻却责任。

当走私的具体对象不同时，走私行为在“行为不当性可感知度”⑤ 上存在差异，一般而言，除特殊情况外，走私犯罪中犯罪轻重等级与“行为不当性可感知度”呈正相关，即犯罪程度越高，行为人越能感受到行为的不当性和违法性，其辩解自身存在违法性认识的空间越小。例如，基于一直以来我国在打击毒品犯罪的有力举措，走私毒品行为的违法性已深入人心，除特殊情况外，以明知走私对象为毒品而不知道行为违法性的辩解，一般不应采纳；走私普通货物、走私禁止进出口货物、物品等行为中，如走私对象较为“小众”，且行为人不具备相关的从业经验、专业知识的，行为人对行为违法性错误的辩解可结合行为人情况进行具体分析。同时，在违法性认识错误的认定中，有两个问题需要关注：一是区分行为人主观故意中的违法故意与犯罪故意，有些案件中行为人能够推测出其行为具有一定的不当性的，需要进一步区分“不当性”的程度，即行为人是认为其行为可能触犯法律规范还是认识到行为可能构成犯罪，前者仅为违法故

---

① 苗有水：《走私犯罪的认定及法律适用》，载《人民司法》2002 年第 9 期。

② ［日］松原芳博：《刑法总论重要问题》，王昭武译，中国政法大学出版社 2014 年版，第 201 页。

③ 参见［英］吉米·边沁：《立法理论——刑法典原理》，孙力等译，中国人民公安大学出版社 1993 年版，第 66 页。

④ ［德］克劳斯·罗克辛：《德国刑法学 总论》（第一卷），王世洲译，法律出版社 2005 年版，第 621 页。

⑤ 江珞伊：《违法性认识错误的司法困境与判断方法》，载《中外法学》2023 年第 1 期。

意，其程度远小于犯罪故意，不能据此认定为具有犯罪故意。二是违法性认识的判断与个人认识能力、法律经验密切相关，因而在认定中需结合行为人的职业、经历、是否受过类似处罚、相关问题的普法情况等综合予以认定。

五、"盲盒"类走私行为中主观故意司法推定要素之细化

"盲盒"类走私行为中，"在言词证据上，犯罪嫌疑人往往不如实供述其心理状态；作为隐秘的心理活动，证人证言又难以直接证明到位；客观证据上，又常因时效、技术等原因收集不足"。[①] 因而，司法实践中，根据在案证据直接认定行为人的主观故意往往存在困难，需综合在案证据对行为人是否存在走私故意进行推定。[②] 但在推定中因相关信息繁多，往往存在认定逻辑链条不清、推定过程概括笼统等问题，导致司法实践中对于"走私故意"的认定思路在说理中往往一笔带过、语焉不详，难以反映出裁判者的思维过程和考量因素，难以回应当事人对主观认定问题的困惑与不解，基于此，需进一步明确推定要素。

推定是在全面考量在案证据的基础上，依据经验法则中事实间高概率的"伴生关系"[③]，从在案证据能够确认的基础事实中综合认定行为人是否具有主观故意，经验法则、逻辑法则、人情事理等都可能成为根据。[④] 从相关规范内容来看，推定主要具有以下特性：一是综合性，即综合、全面考量在案证据和已确认的基础事实。如《昆明会议纪要》中对运用间接证据综合判断被告人明知的规定。[⑤] 二是反常性，即重点考察行为人行为中的反常因素。在走私毒品罪中，有观点将相关规范中行为人直观故意的推定规则类型化为规避检查型、行为隐蔽型、信息虚假型、违背常理型、既

---

① 司西霞：《走私犯罪"明知"的解析》，载《中国检察官》2022 年第 2 期。

② 参见郭华：《案件事实认定方法》，中国人民公安大学出版社 2009 年版，第 270 页。

③ 参见何家弘、刘品新：《证据法学》，法律出版社 2013 年版，第 260 页。

④ 参见褚福民：《刑事推定的基本理论——以中国问题为中心的理论阐释》，中国人民大学出版社 2012 年版，第 42 页。

⑤ 该规定内容为：被告人到案后否认明知是毒品，又缺乏其他证据证明其明知的，可以根据其实施毒品犯罪的方式、过程及毒品被查获时的情形，结合其年龄、文化程度、生活状况、职业背景、是否有毒品违法犯罪经历及与共同犯罪人之间的关系等情况，综合分析判断。

往受罚型、实际控制型、痕迹指向型七个类型。均是基于此类行为与行为人主观明知间存在极高的“伴生概率”，这些客观行为表现的共同特征可以归纳为“反常”[①]。三是合理性，因推定得到的往往是盖然性的结论，并非肯定性结论，因而应当充分考量行为人相关辩解的合理之处。[②]

基于此，笔者认为，对于“盲盒”类走私行为中主观故意的认定，可从以下三个方面对推定要素予以分类和细化：其一，正向要素，即行为的异常性。一般考察行为人在出入境过程中是否存在瞒报伪报，在参与相关走私活动的过程中是否存在高额获利，是否存在逃避监管、躲避侦查的行为，是否可以从相关人员的言行举止中推测出行为的违法性等。其二，反向要素，即行为的合理性。一般考察行为人参与相关走私活动的动机、目的，是否属于职业行为，行为持续的时间等。在明确正向要素和反向要素的基础上，将二者放在天平两端，如正向要素明显超过反向要素，表明行为人对走私犯罪具有一定的明知。其三，程度要素，即行为的可罚性。一方面，对于具有明知的行为人需继续考察其明知的内容和程度，结合走私行为的具体对象，综合评价其行为是否构成走私犯罪；另一方面，考察其行为程度及主观故意程度，是否具有处以刑罚的必要性。

以案例1为例说明上述主观推定要素在“盲盒”类走私行为主观故意认定中的适用过程：第一，从正向要素，即行为的异常性来看，其中值得怀疑的异常因素包括：一是邮寄的鞋并不是知名品牌，国际运费和清关费高于运动鞋本身价值，且快递中存在寄了同只鞋的情况；二是频繁邮寄、实际收件人未亲自办理清关等明显不符合常理。第二，从反向要素，即行为的合理性来看，本案中存在一定的合理因素，包括：一是被告人刘某某在清关中使用的均为真实信息，亦按照清关流程进行申报，没有实施伪报、瞒报等逃避海关监管的行为。二是被告人刘某某在行为中几乎无获利。一般而言，高风险对应着高获利，如果被告人在每次帮助清关后获得高额报酬，就说明其可以推测出邮寄物品存在不合法的风险，但被告人每

---

① 参见梁坤：《毒品犯罪主观明知推定规则之实证检讨》，载《证据科学》2018年第5期。

② 如《昆明会议纪要》中明确规定，运用推定方法认定行为人主观明知的，应当认真审查被告人的辩解是否有事实依据、对异常行为的解释是否合理、是否存在被蒙骗的可能等。

次仅收到十几元或几十元的红包，且发生于其与母亲张某之间。三是邮寄的鞋国内没有售卖，即便从国外邮寄费用较高，有些人感觉不是很值，但个人喜好是无法用价格来衡量的。四是邮寄物品多次经过海关而正常出关，对其行为的合法性本身是一种背书。被告人对行为合法性的信赖是逐步增加的。五是一般而言母亲是不会以孩子作为犯罪工具、使其担负风险的，因而母子关系间的信赖也可以消除被告人刘某某的部分疑虑。在此基础上，把行为的上述异常性和合理性放到天平的两端，笔者认为，本案中合理性是明显高于异常性的，换句话说，可以认为被告人在认识要素上对“危害结果发生的可能性”的判断是小概率的。同时，在行为期间，其就行为的合法性多次询问其母亲，其怀疑在多次得到具有一定合理性的答案后得到一定程度抵消，因而，笔者认为，本案中被告人刘某某在对涉案物品属于走私犯罪规制范围的认识上没有达到间接故意认识要素中“可能”的标准。第三，从程度要素，即行为的可罚性来看，被告人刘某某客观上并未实施伪报、瞒报等逃避海关监管的行为，作用上仅为他人走私毒品行为提供帮助；主观上实施帮助行为的初衷主要是为了帮母亲的忙，每次少量的获利并不足以成为其负担这么大风险的理由，且确无证据证明其主观上明知邮寄物品中含有毒品，因而从可罚性的角度，其行为尚不具有适用刑罚的必要性。综上，经一、二审法院审理认为，无证据证明刘某某在清关过程中实施了逃避海关监管的行为，无证据证明刘某某因清关行为获取了高额或不等值的报酬，刘某某对频繁邮寄、代为清关等行为的辩解具有合理之处，刘某某对包裹产生的怀疑尚不足以认定其具有走私犯罪的主观故意，因而判决刘某某无罪。

六、结语

“盲盒”类走私行为中主观故意的司法认定，是长期困扰走私犯罪司法、亟待解决的难题，既源于人类心理活动的无形性、司法中普遍缺少直接证据导致的主观故意认定的间接性、法定犯中违法性认识判断的复杂性，亦受到不同规范中认定标准分歧性的影响。仅从语义的角度来理解《走私意见》第六条，必然因规范标准分歧带来适用争议，因而在该条的适用中要从实质解释的角度出发，结合一般犯罪故意的认定标准、走私犯罪的体系关系、规范制定的背景及原因等，准确界定其中“走私犯罪故意”的范畴，厘清其与其他相关规范的关系，区分概括故意与对象认识错误，以此为基础认定“盲盒”类走私行为中行为人的主观故意。结合主观故意认定的特性，在准确把握主观推定要素的基础上，充分说明认定思路，回应当事人关切。同时，通过对“盲盒”类走私行为中主观故意的司法认定路径的探索，不断深化对主观故意司法认定的研究和讨论、明确对行为人的认识要素和意志要素的判断标准、厘清违法性认识对刑事责任的影响，助推对犯罪主观要素现有规范的反思与后续研究的深化，进而有效打击走私犯罪，更好地服务中国式现代化。

参考文献

[1] 牛克乾、许建华：《走私犯罪主观故意的推定》，载《人民司法》2012 年第 8 期。

[2] 司西霞：《走私犯罪“明知”的解析》，载《中国检察官》2022 年第 2 期。

[3] 张明楷：《刑法学》，法律出版社 2021 年版，第 961 页、第 1510 页。

[4] 苗有水、黄河、李文健、高冬竹：《〈最高人民法院、最高人民检察院、海关总署关于办理走私刑事案件适用法律若干问题的意见〉的理解与适用》，载《刑事司法指南》2002 年第 3 辑，法律出版社 2002 年版。

[5] 张永红：《概括故意研究》，载《法律科学（西北政法大学学报）》2008 年第 1 期。

[6] 梁根林等主编：《责任理论与责任要素》，北京大学出版社 2022 年版，第 39 页。

[7] 高铭暄、马克昌主编：《刑法学》（第 10 版），北京大学出版社、高等教育出版社 2022 年版，第 69 页。

[8] 曹坚：《以主客观相一致的视角检视走私犯罪的主观故意》，载《政治与法律》2007 年第 2 期。

[9] 劳东燕：《犯罪故意理论的反思与重构》，载《政法论坛》2009 年第 1 期。

[10] 苗有水：《走私犯罪的认定及法律适用》，载《人民司法》2002 年第 9 期。

[11] [日] 松原芳博：《刑法总论重要问题》，王昭武译，中国政法大学出版社 2014 年版，第 201 页。

[12] [英] 吉米·边沁：《立法理论——刑法典原理》，孙力等译，中国人民公安大学出版社 1993 年版，第 66 页。

[13] [德] 克劳斯·罗克辛：《德国刑法学　总论》(第一卷)，王世洲译，法律出版社 2005 年版，第 621 页。

[14] 江珞伊：《违法性认识错误的司法困境与判断方法》，载《中外法学》2023 年第 1 期。

[15] 郭华：《案件事实认定方法》，中国人民公安大学出版社 2009 年版，第 270 页。

[16] 何家弘、刘品新：《证据法学》，法律出版社 2013 年版，第 260 页。

[17] 褚福民：《刑事推定的基本理论——以中国问题为中心的理论阐释》，中国人民大学出版社 2012 年版，第 42 页。

[18] 梁坤：《毒品犯罪主观明知推定规则之实证检讨》，载《证据科学》2018 年第 5 期。

销售走私货物行为中洗钱罪的认定与适用

江珞伊*

摘要：对于销售走私货物行为，行为人与走私犯罪正犯的故意存在事前和事中的“共同”之处或符合法律特别规范的，为走私犯罪共犯。不属于走私犯罪共犯的，因洗钱罪与掩饰、隐瞒犯罪所得罪系特殊法条与一般法条的关系，应优先判断是否构成洗钱罪。洗钱罪的认定中，洗钱行为和非洗钱行为的区分在于财物处置行为是否通过金融手段对上游犯罪赃款属性进行改变，犯罪所得应按照走私行为对象类型分别认定，洗钱的“明知”包括知道和应当知道，推定中要结合全案证据及行为人辩解的合理性。

关键词：销售走私货物　洗钱罪　犯罪所得　明知

走私犯罪严重扰乱市场经济秩序，走私的货物中亦可能存在安全隐患，严重威胁人民群众的生命健康安全。走私犯罪中，行为人实施走私行为多是为了转卖谋取高额不法利益，因而走私行为与销售走私货物行为往往相伴而生。走私犯罪是洗钱罪的七类上游犯罪之一，销售走私货物行为亦可能是走私共犯、掩饰、隐瞒犯罪所得、非法经营的外在表现，因而可能涉及多个罪名，在如何定性、是否适用及如何适用洗钱罪上均存在不同意见，导致司法中销售走私货物行为的认定困境。基于此，笔者立足于北京市首例认定销售走私货物行为构成洗钱罪的案件，探讨销售走私货物行

* 江珞伊，北京市第四中级人民法院刑事审判庭法官助理，法学博士。

为中洗钱罪的准确定性、违法所得的范围及明知的认定要素。

案例： 被告人景某、刘某、张某三人共同经营乐某甲公司、乐某乙公司等单位，三人分工负责。2019 年 7 月至 2021 年 10 月，乐某甲公司、乐某乙公司先后通过水客夹带、低报价格等方式，走私游戏机、游戏光盘等货物并在国内销售牟利。在被告人景某等人被采取刑事拘留强制措施后，景某等人经蔡某走私进口的部分游戏机，游戏光盘、游戏卡带尚未交付，被告人李某（系被告人景某妻子）在明知涉案货物系景某等人走私犯罪所得的情况下，仍委托齐某代为销售。经查，上述货物价值人民币 174 万余元，截至案发，齐某销售所得人民币 138 万余元，其中人民币 100 万元现金转账给被告人李某或李某指定账户。①

在这个案例中，对于如何认定被告人李某委托齐某代为销售走私进口的游戏机、游戏光盘、游戏卡的行为，存在多种意见：第一种意见认为，被告人李某虽然与走私罪犯不具有事前通谋，但其在明知走私犯罪案发后，积极变卖走私货物、提供自己账户收取销售款的行为，属于为走私罪犯提供方便，也是走私犯罪追求经济利益的自然延审，应当以走私罪共犯论处。第二种意见认为，走私货物本身不是洗钱的对象，第一手销售行为没有改变犯罪所得和收益的来源和性质，不构成洗钱罪。被告人李某明知是犯罪所得的货物，积极实施转移、代为销售的行为，是典型的掩饰、隐瞒犯罪所得行为，应按照《刑法》第三百一十二条，以掩饰、隐瞒犯罪所得、犯罪所得收益罪论处。第三种意见认为，被告人李某委托他人代卖走私货物将货款转移到李某个人账户或其指定账户，起到了隔断犯罪所得与上游犯罪联系的作用，具有明显的掩饰、隐瞒犯罪所得的故意，应以洗钱罪论处。对此，笔者认为，本案的争议焦点集中在以下方面：第一，被告人李某销售走私货物行为的性质如何认定，是洗钱、掩隐还是走私共犯？第二，销售的走私货物是否属于犯罪所得及其收益？第三，被告人李某是否具有洗钱的主观故意？

① 参见北京市第四中级人民法院（2022）京 04 刑初 18 号刑事判决书，本案系北京市首例认定销售走私货物行为构成洗钱罪的案件，亦被评选为 2022 年度北京市“扫黄打非”十大案件。

一、销售走私货物行为的性质归属

客观上实施销售走私的游戏机、游戏光盘、游戏卡的行为，使走私犯罪中财产性利益的载体发生实质性变化，可能构成走私犯罪共犯、洗钱罪及掩隐罪，三者的区分如下：

（一）走私共犯的认定

主观层面，对于共犯范畴，本身即存在争议。《刑法》第二十五条第一款规定“共同犯罪是指二人以上共同故意犯罪”，据此司法中一般以主观上与被帮助对象存在共谋（事前或事中）为要件。刑法理论通说认为片面帮助犯，即“正犯者没有认识到另一方对自己的帮助行为，但帮助者知道自己在帮助正犯实施构成要件行为”①，亦属于共犯。笔者认为，从共犯的归责原理出发，基于处于通说地位的因果共犯论，“共犯论的核心，是能否认定共犯行为引起了法益侵害、危险的共犯的因果性问题”②。通过认定共犯将不同主体行为叠加的损害结果归于共犯中每个主体，除客观上行为与损害结果均具有因果关系（直接和间接）外，主观上是因为每个主体都能认识到自身行为、共犯行为、行为的叠加（均包括行为性质和行为内容），预见到行为叠加可能造成的损害结果（包括实害和危险），主客观在二者行为叠加的范围内实现了统一。片面帮助行为与被帮助对象行为相互叠加，帮助人主观上能够认识到双方行为及行为的叠加，可以预见到行为叠加可能造成的损害结果，主客观在二者行为叠加的范围内亦实现了统一，符合共犯的归责原理，同时对其归责的程度可以依据帮助行为程度进行调节。否认片面帮助犯，难以将行为叠加造成的损害结果归于片面帮助行为人，大部分的片面帮助行为因之不构成犯罪，此结论难以被民众所接受，因而从理论视角观之片面帮助犯之承认具有合理性。

然而，依据《刑法》中“共同犯罪”的定义，从语义角度来看，“共

---

① 张明楷：《刑法学》（第6版），法律出版社2021年版，第597页。

② ［日］佐伯仁志：《刑法总论的思之道·乐之道》，于佳佳译，中国政法大学出版社2017年版，第370页。

同”是指“彼此都具有的”①，单方故意不属于“共同故意”。部分观点将“共同故意犯罪”理解为“共同（地）故意（地）犯罪”，认为“共同”和“故意”均为“犯罪”的定语，进而将“共同”限定在不法层面。一方面，此观点难以解释《刑法》第二十五条第二款中“共同（地）过失（地）犯罪”为何不以共同犯罪论处；另一方面，定语一般修饰紧随其后的词语，通过加字方式扩大规制范围，有违罪刑法定原则，这也是司法中鲜有认定片面帮助犯的先例的原因。

对于如何理解“共同故意”，笔者认为，结合语义范围及规制范畴的合理性，各个主体在故意内容上存在“共同”部分（包括完全共同和部分共同②）即可。双方进行共谋的可认定存在“共同故意”（可称为共谋型），双方无共谋或无证据证明存在共谋的情况下，各主体均可认识到自己的行为内容、对方的行为内容、行为的叠加及可能的损害结果，希望或放任结果发生的，各主体的故意也存在“共同”之处（可称为心照不宣型）。在此基础上，片面帮助犯中被帮助人未认识到帮助行为，不属于共犯范畴。虽然刑法条文、司法解释中认可对部分以明知为要件的片面帮助犯按照共犯处罚（可称为明知型，见表1），但仅属于法律特殊规定，尤其在直接适用帮助信息网络犯罪活动罪可以做到罚当其罪的情况下，笔者不认同司法中将特殊规定外的片面帮助犯认定为共犯。

表1　片面帮助犯按共犯处罚的特别推定列举

规范名称	开始施行时间	规范内容
《刑法》第一百九十八条第四款	1997年10月1日	保险事故的鉴定人、证明人、财产评估人故意提供虚假的证明文件，为他人诈骗提供条件的，以保险诈骗的共犯论处。
《刑法》第三百五十条第二款	1997年10月1日	明知他人制造毒品而为其生产、买卖、运输前款规定的物品的，以制造毒品罪的共犯论处。

① 中国社会科学院语言研究所词典编辑室编：《现代汉语词典》，商务印书馆2005年版，第479页。

② 共犯理论中一直存在犯罪共同说、部分犯罪共同说和行为共同说的争论，笔者的观点为在行为共同说的基础上加入各主体在主观故意内容上存在“共同”部分的限定。

续表

规范名称	开始施行时间	规范内容
《最高人民法院、最高人民检察院关于办理诈骗刑事案件具体应用法律若干问题的解释》第七条	2011年4月8日	明知他人实施诈骗犯罪，为其提供信用卡、手机卡、通讯工具、通讯传输通道、网络技术支持、费用结算等帮助的，以共同犯罪论处。
《最高人民法院、最高人民检察院关于办理赌博刑事案件具体应用法律若干问题的解释》第四条	2005年5月13日	明知他人实施赌博犯罪活动，而为其提供资金、计算机网络、通讯、费用结算等直接帮助的，以赌博罪的共犯论处。
《最高人民法院、最高人民检察院关于办理利用信息网络实施诽谤等刑事案件适用法律若干问题的解释》第八条	2013年9月10日	明知他人利用信息网络实施诽谤、寻衅滋事、敲诈勒索、非法经营等犯罪，为其提供资金、场所、技术支持等帮助的，以共同犯罪论处。
《最高人民法院、最高人民检察院、公安部关于办理电信网络诈骗等刑事案件适用法律若干问题的意见》第四部分	2016年12月20日	明知他人实施电信网络诈骗犯罪，具有下列情形之一的，以共同犯罪论处，但法律和司法解释另有规定的除外。

客观层面，需关注如支付走私货款等行为，属走私犯罪既遂环节，一般应认定为走私犯罪的帮助行为；只有在走私犯罪既遂后，掩饰、隐瞒犯罪所得的方可认定为洗钱罪或掩隐罪。

案例中，在案证据不能证明李某转移走私货物并代为销售的行为是在他人犯罪后按照先前约定而为之，不能证明李某与景某等人有事前或事中的共同故意，亦不属于法律特别规定的明知型共犯的范畴。同时，景某等以虚假申报方式进行走私，申报行为实施完毕即应当认定为犯罪既遂，因此李某的行为虽然客观上是走私犯罪的延伸，但其系在走私案件既遂且案发后实施，因而李某不能以走私罪的共犯论处。

（二）洗钱罪与掩饰、隐瞒犯罪所得、犯罪所得收益罪的关系

洗钱罪与掩饰、隐瞒犯罪所得、犯罪所得收益罪均规制故意掩饰、隐

瞒犯罪所得及其收益的行为，二者的区分在于：其一，洗钱罪以上游犯罪为七类犯罪为前提，掩隐罪对上游犯罪没有限制。其二，洗钱罪要求行为“漂白”赃款性质，使犯罪所得发生“化学反应”，而掩饰、隐瞒犯罪所得、犯罪所得收益罪无此要求，包括窝藏、转移等仅使犯罪所得发生“物理变化”的行为。其三，洗钱罪规制上游犯罪行为人实施的洗钱行为（自洗钱行为），而掩饰、隐瞒犯罪所得、犯罪所得收益罪仅规制他人实施的掩饰、隐瞒行为，上游犯罪行为人实施的掩饰、隐瞒行为一般认为属事后不可罚行为。① 其四，掩饰、隐瞒犯罪所得、犯罪所得收益罪规定在《刑法》分则第六章“妨害社会管理秩序罪”第二节“妨害司法罪”中，一方面妨害了司法机关追诉上游犯罪，另一方面使犯罪所形成的违法财产状态得以继续存在，该罪的法益主要是司法秩序。② 洗钱罪规定在《刑法》分则第三章“破坏社会主义市场经济秩序罪”第四节“破坏金融管理秩序罪”中，表明洗钱行为侵害的法益归属在“国家金融管理秩序”范畴内，同时洗钱行为妨害了司法机关对特定上游犯罪所得及产生收益的追查，并使之具有表面的合法性。从两罪保护法益的范围来看，侵害洗钱罪保护法益的行为，必然也要侵害掩饰、隐瞒犯罪所得、犯罪所得收益罪的保护法益。

因而，对于上游犯罪行为人以外的他人实施的掩饰、隐瞒犯罪所得的行为，洗钱罪主客观要件的范围均小于掩隐罪，不法内涵均包含于掩隐罪中，因而洗钱犯罪与掩饰、隐瞒犯罪所得、犯罪所得收益罪属法条竞合，其中洗钱罪为特别法，竞合时应当优先适用，这一理解亦符合 2020 年《关于办理洗钱刑事案件若干问题的意见》第四条的规定。本案中被告人李某的行为可能构成洗钱罪和掩饰、隐瞒犯罪所得、犯罪所得收益罪，应当优先判断是否构成洗钱罪。

（三）洗钱行为和非洗钱行为的界分

洗钱行为的本质是通过隐匿资金流转关系，掩饰、隐瞒犯罪所得及收

---

① 参见时方：《我国洗钱罪名体系的适用困局与法益认定》，载《环球法律评论》2022 年第 2 期。

② 参见吕梅青、黄玲林：《论走私洗钱犯罪中的犯罪所得》，载《法律适用》2023 年第 6 期。

益的来源和性质，和非洗钱行为的区分在于：财物处置行为是否通过金融手段对上游犯罪赃款属性进行改变，带来的变化是“物理反应”还是“化学反应”。具体而言，完整的洗钱过程包括使犯罪所得到合法财产的“由黑到白”的全过程，《刑法》第一百九十一条第一款列举的前四项及第五项中的“其他方法”均表现为通过金融手段改变财物来源、形态、性质等，“洗白”犯罪所得及其收益。若行为人利用金融工具，采取多层转账、取现、套取等迂回层转的方式，意在切断赃款与上游犯罪之间关系，试图为之披上合法“外衣”的，属于“化学反应”，侵害了金融管理秩序，应认定为洗钱行为。或虽未实现“洗白”的结果，但实施了转移、混同资金等洗钱过程中的部分具体行为的，也属于洗钱行为。如行为人仅实施持有、藏匿、改变财物存放场所、增设或更换财物保管人、未改变财物形态的日常使用及消耗型生活消费等，未转变财物性状和本质的行为，未“漂白”赃款，仅属于“物理反应”，未侵害金融管理秩序，不应认定为洗钱行为。

在销售走私货物行为中，需着重关注销售主体。走私普通货物、物品案件中，行为人销售走私货物是走私的必然后续行为，是走私犯罪行为人获取不法利益的必然选择，且在走私犯罪认定过程中税率的适用、偷逃税款的计算、犯罪构成的认定等过程中均已将货物用途为营利进行了评价，因而应将后续销售行为作为上游犯罪的自然延伸，不宜再评价为洗钱罪。[①]对于走私行为人之外的主体销售走私货物的，不影响洗钱罪的认定。同时，《刑法》第一百五十五条规定了间接走私，当二手购私者从间接走私（即一手购私）者处收购走私货物时，由于一手购私者构成走私罪（间接走私），故该货物仍然属于走私犯罪所得，二手购私者如果主观上明知系走私货物，应当以洗钱罪定罪处罚，难以证明主观明知系走私货物的，则可构成掩饰、隐瞒犯罪所得罪。对于后续三手购私者而言，该货物变成洗钱犯罪所得。由于洗钱罪本身系破坏金融管理秩序罪，也属于洗钱罪的上

① 参见王新：《洗钱罪的司法认定难点》，载《国家检察官学院学报》2022年第6期。

游犯罪，如果三手购私者主观上明知的，对其也应以洗钱罪定罪处罚。①

案例中，李某通过他人店铺销售走私货物，不仅转变了赃物的形态，还将销售所得现金转账给自己及指定的第三方，致使犯罪所得和犯罪收益呈现出“化学反应”、切断了其来源和性质，这已超出传统赃物罪的特征，符合《刑法》第一百九十一条规定的“将财产转换为现金”，以洗钱罪来对行为人施加刑罚，可以实现既充分又不重复的评价。

二、走私犯罪中犯罪所得的范畴厘定

如何界定走私犯罪所得，司法中争议较大。《最高人民法院关于审理掩饰、隐瞒犯罪所得、犯罪所得收益刑事案件适用法律若干问题的解释》（2021年修正）第十条第一款规定，通过犯罪直接得到的赃款、赃物，应当认定为《刑法》第三百一十二条规定的“犯罪所得”。上游犯罪的行为人对犯罪所得进行处理后得到的孳息、租金等，应当认定为《刑法》第三百一十二条规定的“犯罪所得产生的收益”。2017年《逃匿、死亡案件规定》第六条第一款规定，通过实施犯罪直接或者间接产生、获得的任何财产，应当认定为《刑事诉讼法》第二百八十条第一款（2018年修正后为第二百九十八条）规定的“违法所得”。行为人实施犯罪后，其违法所得等同于犯罪所得，因而结合上述规定内容，犯罪所得是指行为人通过犯罪（直接或间接）得到的财产。

走私犯罪中，《走私意见》第二十三条中“对发现的走私货物、物品、走私违法所得以及属于走私犯罪分子所有的犯罪工具”的表述，将“走私货物、物品”与“走私违法所得”并列，表明了走私货物、物品不等同于违法所得。然而，第二十四条中规定，走私货物、物品无法扣押或者不便扣押的，应当按照走私货物、物品的进出口完税价格认定违法所得予以追缴；走私货物、物品实际销售价格高于进出口完税价格的，应当按照实际销售价格认定违法所得予以追缴，又将走私货物、物品的价值作为认定违法所得的依据。上述规范内容的矛盾导致走私犯罪中对于如何认定犯罪所

① 参见周国良、须璐、田娟、王林生：《“走私洗钱犯罪法律适用问题研讨会”研讨观点综述》，载《中国检察官》2021年第22期。

得，存在获利说（通过犯罪行为获得的非法利润）、总额说（实施犯罪行为中直接或间接产生、获得的任何财产，包括走私货物、物品在内）、折中说（走私普通货物、物品的采获利说，走私禁止进出口的采总额说，走私国家限制进出口的在行政许可范围内采获利说，范围外采总额说）的争议。

笔者认同折中说，原因在于：走私犯罪包含不同走私行为类型，因走私对象不同，犯罪所得及其收益的具体内容也不同。具体而言，可以划分为违禁品（武器、弹药、核材料、假币、毒品等）、国家禁止进出口的货物、物品（文物、黄金、白银和其他贵重金属，珍贵动物、珍稀植物及其制品，淫秽物品，废物等）、国家限制进出口的货物、物品（按照许可证及额度管理，如原油、钢材等）和普通货物、物品。

第一，对于违禁品及国家禁止进出口“之物”，因不可能通过正常的合法途径获得，均属于通过走私犯罪行为得到，应将货物、物品本身认定为犯罪所得。

第二，普通货物、物品是国家允许进口的，走私普通货物、物品的犯罪所得不是货物、物品本身，而应将偷逃应缴的税款作为犯罪所得。原因在于：其一，从含义来看，犯罪所得就是行为人实施犯罪得到的利益。走私货物、物品的取得过程一般是合法的，行为人支付了货款、对货物有所有权，其通过犯罪获得的利益是偷逃的应缴税款，而非货物、物品本身。其二，部分走私行为中偷逃税款仅占货值的一小部分，将走私货物、物品认定为违法所得有违比例原则。如将全部货物、物品认定违法所得，洗钱金额一般将大于上游犯罪金额，将造成上下游犯罪刑罚倒挂的问题。其三，《走私意见》第二十三条中将走私货物、物品与走私违法所得并列规定，《海关法》第九十二条中也有类似规定，可见走私货物、物品并不属于“违法所得”。其四，2014 年《关于办理走私刑事案件适用法律若干问题的解释》第十六条和第二十四条，规定依走私实际偷逃的应缴税额，认定走私普通货物、物品犯罪适用的法定刑范围，表明以偷逃的应缴税额作为案件中的违法所得。其五，从《刑法》谦抑性出发，在对走私犯罪中“犯罪所得”的范围存在争议时，应当采更有利于被告人的解释，即以偷逃税款金额为限。

第三，由于国家限制进出口的货物、物品采取许可证及额度管理，若走私获取相应许可证或者配额数量之内的货物的，犯罪所得为偷逃应缴的税额等税费；若走私未获取相应许可证或者超出配额数量之外的货物、物品的，该货物、物品均属于犯罪所得。

综上，走私普通货物案件中，偷逃应缴税款为犯罪所得。在此基础上根据《逃匿、死亡案件规定》第六条第二款、第三款的规定，违法所得已经部分或者全部转变、转化为其他财产的，转变、转化后的财产应当视为前款规定的“违法所得”。来自违法所得转变、转化后的财产收益，或者来自已经与违法所得相混合财产中违法所得相应部分的收益，应当视为第一款规定的“违法所得”。走私的货物实际上为偷逃税款的载体，因而对于货物自身以及销售后钱款的掩饰、隐瞒行为均属洗钱行为。本案被告人李某的行为属于《刑法》第一百九十一条第一款第二项规定的将犯罪所得转换为现金，数额为销售的走私货物所对应的偷逃税款金额。

三、洗钱罪主观故意的认定要素

《刑法修正案（十一）》删除《刑法》第一百九十一条第一款原先位于句首的“明知是”的表述，将“为掩饰、隐瞒”的表述，调整至句首。对于此修改，笔者认为，应当关注以下几点：

第一，虽然洗钱罪中的“明知”一词被删去，但并不改变洗钱罪为故意犯罪的属性，洗钱罪主观故意的认定仍需明知。[①] 明知内容上不仅需要行为人明知是犯罪所得及收益，且需明知来源于七类上游犯罪。一方面，根据《关于审理洗钱等刑事案件具体应用法律若干问题的解释》[②] 第一条第三款规定的行为人将犯罪所得误认为是上游犯罪范围内的其他犯罪所得的，不影响明知的认定。从罪刑法定原则出发，可以理解为行为人误以为是上游犯罪范围外的犯罪所得的，影响明知的认定。另一方面，行为人没

---

① 参见刘艳红：《洗钱罪删除“明知”要件后的理解与适用》，载《当代法学》2021年第4期。

② 现已失效。

有认识到违法所得来源于七类上游犯罪的，可以认定为掩饰、隐瞒犯罪所得、犯罪所得收益罪。因而如果不要求行为人对上游犯罪有认识，那么洗钱罪和掩饰、隐瞒犯罪所得、犯罪所得收益罪的区别就仅在于钱款的客观来源，这一因素对实施掩隐犯罪所得的行为人来说具有一定的偶然性，而两罪的法定刑有显著差异，因而应当要求行为人在犯罪所得来自七类上游犯罪上主客观相一致，才能合理适用洗钱罪对其加重处罚。

第二，对于如何理解“为掩饰、隐瞒”这一表述的前置，有观点认为，《刑法修正案（十一）》作出修改后，构成洗钱罪要求行为人主观上具有“为掩饰、隐瞒犯罪所得及其产生的收益的来源和性质”的目的。笔者不同意这一观点，因司法实践中，证明行为人对某一具体上游犯罪具备“明知”已经很有难度，将洗钱罪作为目的犯，会加大司法人员的举证责任。因而不宜将洗钱罪作为目的犯，“为掩饰、隐瞒”是对《刑法》第一百九十一条规定的五种洗钱行为方式的归纳，可以将其理解为洗钱罪的客观构成要素。正如受贿罪规定中的“为他人谋取利益”，《刑法》学界主流观点将其理解为客观构成要素。

第三，洗钱犯罪中行为人往往以主观上对涉案财产的来源及属性不知情进行抗辩。为解决洗钱犯罪“主观明知”这一特定事实的证明困难，《关于审理洗钱等刑事案件具体应用法律若干问题的解释》①第一条第一款规定了推定明知的几种情形。由此可见，“明知”包括明确知道和应当知道（推定的明确知道），推定中要结合全案证据及行为人辩解的合理性。销售走私货物行为中洗钱罪的“明知”应结合以下因素进行推定：行为人对货物的来源是否清楚，货物是否为国外生产、有无准入标志、是标注简体字的行货还是标注繁体字的水货；行为人有无合法经营资质，从业背景是否与上游犯罪有交集；以一般人的认识能力，能否对上游犯罪有所认识；行为人案发前后是否频繁更换手机号、微信号；行为人是不是上游犯罪人的微信好友，可以接收上游犯罪人发布的走私商品的广告或交易信息等。

① 现已失效。

案例中，李某系景某的妻子，在景某等人被采取强制措施后，系被告单位的实际控制人。李某在明知被告单位的走私犯罪行为已被立案追诉的情况下，负有配合司法机关查清事实、积极退缴赃物的法定义务，但其出于私利自行决定将涉案货物以委托他人售卖的方式转移、变现，主观上具有明显规避侦查隐瞒犯罪所得的主观故意，客观上改变了上游犯罪所得的赃款属性，行为严重妨害了公安、司法机关追查、审判犯罪分子的正常活动，符合洗钱罪的犯罪构成。

四、结语

走私犯罪的实施中涉及大量的资金流动，而随着互联网技术的发展，“互联网 +”与其他产业深度融合，互联网所具有隐蔽性、及时性、跨越性、复杂性等特点会延伸到涉网洗钱领域，特别是第三方支付的普及、数字货币的出现，使网络洗钱的手法更加隐蔽。以此带来了走私犯罪中洗钱犯罪的发现难、识别难、认定难。其中，销售走私货物行为可能构成洗钱罪，掩饰、隐瞒犯罪所得罪与走私犯罪共犯，集中反映了上述问题。准确认定销售走私行为、明确走私犯罪所得，有助于个案的准确认定，进而切断跨境走私犯罪的资金流动渠道，助推市场经济发展和金融体系稳定，更好地服务中国式现代化。

参考文献

[1] 中国社会科学院语言研究所词典编辑室编：《现代汉语词典》，商务印书馆 2005 年版。

[2] [日] 佐伯仁志：《刑法总论的思之道 · 乐之道》，于佳佳译，中国政法大学出版社 2017 年版。

[3] 张明楷：《刑法学》（第 6 版），法律出版社 2021 年版。

[4] 刘艳红：《洗钱罪删除“明知”要件后的理解与适用》，载《当代法学》2021 年第 4 期。

[5] 周国良、须璐、田娟等：《“走私洗钱犯罪法律适用问题研讨会”研讨观点综述》，载《中国检察官》2021 年第 22 期。

[6] 陈鹿林、战晓宁：《买卖走私货物过程中的洗钱犯罪问题研究》，载《中国检察

官》2021 年第 22 期。
[7] 时方：《我国洗钱罪名体系的适用困局与法益认定》，载《环球法律评论》2022 年第 2 期。
[8] 王新：《洗钱罪的司法认定难点》，载《国家检察官学院学报》2022 年第 6 期。
[9] 何荣功：《洗钱罪司法适用的观察、探讨与反思》，载《法学评论》2023 年第 8 期。
[10] 吕梅青、黄玲林：《论走私洗钱犯罪中的犯罪所得》，载《法律适用》2023 年第 6 期。

裁判文书

孙某走私普通货物案

北京市第四中级人民法院
刑事判决书

（2017）京04刑初13号

公诉机关北京市人民检察院第四分院。

被告单位公司1，住所地北京市门头沟区，法定代表人杨某某。

诉讼代表人王某，住北京市丰台区，公司1经理。

被告人孙某，女，住北京市朝阳区，公司1原经理。因涉嫌犯走私普通货物罪，于2015年12月3日被取保候审，2016年6月7日被羁押，2016年7月13日被逮捕，2017年9月14日被本院取保候审。

辩护人孙律师，某律师事务所律师。

辩护人杨律师，某律师事务所律师。

被告人汪某某，女，出生地湖北省监利县，大专文化，公司1原员工，住湖北省监利县（户籍所在地湖北省）。因涉嫌犯走私普通货物罪，于2015年12月7日被取保候审，2016年6月6日被羁押，2016年7月13日再次被取保候审，2017年6月6日被本院取保候审。

辩护人吴律师，某律师事务所律师。

北京市人民检察院第四分院以京四分检公诉刑诉〔2017〕9号起诉书指控被告单位公司1、被告人孙某、汪某某犯走私普通货物罪向本院提起公诉，本院于2017年6月6日受理此案，并依法组成合议庭，公开开庭审理了本案。北京市人民检察院第四分院检察员李某冰出庭支持公诉，被告单位公司1诉讼代表人王某，被告人孙某及其辩护人孙律师、杨律师，被告人汪某某及其辩护人吴律师到庭参加诉讼。现已审理终结。

北京市人民检察院第四分院指控：2011 年 7 月，某保险股份有限公司（后更名为某保险集团股份有限公司，以下简称某保险公司）委托公司 1 进口油画 1 幅、雕塑 2 件。在进口过程中，被告人孙某、汪某某采取低报成交价格的方法向海关申报进口，逃避海关监管。经北京海关关税处计核，共偷逃应缴税额人民币 4 327 961. 21 元。

被告人孙某于 2015 年 12 月 3 日到案；被告人汪某某于 2015 年 12 月 7 日自动投案。

针对上述指控，北京市人民检察院第四分院向本院移送了被告人的供述与辩解、证人证言、书证、鉴定意见等证据材料，认为被告单位公司 1 在进口货物过程中违反海关法律、法规，逃避海关监管，偷逃应缴税额，情节严重，其行为触犯了《刑法》第三十条、第三十一条和第一百五十三条第二款，应当以走私普通货物罪追究其刑事责任。被告人孙某作为直接负责的主管人员、被告人汪某某作为直接责任人员，亦应依法追究刑事责任。提请本院依法惩处。

在法庭审理中，被告单位公司 1 的诉讼代表人王某辩解称：（1）本案的基本事实尚未完全查清，存在走私行为系他人所为的可能。理由为：某保险公司因涉案进口业务免去了应缴税款 400 余万元，而公司 1 仅仅获利几千元，此后也再未与对方合作过，不具备潜在的犯罪动机；与某保险公司相比，公司 1 不具备识别、判断艺术品真伪和市场价值的能力，只能通过客户的明确指示来确定货物价值；某空间在明知艺术品价格和应知进出口税收管理法规的情况下，对同一批次竞拍所得采取 3 种截然不同的运输方式运输进境，且未就其高额艺术品对公司 1 提出特殊注意要求，其行为动机值得怀疑。（2）公司 1 并不知道涉案艺术品的真实价格，只是根据委托方提供的价格向海关申报，因此对公诉机关指控的犯罪数额不具有犯罪故意。（3）指控公司 1 走私的基本证据并不充分，认定该公司单独实施犯罪存在较大疑点。理由为：公司 1 既不是货主，也不是实际报关人，认定其走私的证据链条不完整；从既往案例看，还没有将运输报关类公司单独作为主犯追究刑事责任的情形。（4）本案的犯罪数额尚不能合法确定。理由为：涉案艺术品属于收藏品，应当以有关部门鉴定的价值，而不是实际成交价作为计税基础；现有证据不能排除公司1所运输的艺术品，与某保险公司实际拍得的艺术品不具有同一性的可能。（5）办案机关在办案过程中，存在选择性执法、违规执法的情况。（6）即使认定公司1有罪，也应当考虑该公司及其员工能如实供述案件事实、具有自首情节等，从轻或减轻处罚，依法适用缓刑。

被告人孙某表示认罪悔罪，请求法庭从轻处罚。

被告人孙某的辩护人的主要辩护意见为：（1）孙某、汪某某不具有偷逃税款432万余元的主观故意。理由为：某保险公司从未告知二人涉案艺术品的拍卖价格，以二人的从业经验，无法判断上述物品的拍卖价格如此之高；汪某某给公司2的形式发票中涉案油画40万元、雕塑共计40万元，国内报关价格分别是美元1000元和1400元，确实存在低报情况，但低报价格是由某保险公司决定的，根据主客观相一致的原则，具有逃税故意的金额应为80万元至美元2400元。（2）将拍卖价格作为计税价格核定税款，既不合法也不合理。理由为：根据《海关计核涉嫌走私的货物、物品偷逃税款暂行办法》第十九条的规定，涉案艺术品作为有价值的收藏品，应当以国家鉴定部门确定的价值核定其计税价格；艺术品拍卖就是一场“高价做局”的暴力游戏，在巨大利益的驱动下，拍卖价往往与作品的实际价值相差悬殊；艺术品的拍卖价格具有很大的不确定性；涉案艺术品并未被当场查获，也没有被扣押在案，其与某拍卖会上拍得的艺术品的同一性存疑。（3）公司1系被某保险公司利用，客观上成为其走私的工具，本案中某保险公司是主犯，而公司1是从犯。理由为：某保险公司是本案艺术品的货主，也是纳税义务人；公司1在报价单中明确写明了税款的缴纳方式，可推定某保险公司进口货物要缴税；某保险公司采用多种方式将艺术品运输进境，且对高价艺术品不上保险，目的是逃避海关监管，偷逃关税。（4）孙某虽然是汪某某的主管领导，但对汪低报货物价格一事并不知情，属于疏于管理，并非故意指使或放任其为之。（5）某保险公司同意以其缴纳的保证金补缴税款，国家税款损失得以挽回，可对孙某、汪某某从轻处罚。（6）孙某在接受侦查机关询问时，主动交代了主要犯罪事实，其与所在公司均可视为自首；孙某向侦查人员提供了他人的犯罪线索和证据材料，系立功行为。(7) 孙某到案后如实供述了案件事实，认罪悔罪态度良好。(8) 孙某一向表现良好，系初犯、偶犯，人身危险性和社会危害性较小。(9) 孙某的孩子不满 3 岁，需要母亲照料，且其具备适用缓刑的条件。此外，针对本案部分证据所证明的内容，孙某的辩护人认为，去除拍卖会标签系公司 2 主动提出，且孙某对此并不知情；证人刘某 1 等人的证言不足以证明公司 1 曾有过少报关税的情况；指控公司 1 走私的证据其实并不充分。

被告人汪某某表示认罪悔罪，请求法庭从轻处罚。

被告人汪某某的辩护人的主要辩护意见为：(1) 本案系某保险公司最终决定涉案艺术品的报关价，或至少不能排除这种合理怀疑。理由为：汪某某的供述前后一致，且真实可信；从一般商务逻辑分析，报关价的决定权只能是某保险公司，汪某某不可能代为做主；孙某和杨某某笔录中所谓"公司 1 按商业惯例确定报关价"的说法太过于理想化和想当然，不应被采信；不能排除汪某某在报关前以电话或电子邮件方式询问过某保险公司报价；本案遗漏了公司 1 给某保险公司的《账单》电子邮件，说明汪某某与某保险公司的沟通情况远比在案电子邮件所证明的内容要广。(2) 被告人所能认知的涉案艺术品价值较低，不具有偷逃税款 432 万余元的主观故意。理由为：公司 1 不知道涉案货物价值港币 1648 万元；汪某某关于涉案货物每件也就值几万元的判断，是基于某保险公司当时一系列行为所得出的主观认识，是可信的；即使按照香港出关报价港币 80 万元计算，本案的偷逃税款数额也达不到定罪起点。(3) 被告人报关完毕后，某保险公司作为货主和受益人仍负有补缴税款的义务，其不补缴税款的责任不应由被告人承担。理由为：公司 1 只是代理人，其完成报关进口后，代理责任即已解除，不再负有向海关补充申报的义务，而某保险公司作为受益人，在明知少缴税款的情况下，有义务及时补缴。(4) 汪某某只是一名公司员工，其具有自首情节，目前又处于哺乳期，且某保险公司已全部退赔了税费损失，请求法庭在审理中充分考虑上述情节。

基于上述辩护意见，汪某某的辩护人请求法庭对偷逃税款重新核定，以货值为港币80万元计算偷逃的税款数额；就某保险公司在本案报关完毕后是否仍负有补缴税款的义务，向海关有关部门质询；判决汪某某无罪，并解除对汪某某的取保候审强制措施，解除对孙某的羁押强制措施。

被告单位公司1的诉讼代表人王某向法庭出示了公司1预缴罚金人民币200万元的收据，拟证明该公司的悔罪表现。

被告人孙某、汪某某及其各自辩护人均未向法庭提交证据。

经审理查明：2011年七八月间，被告单位公司1受某保险公司委托，代理运输进口油画1幅、雕塑2件。在进口过程中，被告人孙某、汪某某采取低报成交价格的方法向海关申报，偷逃应缴税款共计人民币4 327 961.21元。

被告人孙某于2015年12月3日被抓获归案；被告人汪某某于2015年12月7日主动向侦查机关投案。

本院审理期间，某保险公司书面表示，他们自愿承担本案偷逃的税款，同意此款从某保险公司向北京海关缴存的保证金人民币1600万元中扣除。

上述事实，有下列经庭审举证、质证的证据在案证实，本院予以确认：

1. 证人唐某（某保险公司某空间总经理）的证言证明：2011年，我们公司曾进口过一批艺术品，其中余某涵的油画《1985－4》、隋某国的雕塑2件，是通过公司1运输回来的，与该公司联系的是王某某。后我听王某某说，公司1没有要求我们提供过作品的成交价格或真实发票。

2. 证人王某某（某保险公司某空间员工）的证言证明：我们公司在2011年8月有个较大的展览，当时唐某决定把从香港某拍得的几件作品运回内地，并把该项工作交给我。我通过朋友要了公司1经理孙某的电话，并与之联系，委托他们帮忙运输、进口，孙某指派其公司的一个叫“nina wang”（指汪某某，下同）的业务员负责此事。我遂与“nina wang”联系，并按照该公司的要求，提供了需要运输进口的作品清单，包括作品名称、艺术家名称和作品尺寸等。之后，因为我即将休假，就将此工作转交给同事苏某某。公司1的孙某或“nina wang”从未向我要过作品的价格。

3. 证人苏某某（某保险公司某空间副总监）的证言证明：某空间准备于2011年8月办一个收藏展，打算把几件作品从香港运回来。开始是王某某负责此事，后她因出国休假，又将此事转交给我。我负责期间，与公司1的“nina wang”通过电子邮件进行过沟通。

4. 证人许某某（某保险公司某空间员工）的证言证明：我于2011年7月1日入职。入职后没几天，唐某说王某某有一票运输进口的作品正在办理中，让我接手。此事王某某在出国前已经交给苏某某办理了，但因苏某某去香港出差，唐某就让我继续办理。当时，我就按照王某某和苏某某转发给我的邮件和联系方式与公司1联系。我接手后主要做了两件事：一是按照该公司“nina wang”的要求，以某保险公司的名义给公司3开具了提货委托书；二是我把“nina wang”发过来的运输报价交给唐某审阅，唐某同意后，我告诉“nina wang”可以签订运输合同了。过了一段时间，公司1将3件作品运了回来。在我与“nina wang”联系过程中，我们没有提到过关税、增值税问题，对方也没有向我们索要过进口作品的发票。

另证明：我于2011年7月12日给“nina wang”发送了一封邮件，并以附件形式发送了两个PDF文件，内容为涉案作品的详细介绍，包括作品名称、作者、尺寸、材质以及某拍卖会上的预估价格，其中油画的预估价格为港币40万元至50万元；雕塑分别为港币30万元至40万元和20万元至30万元。

5. 证人郭某某（香港公司2员工）的证言证明：公司2的业务是根据客户的要求，从香港公司3的库房提货，安排在香港的出口清关和国际运输，我公司与公司1有过这种合作。2011年7月28日，我收到公司1的“nina wang”通过邮件发来的一张形式发票，内容是收货人为公司1、运输人为公司2、货物为油画，名称“1985－4”，价值港币40万元。后我们用该发票进行了香港出口清关。与上述空运部分相同，“nina wang”还向我们提供了2件海运的雕塑作品的形式发票，价值分别为港币20万元。在双方沟通中，我曾问“nina wang”对货物有什么特殊要求，她让我在运输前将货物上的拍卖会标签去掉。

6. 证人刘某（某国际货运公司进口部经理）的证言证明：某国际货运

公司与公司1的业务合作模式是：前者只负责为后者报关报检，即货物到港后，我们按照公司1通过电子邮件提供的箱单、发票、合同等文件进行报关报检。由于公司1没有进出口经营权，我们给他们介绍了有进口资质的某进出口贸易有限公司作为货物的经营单位。货物清关完毕后，他们自己把货物提走，我们的业务就完成了。每票货物他们支付给我们报关费200元、报检费80元、某进出口贸易有限公司的代理费200元。

7. 证人王某（某物流有限公司员工）的证言证明：某物流有限公司于2011年8月为公司1代理的涉案进口业务，只是提供了报关代理和天津至北京的送货服务。因为公司1没有进口经营权，所以我们通过一个叫吴某某的深圳男子，购买了某贸易有限公司的空白报关单据，使用该深圳公司的名义作为经营单位进行报关。报关过程中，公司1提供什么单据，我们就把单据转给报关公司某国际货运代理有限公司。

8. 证人王某1（某国际货运代理有限公司原员工）的证言证明：2011年8月，某物流公司将一票艺术品（2件雕塑）委托某讯通公司报关，货主单位是公司1，申报口岸是天津新港海关，起运地是香港，监管方式为“其他进出口免费”。报关所需的发票、箱单、报关委托书等是某贸易有限公司出具的，一共才1000多美元。

9. 证人刘某3（某保险公司某空间原财务人员）的证言证明：2011年8月，同事许某某说有一笔运输费用需要支付给公司1，我就按照正常的财务流程向某总公司财务部提出了款项支付申请。

10. 证人张某某（某保险公司财务会计部副总经理）的证言证明：因涉案进口运输业务，某保险公司向公司1支付了人民币37 507.57元。

11. 证人杨某某（公司1法定代表人）的证言证明：公司1成立于2007年5月，主要经营艺术品包装、运输、布展和国际物流。孙某负责外联、办公室和进出口业务，汪某某是业务员，归孙某领导。公司的进口业务，我以前没有操心过，由孙某全权负责。2012年“查税门”之后，我才开始关心进口业务，并开始减少进口业务，同时也了解到公司在之前的操作上存在申报不实、低报价格问题，主要责任在孙某和汪某某。后来，我专门就此事要求她们，在进口业务中一定要向客户要发票，不能出现为了怕丢失客户而自行低报的现象。在此以后，公司都是根据客户所提供的合同、发票如实申报价格的。

12. 证人赵某（公司1出纳）的证言证明：我主要负责公司1的各项支出，根据办公室给我的付款申请安排银行付款以及开具发票。

13. 某保险公司（甲方）与公司1（乙方）签订的《关于香港某拍卖行作品提取、运输服务协议书》证明：甲方委托乙方为3件艺术品（油画1件和雕塑2件）从某拍卖行提取作品，制作包装箱并安排从香港至北京的“门到门”的运输事宜，运输方式为油画空运、雕塑海运拼箱。双方约定：甲方向乙方提供提货委托书、提货地址、联系人信息和作品详细信息（包括作品名称、作者、尺寸、件数、材质和图片）以及其他要求提供的单据；甲方向乙方支付相关服务费用。乙方按照甲方的要求对艺术品进行包装、运输，并负责办理货物出入境的所有海关手续。孙某、许某某分别代表各自公司于2011年7月25日签署上述协议。

14. 某保险公司与公司1就涉案业务进行联系沟通的电子邮件证明：自2011年6月起，某保险公司的王某某、苏某某和许某某先后与公司1洽谈、沟通涉案进口运输业务的情况。其间，许某某向汪某某发送了“某编目预览”，内容是对涉案艺术品名称、作者、尺寸、材质以及拍卖会预估价格的介绍，其中涉案油画1幅的预估价格为港币40万元至50万元，雕塑2件的预估价格分别为港币20万元至30万元、30万元至40万元。

15. 公司1提供的《项目操作流程及重要信息一览表》、签收单、授权声明书、空运进口收费确认函、运单、费用确认证明、报价单、账单证明：公司1根据合同约定，为某保险公司运输进口艺术品的情况，其中支付空运货物进口税为人民币2004.87元，海运货物进口税为2806.95元。

16. 某银行付款回单、银行对账单、发票证明：某保险公司分别于2011年8月11日和9月28日向公司1支付运输代理费共计人民币37 507.57元。

17. 公司2提供的涉案3件艺术品的提货记录、与公司1的往来电子邮件、形式发票、授权声明书、报价单、运输提单等书证证明了下列事实：

（1）汪某某从2011年7月初开始，就涉案物品的委托运输业务与香港某有限公司联系沟通。

（2）汪某某于2011年7月28日要求公司2将涉案艺术品上的拍卖会标签去除，同时将涉案油画的形式发票发送给该公司，发票上显示该油画价格为港币40万元。

（3）汪某某于2011年8月10日向公司2发送了涉案雕塑的形式发票，显示2件雕塑价格分别为港币20万元，共计40万元。

（4）涉案油画1件于2011年7月31日由香港空运北京，雕塑2件于2011年8月13日从香港装船运往天津新港。

18.《GSH进口收付统计》证明：某国际货运公司为公司1代理进口涉案货物的收款情况，其中代收代付税金为人民币2004.87元。

19. 某保险公司出具的情况说明、照片证明：涉案艺术品的基本情况。

20. 公司3北京办事处提供的涉案物品发票、产权释放通知、付款证明、提货委托书等书证证明：涉案油画1幅、雕塑2件由某保险公司于2011年4月3日从公司3拍得，总价款（拍卖成交价和佣金）分别为港币1410万元和274万元。

21. 海关综合业务平台查询信息、侦查机关出具的工作说明证明：（1）涉案油画1幅的进口日期为2011年8月2日，申报日期为2011年8月4日，申报单价为美元1000元，关税完税价格为人民币6459元，实征关税额为775.08元，实征增值税额为1229.79元，合计2004.87元。（2）涉案雕塑2件的进口日期为2011年8月17日，申报日期为2011年8月25日，申报单价为美元1400元，关税完税价格为人民币9043元，实征关税额为1085.16元，实征增值税额为1721.79元，合计2806.95元。（1）、（2）两项合计为人民币4811.82元。

22. 北京海关出具的《涉嫌走私的货物、物品偷逃税款海关核定证明书》证明：公司1在进口油画1幅、雕塑2件的过程中，应缴税款人民币4 332 773.03元，实缴税款4811.82元，偷逃税款4 327 961.21元。

23. 到案经过证明：北京海关缉私局侦查二处在侦办某保险公司涉嫌走私普通货物案时，发现了公司1涉嫌走私油画1幅、雕塑2件的线索，遂于2015年12月3日前往该公司开展工作，起获了相关证据，并在该公司抓获了孙某。案发时，汪某某已经离职并在深圳工作，经电话通知，汪某某于2015年12月7日前往该局投案。

24. 北京海关缉私局侦查二处出具的《情况说明》证明：该处在侦办某保险公司涉嫌走私普通货物案过程中，发现该公司曾通过公司1进口过艺术品一批，经查询报关记录，发现该批艺术品的申报价值与从某保险公司获取的真实价值偏差巨大，侦查员遂对公司1进行风险研判，发现该公司是专业从事艺术品进出口的代理公司，并且存在较大问题。故该处安排警力前往该公司调查取证，在该公司获取了物证书证等证据材料，将孙某带至侦查机关谈话，后对其采取强制措施。孙某被取保候审期间，该处要求其到缉私局配合工作，并要求其将公司1的客户及运输艺术品情况整理汇总。该处对孙某整理的相关客户逐一走访后，发现了其他公司通过公司1走私艺术品的线索。

25.《受案登记表》《立案决定书》证明：2015年12月3日，北京海关缉私局对本案立案侦查。

26.《取保候审决定书》《拘留证》《逮捕证》证明：北京海关缉私局于2015年12月3日对孙某取保候审，2016年6月7日将其刑事拘留，同年7月13日将其逮捕；于2015年12月7日对汪某某取保候审，2016年6月6日将其刑事拘留，同年7月13日再次对其取保候审。

27.《扣押决定书》证明：北京海关缉私局于2016年6月7日扣押了孙某持有的电脑（联想牌、白色）1台、手机（玫瑰金色）1部和文件（工作存档）1批；于2016年6月6日扣押汪某某持有的电脑主机（DEU牌）1台、手机（苹果牌、灰色）1部。

28. 某保险公司出具的声明、《海关保证金、风险担保金、抵押金专用收据》证明：某保险公司因涉嫌犯走私普通货物罪，于2015年11月5日向北京海关缴存保证金人民币1600万元。2017年6月30日，该公司表示，对于本案偷逃税款的行为，该公司并不知情，但为了弥补此案给国家造成的税收损失，该公司自愿承担偷逃的税款，同意此款从上述保证金中扣除。

29. 营业执照、相关批文以及某保险公司出具的《工作证明》证明：2016 年 8 月，某保险公司进行集团化改组，更名为某保险集团股份有限公司，该公司独家发起设立某保险有限责任公司，承接集团所属保险业务及其相关资产和负债。

30. 企业法人营业执照、组织机构代码证等书证证明：被告单位公司 1 以及涉案相关企业的基本情况。

31. 案款收据证明：本院审理期间，公司 1 向本院预缴罚金人民币 200 万元。

32. 户籍证明材料证明：被告人孙某、汪某某的基本情况。

33. 被告人孙某供述：我与杨某某成立了公司 1 后，我任经理，负责办公室事务，准备或监督业务员准备所有的纸质文件。2009 年后，日常工作主要由汪某某来做，我负责监督、审核，平时与客户、货代进行邮件沟通以及文件制作的工作主要由她负责，涉及账单、报价的工作由我来做或交我审核。2012 年前，艺术品运输市场特别混乱，大多数运输代理公司都不按照市场价格报关，海关监管也比较松，并不要求正式发票，客户往往不提供真实的价格，我们也就“睁一眼闭一眼”，确实存在低报现象。2011 年间，某空间与我们公司有一票业务，该项业务的合同和账单是我做的，具体操作的是汪某某，我俩没有特别的分工，与客户联系的邮箱也是共用的。从文件上看，我们没有某空间提供的货物发票。

34. 被告人汪某某供述：我于 2006 年 6 月大学毕业后应聘到公司 1，直到 2015 年 5 月离职去深圳工作。在公司 1 期间，我负责联系客户、制作文件，有时会开出账单和去现场布展。刚入职时，孙某就在从事艺术品进出口的相关工作，我的业务知识都是跟她学的。我公司为某空间进口涉案货物时向海关低报了价格。公司规定，应当按照客户提供的货值进行申报，因此该项业务的货值应该是某空间提供的，但详细情况记不清了。

综合以上证据，足以证明被告单位公司 1 对涉案艺术品的真实价格高于申报价格的事实系明知，其行为符合走私普通货物罪的构成要件。对于公司 1、孙某、汪某某及其各自辩护人的辩解和辩护意见，本院结合在案证据，综合评判如下：

一、关于公司 1 是否具有走私故意以及责任范围问题

对于向海关申报的价格，孙某和汪某某均承认确实低报了价格，但申报价格是如何确定的，二人供述不尽一致。据汪某某供述，涉案货物的申报价格是某保险公司提供的，至于是以什么方式提供的，她开始说记不清了，后来又说是通过电话询问得知的，但证人唐某、王某某、许某某等人均否认。在两公司的往来邮件中，没有询问和沟通货物真实价格的内容，也没有发票、付款凭证等反映货物真实价格的材料。某保险公司曾向公司 1 发送了“某编目预览”，介绍涉案油画的预估价格为港币 40 万元至 50 万元，雕塑 2 件分别为港币 20 万元至 30 万元、30 万元至 40 万元，后公司 1 给公司 2 提供的形式发票上的价格与上述预估价格基本相当，但上述货物的进口申报价格却仅为美元 1000 余元。

由此可见，虽然公司 1 是否向对方询问过货物真实价格一节，证据之间存在矛盾，但该公司向出口和进口代理公司分别提供的货物价格相差悬殊，足以证明其对进口申报价格明显低于货物实际价格的事实是明知的，表明其主观上具有低报价格、偷逃税款的故意。关于故意内容与偷逃税款数额之间的关系，亦即主观故意的范围问题，虽然现有证据不足以证明公司 1 在行为时即明知货物的准确拍卖价格，但作为一家从事艺术品代理进出口业务的企业，其应当了解我国的海关监管和税收制度，清楚只有发票和付款凭证等才能准确反映货物的交易价格，也应当知道由于价格申报不实会对国家税收造成损失，也会给企业带来法律风险。本案中，该公司在明知艺术品价格普遍较高、价格难以判断、影响艺术品价格的市场因素复杂、拍卖价格具有很大不确定性、预估价格并不等同于拍卖价格的情况下，却没有向委托方索要真实发票、付款凭证等能够反映货物真实交易价格的证明材料，而是以远低于货物交易价格的数额向海关申报，造成国家税款流失，表明其主观上对危害结果的发生至少持放任态度，具有概括的走私故意，应当对偷逃税款总额承担相应的责任。本案辩护方关于公司 1 仅应对货物预估价格范围内的税款损失负责，而对实际价格和预估价格的差值所对应的偷逃税款数额不具有主观故意的辩护意见，系对行为人主观

故意范围的机械理解，本院不予采纳。

二、关于涉案货物的计税价格应当如何确定的问题

《海关计核涉嫌走私的货物、物品偷逃税款暂行办法》第十六条规定："涉嫌走私的货物能够确定成交价格的，其计税价格应当以该货物的成交价格为基础审核确定。"第十九条规定："涉嫌走私进口的黄金、白银和其他贵重金属及其制品、珠宝制品以及其他有价值的收藏品，应当按国家定价或者国家有关鉴定部门确定的价值核定其计税价格。"对上述规定应当理解为，在能够确定成交价格的前提下，除了该办法规定的几种特殊货物以外，均应以该货物的成交价格为基础审核确定计税价格。上述规定中的"收藏品"的含义和范围，应当结合《进出口税则》所规定的税则号列、商品名称及相关注释加以理解，该税则将"收藏品"界定为"具有动物学、植物学、矿物学、解剖学、历史学、考古学、古生物学、人种学或钱币学意义的收集品和珍藏品"，而油画和雕塑则包括在"艺术品"的范围内，且"收藏品"和"艺术品"分属不同的税则号列。由此可见，在进出口税收领域，涉案油画和雕塑均属于"艺术品"范畴，而不属于"收藏品"，以其成交价格作为计税价格的核定基础符合上述办法的规定。辩护方仅以作品价值较高为由，即认为涉案货物属于"收藏品"，并据此要求对偷逃税款数额进行重新核定的辩护意见，与我国进出口商品的归类标准和计税价格的核定原则不符，本院不予采纳。

三、关于走私的货物与某保险公司拍得的货物是否具有同一性的问题

某保险公司为了将拍得的艺术品运输进境，曾安排工作人员向公司 1 询价，双方就委托事项曾有过多次沟通。其间，某保险公司向对方提供的艺术品名称、尺寸、材质、作者、拍卖编号信息等均与其实际拍得的物品一致，之后公司 2 凭委托方的授权从公司 3 提取了上述艺术品，提取单据上显示的信息亦与实际拍得的物品一致。涉案艺术品运输进境后，某保险公司予以签收并依约向公司 1 支付了运输费，双方的运输合同履行完毕且未出现纠纷。因此，现有证据足以证明本案走私的艺术品，即为某保险公司从公司 3 实际拍得的艺术品，辩护方对二者具有同一性的质疑，缺少事实根据，属主观推测，不能成立。

四、关于被告人孙某案发后的行为是否成立自首和立功的问题

侦查机关出具的到案经过和情况说明证明，孙某系被动到案，且侦查人员第一次对孙某询问前，已经掌握了公司1涉嫌走私的重要线索，故孙某到案后虽能如实交代犯罪事实，但依法不构成自首。本案侦查期间，孙某应侦查机关的要求，将公司1的客户及运输艺术品情况整理汇总，后侦查机关对孙某整理的相关客户逐一走访后，发现了其他公司走私艺术品的线索。对此，应认定孙某具有积极配合侦查机关查办其他案件的酌定量刑情节，但尚不构成立功。故对孙某的辩护人关于孙某具有自首和立功情节的辩护意见，本院不予采纳。

本院认为，被告单位公司1在代理进口艺术品过程中，违反海关法律法规，逃避海关监管，偷逃应缴税款，情节严重，该公司及其直接负责的主管人员被告人孙某、直接责任人员被告人汪某某的行为均已构成走私普通货物罪，依法应予惩处。北京市人民检察院第四分院指控公司1、孙某、汪某某犯走私普通货物罪的事实清楚，证据确实、充分，指控罪名成立。鉴于案发后被告人孙某能如实供述主要犯罪事实，认罪悔罪，且能积极配合侦查机关查办其他刑事案件；被告人汪某某自动投案，如实供述主要犯罪事实，具有自首情节，亦能认罪悔罪；同时考虑到公司1未从走私行为中获利，本案的走私行为涉及多个环节，其他相关主体亦有一定责任，以及偷逃的税款已退缴在案、公司1能预缴部分罚金等具体情节，根据罪刑相适应原则，依法可对公司1、孙某从轻处罚，对汪某某减轻处罚，并对孙某、汪某某均适用缓刑，对扣押在案的物品依法处理。对辩护方的相关辩护意见，本院酌予采纳。据此，依照《中华人民共和国刑法》第一百五十三条第一款第二项、第二款，第三十条，第三十一条，第六十七条第一款、第三款，第七十二条第一款，第七十三条第二款、第三款，第五十二条，第五十三条，第六十一条，第六十四条及《最高人民法院、最高人民检察院关于办理走私刑事案件适用法律若干问题的解释》第二十四条第二款、《最高人民法院关于适用财产刑若干问题的规定》第五条之规定，判决如下：

一、被告公司1犯走私普通货物罪，判处罚金人民币五百万元。

（已缴纳罚金人民币二百万元，未缴纳的罚金自本判决生效第二日起三个月内缴纳）

二、被告人孙某犯走私普通货物罪，判处有期徒刑三年，缓刑五年。

（缓刑考验期限，从本判决确定之日起计算）

三、被告人汪某某犯走私普通货物罪，判处有期徒刑二年六个月，缓刑三年。

（缓刑考验期限，从本判决确定之日起计算）

四、原某保险公司向北京海关缴存的抵押金中的人民币四百三十二万七千九百六十一元二角一分用以补缴税款，上缴国库。

五、扣押在北京海关缉私局的物品分别予以没收和发还。

审　判　长　　王　靖
审　判　员　　马智辉
审　判　员　　翟长玺

二〇一七年九月十四日

法官助理　　黄佳鑫
书　记　员　　谭梦雯

刘某某涉嫌走私毒品案

北京市第四中级人民法院
刑事判决书

（2021）京 04 刑初 16 号

公诉机关北京市人民检察院第四分院。

被告人刘某某，男，出生地北京市，大专文化，捕前系某科技公司员工，住北京市丰台区；因涉嫌犯走私毒品罪，于 2020 年 12 月 23 日被羁押，2021 年 1 月 29 日被逮捕，现羁押于北京市第一看守所。

辩护人丁律师，某律师事务所律师。

辩护人白律师，某律师事务所律师。

北京市人民检察院第四分院以京四分检刑诉〔2021〕12 号起诉书指控被告人刘某某犯走私毒品罪向本院提起公诉。本院于 2021 年 8 月 4 日受理后，依法组成合议庭，公开开庭审理了本案。北京市人民检察院第四分院指派检察官姚某军出庭支持公诉，被告人刘某某及其辩护人丁律师、白律师均到庭参加诉讼。本案经合议庭评议、审判委员会讨论并作出决定，现已审理终结。

北京市人民检察院第四分院起诉书指控：

2020 年 7 月至 2020 年 12 月，被告人刘某某根据其母亲张某（另案处理）提供的收件人身份信息、购物小票等材料，多次帮助张某，申报进口张某从泰国邮寄入境的包裹。

2020 年 12 月 11 日，被告人刘某某申报进口运单号为 159245＊＊＊＊的 DHL 包裹，申报品名为“运动鞋”，2020 年 12 月 23 日，广州白云机场海关缉私分局因在鞋底内部发现疑似毒品遂查扣上述包裹，经称量、鉴定，上述包裹内疑似毒品系氯胺酮，共计146.79克。

2020年12月15日，被告人刘某某申报进口运单号为253036****的DHL包裹，申报品名为“运动鞋（私人）”，2020年12月16日，北京海关快件处因在鞋底内部发现疑似毒品遂查扣上述包裹，2020年12月23日，北京海关缉私局在收货地址现场将前来收货的被告人刘某某抓获。经称量、鉴定，上述包裹内疑似毒品系甲基苯丙胺，共计164.51克，含量为77.2%－78.7%。涉案毒品已起获。

针对起诉的事实，公诉机关当庭出示、宣读了物证、书证、证人证言、被告人供述和辩解、鉴定意见、勘验检查笔录、视听资料、电子数据等证据，认为被告人刘某某通过邮寄方式，非法走私毒品入境，其行为触犯了《刑法》第三百四十七条，应当以走私毒品罪追究刑事责任。被告人刘某某在共同犯罪中起次要、辅助作用，是从犯，应当从轻、减轻处罚，提请本院依法判处。

出庭检察官当庭发表公诉意见认为，被告人刘某某走私毒品的事实清楚，证据确实充分，应当依法认定其有罪。主要理由为：1. 刘某某有走私的主观故意。第一，涉案毒品系加工在运动鞋鞋底内部，藏匿行为非常明显。根据刘某某供述，其能够意识到包裹内可能藏匿有泰国药品等违禁品，且供述一直稳定，其于2020年12月17日与母亲的聊天记录也聊过包裹内是否有违禁品的问题。第二，刘某某在意识到包裹内可能藏有违禁品的情况下，虽询问过张某，但未深究，仍继续清关以赚取“小费”，可见其有走私的间接故意。第三，根据《最高人民法院、最高人民检察院、海关总署关于办理走私刑事案件适用法律若干问题的意见》（以下简称《走私意见》）的规定，只要行为人具有走私的主观故意，对其是否能够认识到具体的走私对象不做强求，因此虽然刘某某不能明确认识到包裹内藏匿了毒品，但仍不影响对其走私犯罪主观故意的认定。第四，刘某某共帮助张某申报鞋子16票，其在明知正规的清关手续需要由实际收件人亲自办理的情况下，仍频繁、多次帮张某邮寄生活非必需品鞋子，且在实际清关过程中，刘某某也多次收到快递公司关于申报信息与运单信息不一致的通知。第五，刘某某明知进口的是普通运动鞋，且国际运费、清关费等费用高于运动鞋价值，明显不符合常理。对此，刘某某并不能进行合理说明。2. 刘某某帮助他人在从国外邮寄包裹入境的过程中清关、收货，具有走私行为。3. 刘某某申报进口的毒品系在海关被查获，应当认定为犯罪既遂。

被告人刘某某对起诉书指控的事实辩称，自己仅是帮母亲忙，清关中没有任何隐瞒，都是按照母亲给的购物小票来申报，自己并不知道包裹内藏有毒品。

被告人刘某某的辩护人提出，本案证据不足，不能认定刘某某的行为构成走私毒品罪。主要理由如下：1. 物证"冰毒"的来源、收集过程存在重大疑问，不能作为定案依据。2. 广州海关查获毒品的事实不清，有重大疑点没有查清。3. 在案证据不足以证明刘某某存在直接或间接的走私故意。刘某某按其获悉的货物品牌、数量、价格申报清关，主观上没有走私的故意；关于报关的次数、鞋子价值以及刘某某与母亲在微信中争吵等因素，不足以推定刘某某有走私的故意；刘某某的讯问笔录中有关主观认识的部分严重失实，侦查员存在选择性记录、错误记录等情形，且部分讯问缺少录音录像；对刘某某的主观故意，应当结合全案证据予以考虑和认定，不能仅因措辞不严谨就认定其主观上认识到有违禁品；刘某某与张某系母子关系，张某的帮忙请求会让刘某某更难以产生怀疑；刘某某并不知道张某 2 等人的身份是被冒用的；之前多次清关的经历，反而会让刘某某认为货物是正常的。4. 本案无证据证明刘某某明知快件中藏有毒品，也不能推定其明知有毒品。5. 刘某某无与他人共同走私的犯罪故意。本案走私毒品的真正实施者并未查清，刘某某被捕后，该犯罪链条仍在继续运转，说明刘某某仅是一个被利用的工具。6. 刘某某不能认识到快件中有毒品，如果以查获的货物、物品定罪，会导致客观归罪的结果。综上，刘某某的行为不符合走私毒品的犯罪构成，恳请法院对刘某某作出无罪判决。

被告人刘某某及其辩护人均未向法庭提交新的证据。

经审理查明：

被告人刘某某与张某系母子关系，张某于 2016 年 7 月从北京出境前往泰国后一直未回国，刘某某与张某通过微信的方式互相联系。

2020年7月至12月，被告人刘某某根据张某提供的收件人信息、购物发票等材料，通过网络平台多次帮助张某申报从泰国邮寄入境，由中外运—敦豪国际航空快件有限公司（简称DHL）承运的国际快件。

1. 2020年12月，被告人刘某某申报从泰国邮寄入境的运单编号为159245****的DHL国际快件，内容为“运动鞋2双”。该快件的收件地址为广东省某便利店，收件人雷某某。同年12月23日，广州白云机场海关缉私分局在该快件内的运动鞋鞋底内部查获疑似毒品，经称量和鉴定，疑似毒品系氯胺酮，净重146.79克。

2. 2020年12月15日，被告人刘某某申报从泰国邮寄入境的运单编号为253036****的DHL国际快件，内容为“运动鞋2双”（后更正为3双）。该快件的收件地址为刘某某的居住地址，收件人为刘某某。张某让刘某某收到包裹后再转发至辽宁省某地，张某2收。同年12月16日，北京海关在该快件内的运动鞋鞋底内部发现疑似毒品。同年12月23日，北京海关缉私局侦查员在收件地址将刘某某抓获。经称量和鉴定，上述疑似毒品系甲基苯丙胺，共计164.51克，含量为77.2%－78.7%。

上述事实，有下列证据证明：

1. 证人李某的证言和辨认笔录证实：2020年11月，其在广东省帮朋友徐某代收过3次快递，徐某说寄的都是鞋。第一次是2020年10月底，徐某通过微信问其能不能替他一个姓雷的朋友代收快递，其答应后就把自己家附近的便利店地址发给徐某作为收件地址。大概过了一周，徐某通知其快递到了，是DHL快件。当天下午，其到便利店取走了快递。当天晚上22时左右，在徐某的联系下，其在城东公园北门的路边将快递交给了一个自称姓雷的人。后两次代收包裹的情况和第一次差不多。

李某通过对12名不同男性照片进行辨认，指认出了徐某。

2. 证人陈某某、梁某某的证言证实：其二人均是广东DHL的快递员。2020年11月至12月，其二人均向某便利店的收件地址派送过国际快件。派送中，均拨打过快递单上的收件人电话，对方说将快递放在便利店就行了。

3. 证人杨某某的证言证实：其负责辽宁省某地区的快件派送工作。

2020 年下半年，其多次给张某 2 和马某派送来自泰国曼谷的国际快件。张某 2 的快件都是送到某生鲜超市或者某发艺。2020 年 11 月 7 日，其在派件时打收件人电话说有清关费，问怎么支付，之后有个微信名为“某哥”的人加其微信，支付了清关费。其在给马某派件前，一个男的都会主动先给其打电话问几点开始送，然后有个男子会开车过来取件。

4. 证人沈某、李某的证言证实：某生鲜超市、某发艺代收快递，但二人均不认识张某 2。

5. 证人张某 2 的证言证实：其没有从泰国邮寄过东西，也不认识张某、刘某某、徐某等人，其没有快递存放在某生鲜超市或者某发艺。其曾用身份证在网上申请过信用卡和小额贷款。

6. 中外运—敦豪国际航空快件有限公司提供的运单、跟踪记录材料以及相关翻译件证实：2020 年 7 月至 12 月，DHL 承运的快件中，发件地为曼谷，发件人为张某的共 16 票。其中，进境口岸为大连、收件人为马某的 6 票；进境口岸为大连、收件人为张某 2 的 5 票；进境口岸为广州、收件人为雷某某的 4 票；进境口岸为北京、收件人为刘某某的 1 票。以刘某某的手机号码作为收件人电话的共 14 票。

运单号 159245 **** 的货物查验结果与申报内容不符，收件人于 2020 年 12 月 21 日提供了 1 份手写说明；运单号 253036 **** 的自助填报数据与单据不符，DHL 联络员于 2020 年 12 月 15 日致电收件人刘某某，刘某某表示鞋的数量应为 3 双；运单号 646531 **** 的包裹于 2020 年 12 月 26 日被香港海关发现有疑似冰毒 190 克，后被扣留。

7. 刘某某手写的说明证实：刘某某于 2020 年 12 月 21 日针对运单号 159245 **** 的快件查出的商品数量问题，以雷某某的名义向广州白云机场海关出具了情况说明，确认快件内的物品为 2 双运动鞋。

8. 案件线索移交单、查验记录、查获经过、报关单证实：2020 年 12 月 23 日，广州白云机场海关在从泰国邮寄入境的运单号 159245 **** 的国际快件中发现疑似毒品氯胺酮。该快件的发件人为张某，收件人为雷某某，申报内容为 BAOJI 牌运动鞋 2 双，申报时间为 2020 年 12 月 23 日。

9. 提取笔录、称量取样笔录、理化检验报告书证实：广州白云机场海关缉私分局对运单号159245＊＊＊＊的国际快件内的2双鞋进行开拆，在每只鞋内均发现有用锡纸以及透明薄膜纸包装的可疑白色晶体，经称量共计146.79克。后侦查人员进行取样并封存。经广州海关缉私局司法鉴定中心检验，在送检的可疑物中均检出氯胺酮。

10. 扣押决定书、扣押清单、扣押笔录证实：广州白云机场海关缉私分局对DHL运单号159245＊＊＊＊的快件1个、白色晶体146.79克予以扣押。

11. 货管查私报告单、发票、运单复印件、自助申报单、海关进出境快件查验记录单、DHL快递发货单及相关翻译件证实：2020年12月15日，刘某某对DHL运单号253036＊＊＊＊的快件进行申报，内容为"运动鞋2双（后更正为3双），价值人民币300元"。同年12月16日，首都机场海关快件处在该包裹内的3双运动鞋内发现夹藏白色晶体，经化验为冰毒疑似物。

12. 称量笔录，取样笔录，称量、取样记录表，封装笔录，检验报告证实：侦查人员对运单号253036＊＊＊＊的国际快件内的3双鞋进行开拆，发现鞋底内均以同样方式夹藏有白色颗粒物，该物质由保鲜膜包裹成块状，保鲜膜外包裹锡纸，锡纸外再包裹保鲜膜，后将其作为一个整体密封于鞋底。经称量，白色颗粒物总质量164.51克。后侦查人员进行取样并封装。经公安部禁毒情报技术中心毒品实验室检验，在送检的可疑物中均检出甲基苯丙胺，含量为77.2%－78.7%。

13. 北京市京价价格评估有限公司出具的《价格鉴定意见书》、中国检验认证集团北京有限公司出具的《鉴定意见书》证实：涉案的BAOJI品牌女式运动鞋3双为真品，国际市场价格每双人民币130元，合计人民币390元。

14. 扣押决定书、扣押清单、扣押笔录、搜查证、搜查笔录证实：侦查人员对刘某某的住所地进行搜查，扣押了iPhone手机2部以及涉案的DHL快递包装袋、运动鞋、毒品可疑物等物品。

15. 涉案物品照片证实：运单号253036＊＊＊＊的国际快件外包装以及藏匿于运动鞋内的毒品被开封、取出、取样、封装的状态。

16. 北京通达法正司法鉴定中心出具的《司法鉴定意见书》及所附光盘证实：经对刘某某持有的 iPhone 手机 2 部进行鉴定，其中从电话号码188 **** 8816 的 SIM 卡中提取了刘某某与张某的微信聊天记录。刘某某与张某从 2016 年 3 月 13 日至 2020 年 12 月 22 日共计 52 500 余条微信聊天记录。其中，在 2020 年 7 月底至 2020 年 12 月，张某多次向刘某某发送 DHL 国际快件邮单信息，让刘某某帮助清关，并提供了购物小票、收件人身份证的图片。刘某某将清关信息和快件物流信息截图发送张某后，张某向刘某某转账清关费和"小费"。

第一次清关的微信记录主要内容为：2020 年 7 月 30 日，张某让刘某某帮忙查询泰国 DHL 热线以及网点位置，并让刘某某帮助翻译国内收件人的地址。第二天，张某给刘某某发送了一张运单图片，让刘某某跟踪该运单的物流情况。8 月 3 日，刘某某回复张某："到中国境内了。"张某让刘某某帮助清关，刘某某："我不会。"张某："你帮一下。"刘某某："寄的啥呀?"张某："鞋和几小袋榴莲干。"刘某某："申报要交钱的。"张某："交多少，我转给你。"刘某某："要购物发票、身份证号、买的东西品牌、价格……"张某随后发送了购物小票和收件人身份证的图片，刘某某："你得给我小费。"张某："OK。"清关后，张某多次让刘某某发清关信息截屏，并说："我给某哥发""我给他发，他才能转钱。"后刘某某发送了图片，张某向刘某某转账 40 元。

之后每票货物的情况基本相同。每次清关后，张某会给刘某某转"小费"，数额为几元、十几元或几十元不等。

2020 年 12 月 17 日，刘某某收到广东白云机场海关针对运单号 159245 **** 发来的关于查验的两只鞋子不成双的邮件，刘某某截屏转发给张某，当天二人有多次微信语音通话，之后张某给刘某某转发其与"某哥"的聊天记录截屏："某哥：'你说你，他那个能清就清，清不了就退回来完了''妈的一个破鞋，一身毛病'。"后张某对刘某某说："我想如果有违禁的东西都出不了泰国的""我以后再也不管了""如果你认为他的快递没问题，可以给你 100 费用帮一下行吗""我有小票啊。"12 月 21 日，刘某某给张某发微信："我重新帮您申请清关了。"

2020年12月22日21时46分，张某给刘某某发微信："张某2，明天寄的地址。"同时转发了"某哥"的微信截图："辽宁省大石桥市某某B26四单元，13372＊＊＊＊00。"

17. 出入境记录证实：通过公安网查询，张某最后的出入境记录为2016年7月8日从北京首都机场出境前往泰国；徐某最后的出入境记录为2019年12月19日从广州白云机场出境前往泰国。

18. 协助查询财产通知书、银行卡账单证实：刘某某名下的中国工商银行借记卡（卡号尾数7142）的历史明细清单。

19. 涉案录像光盘证实：侦查人员对刘某某走私毒品案查验、搜查、毒品称重、取样以及讯问刘某某的过程。

20. 受案登记表、立案决定书、移送案件通知书证实：首都机场海关缉私分局于2020年12月21日对刘某某涉嫌走私毒品一案立案侦查。广州白云机场海关缉私分局于2020年12月23日对雷某某快件藏毒案立案侦查，于2021年6月7日移送至首都机场海关缉私分局。

21. 到案经过证实：刘某某于2020年12月23日在其居住地的小区门口被侦查员抓获的情况。

22. 拘留证、逮捕证等法律手续证实：刘某某被采取强制措施的情况。

23. 某科技公司出具的情况说明证实：刘某某于2020年9月入职该公司，月工资4500元，未正式签订劳动合同。

24. 常住人口信息查询表证实：刘某某的身份情况。

25. 被告人刘某某的供述证实：其母亲张某多次从泰国曼谷向境内邮寄快件并让其帮助清关。这些快件大多是寄到广州或大连的，只有最后一次寄到了北京其居住地。其母亲让其收到包裹后转寄到辽宁的一个地址，收件人叫张某2。其不认识雷某某、张某2、马某这些包裹的收件人。每次母亲都会把邮寄的鞋子情况、购物小票和收件人的身份证等信息发过来让其清关。其母亲说这些包裹都是泰国朋友徐某委托她寄的。每次清关后，其母亲会给其发十几元或几十元红包。其觉得从泰国寄运动鞋过来不是很值，但其母亲说超重费比首重还要贵，所以分开寄合适。其问过母亲怎么徐某自己不寄，母亲说徐某在泰国经常帮她，但英文不好。广州海关曾给其打电话说有1票快件的鞋子大小不匹配，加上在海关停留的时间比较长，其当时想是不是包裹有问题，加上泰国药品丰富，其想过里面是不是有药品，其就向母亲核实，但母亲说没有问题，还给其转发了与徐某的微信截图。其很相信母亲，加上之前清关也没有出现过这些问题，其认为母亲不会害他，就帮助她完成了清关。其也曾跟母亲说以后别管这事了，因为这件事二人还争吵过，其不想管这种事，但母亲抱怨其什么忙也帮不上，其也觉得不好推脱，加上还能有点“小费”，就管了。

以上证据，经庭审举证、质证，本院予以确认。

本案争议的焦点是被告人刘某某是否具有走私毒品的主观故意，其行为是否构成犯罪的问题。现本院根据全案事实和证据，对公诉机关的意见、被告人的辩解及其辩护人的辩护意见综合评判如下：

一、对被告人刘某某在侦查阶段的供述应综合全案证据予以认定。

针对辩护人提出刘某某的讯问笔录存在记录严重失实，部分缺少录音录像的问题，以及不能仅以口供来认定刘某某主观上认识到有违禁品的辩护意见，经查，刘某某在侦查阶段共有10次讯问笔录，除2021年1月29日和6月3日的3次讯问外，其余讯问录像均已随案移送，在程序上符合法律规定。经查看录音录像，侦查员在讯问中问刘某某“什么时候感到可疑”“包裹有什么不正常”等，属于正常讯问，不应认定为诱导性发问；在记录的准确性上，侦查员对刘某某的部分供述内容进行了语言文字总结，在内容上并不构成严重失实。庭审中，刘某某对其在侦查阶段的供述发表了质证意见，并当庭对案件事实做了陈述。本院在认定被告人对涉案毒品是否明知时，不是仅凭被告人的供述，而是依据被告人实施毒品犯罪行为的过程、方式、毒品被查获时的情形等证据，并结合被告人的年龄、阅历、智力等情况，进行综合分析判断。

二、在案证据不足以认定被告人刘某某具有走私毒品的主观故意。具体理由如下：

第一，无证据证明刘某某在清关过程中实施了逃避海关监管的行为。国际快件入境后，刘某某并未直接接触过这些包裹，仅是按照母亲发来的购物小票、收件人身份证等信息在网络平台上如实申报货物品名、价格、数量和自己的真实电话号码，并按要求交纳了清关所需要的费用，客观上没有实施伪报、瞒报等逃避海关监管的行为。

第二，无证据证明刘某某因清关行为获取了高额或不等值的报酬。虽然每次清关后，张某会发给刘某某十几元或几十元的好处费，但这样的数额，更符合一般父母给孩子的奖励红包，无法让人将清关行为和高额获利的走私犯罪或毒品犯罪相联系，而将其理解为母子之间的一种情感联络方式更符合情理。

第三，刘某某对频繁邮寄、代为清关等行为的辩解具有合理之处，将上述情形作为认定其具有走私故意的理由不妥。公诉机关认为刘某某频繁地帮张某邮寄生活非必需品鞋子、国际运费和清关费高于运动鞋价值、实际收件人未亲自办理清关等情形，明显不符合常理。但刘某某辩解称，其也曾询问过母亲这些问题，张某的答复是："徐某是她的朋友，在泰国经常帮助她……超重费比较贵，所以分开寄……"结合刘某某的年龄、生活阅历等情况，这些辩解并非完全不合常理。

第四，刘某某对包裹产生的怀疑尚不足以推定其"明知"包裹内有毒品，且持"放任态度"。一方面，历次清关的顺利通过大大抵消了刘某某内心的担心和怀疑。根据一般人的认知，国际快件中如果藏匿违禁品就难以通过海关查验，正如张某对刘某某说："我想如果有违禁的东西都出不了泰国的。"从 2020 年 7 月开始，十几票"运动鞋"大部分已顺利清关，而且完成了向收件人的派送流程，足以让刘某某相信从泰国寄过来的这些包裹没有问题。另一方面，母亲的解释使刘某某彻底消除了担心和怀疑。刘某某供述自己曾怀疑快递中可能藏有违禁药品，但强调怀疑是从 2020 年 12 月 17 日广州海关通知他包裹被查出鞋子不成对开始的。当天刘某某将海关的邮件截图发给母亲，二人有多次微信通话，证明刘某某将内心的怀疑说了出来，并向母亲求证，在母亲作出解释后，刘某某消除了怀疑，才向海关提交了手写的情况说明，并重新进行了申报。由此也表明，刘某某对包裹内藏有毒品并非持"放任态度"，而是坚决排斥。

第五，本案毒品传递的上下家是母子关系，刘某某出于对母亲的信任，降低甚至消除了对包裹原有的怀疑符合常情常理，具有一定可信性。

刘某某生活在单亲家庭，从2016年至2020年保留的5万多条微信记录看，虽然不在一起生活，但张某、刘某某母子二人互相依赖、互相信任。特殊的家庭背景，使刘某某对母亲的请求难以拒绝，即便嘴上说过“怕麻烦”“很烦”，且二人时有争吵，但在亲情的求助下，刘某某仍会选择帮助母亲做一点力所能及的事情。在微信聊天中，二人从未有涉及违法行为等异常信息，十几元的红包仅是母子亲情的表现。在广州海关查出收件人雷某某的包裹与申报信息不符的情况下，刘某某内心开始产生了怀疑，但母亲坚持说包裹没有问题，还发来与“某哥”的微信截屏印证，刘某某这才打消了疑惑，正如他当庭供述“我认为我妈不会害我，我也没有怀疑的点再去怀疑了”。

第六，公诉机关以《走私意见》第六条的规定认定刘某某构成走私毒品罪不妥。《走私意见》第六条规定：“走私犯罪嫌疑人主观上具有走私犯罪故意，但对其走私的具体对象不明确的，不影响走私犯罪构成，应当根据实际的走私对象定罪处罚。但是，确有证据证明行为人因受蒙骗而对走私对象发生认识错误的，可以从轻处罚。”公诉机关认为刘某某已经认识到包裹中有违禁品，因此主观上具有走私犯罪故意，故应根据实际查获的毒品认定刘某某的行为构成走私毒品罪。对此，本院认为，《走私意见》第六条的适用前提是行为人的走私故意足以认定，而走私的具体对象不明确，要解决的是具体走私对象的确定问题。本案中，如前文所述，在案证据不足以认定刘某某主观上具有走私犯罪的故意，因此不应以实际查获的毒品对其定罪处罚。

综上，认定被告人刘某某的行为构成走私毒品罪的证据不足。

本院认为，在案证据不足以证明被告人刘某某明知是毒品而帮助他人清关，不能认定其有罪。北京市人民检察院第四分院指控被告人刘某某犯走私毒品罪的证据不足，指控的犯罪不能成立。被告人刘某某的辩解及辩护人提出的无罪辩护意见，本院予以采纳。依照《中华人民共和国刑事诉讼法》第二百条第三项及《最高人民法院关于适用〈中华人民共和国刑事诉讼法〉的解释》第二百九十五条第一款第四项之规定，判决如下：

一、被告人刘某某无罪。

二、扣押在北京海关缉私局的物品依法予以处理。

如不服本判决，可在接到本判决书的第二日起十日内，通过本院或者直接向北京市高级人民法院提出上诉。书面上诉的，应当提交上诉状正本一份，副本一份。

审　判　长　　王　靖
审　判　员　　张　勇
人民陪审员　　赵锦光

二〇二二年十月十三日

法官助理　　黄佳鑫
书　记　员　　王　淼

洪某1等走私普通货物案

北京市第四中级人民法院
刑事判决书

（2021）京04刑初5号

公诉机关北京市人民检察院第四分院。

被告人洪某1，男，出生地河北省保定市容城县，初中文化，经商，住北京市大兴区（户籍所在地河北省保定市）。因涉嫌犯走私普通货物罪，于2020年1月7日被羁押，同年2月13日被逮捕。现羁押于北京市第一看守所。

辩护人李律师，北京某律师事务所律师。

被告人王某（绰号“四哥”），男，出生地广西壮族自治区钦州市，小学文化，经商，住广西壮族自治区北海市（户籍所在地广西壮族自治区北海市）。因涉嫌犯走私普通货物罪，于2020年1月7日被羁押，同年2月13日被逮捕。现羁押于北京市第一看守所。

辩护人白律师，北京某律师事务所律师。

辩护人任律师，北京某律师事务所洛阳分所律师。

被告人洪某2，男，出生地河北省保定市容城县，大专文化（自述），经商，住北京市丰台区（户籍所在地河北省保定市）。因涉嫌犯走私普通货物罪，于2020年1月7日被羁押，同年2月13日被逮捕。现羁押于北京市第一看守所。

辩护人季律师，北京某律师事务所律师。

被告人张某1，男，出生地河北省保定市满城县，中专文化，经商，住北京市房山区（户籍所在地北京市房山区）。因涉嫌犯走私普通货物罪，于2020年1月7日被羁押，同年2月13日被逮捕。现羁押于北京市第一看守所。

辩护人侯律师，北京某律师事务所律师。

被告人吴某（绰号“四嫂”），女，出生地广西壮族自治区防城港市，小学文化，经商，住广西壮族自治区（户籍所在地广西壮族自治区东兴市）。因涉嫌犯走私普通货物罪，于2020年1月7日被羁押，同年2月13日被逮捕。现羁押于北京市第一看守所。

辩护人王律师，北京某律师事务所律师。

被告人张某2，女，出生地辽宁省大连市，大学文化（自述），经商，住北京市丰台区（户籍所在地辽宁省大连市）。因涉嫌犯走私普通货物罪，于2020年1月7日被羁押，同年2月5日被北京海关缉私局取保候审，同年9月10日被北京市人民检察院第四分院取保候审，于2021年3月5日被本院取保候审。

辩护人王律师，北京某律师事务所律师。

被告人田某1，男，出生地河北省保定市容城县，初中文化，经商，住北京市丰台区（户籍所在地河北省保定市）。因涉嫌犯走私普通货物罪，于2020年1月7日被羁押，同年2月5日被北京海关缉私局取保候审，于2021年1月22日被北京市人民检察院第四分院取保候审，同年3月5日被本院取保候审。

辩护人王律师，北京某律师事务所律师。

被告人谢某，男，出生地河北省保定市容城县，初中文化，经商，住北京市丰台区（户籍所在地河北省保定市）。因涉嫌犯走私普通货物罪，于2020年1月7日被羁押，同年2月13日被北京海关缉私局取保候审，同年9月10日被北京市人民检察院第四分院取保候审，于2021年3月5日被本院取保候审。

辩护人董律师，北京某律师事务所律师。

被告人洪某3，男，出生地河北省保定市容城县，硕士研究生文化，经商，住北京市大兴区（户籍所在地北京市丰台区）。因涉嫌犯走私普通货物罪，于 2020 年 1 月 7 日被羁押，同年 2 月 13 日被北京海关缉私局取保候审，同年 9 月 10 日被北京市人民检察院第四分院取保候审，于 2021 年 3 月 5 日被本院取保候审。

辩护人蒋律师，北京某律师事务所律师。

被告人薛某，男，出生地山东省临沂市河东区，初中文化，经商，住山东省临沂市（户籍所在地山东省临沂市）。因涉嫌犯走私普通货物罪，于 2020 年 8 月 17 日被北京海关缉私局取保候审，同年 9 月 10 日被北京市人民检察院第四分院取保候审，于 2021 年 3 月 8 日被本院取保候审。

指定辩护人党律师，北京某律师事务所律师。

被告人田某 2，男，出生地河北省保定市容城县，小学文化，住北京市丰台区（户籍所在地河北省保定市）。因涉嫌犯走私普通货物罪，于 2020 年 1 月 15 日被北京海关缉私局取保候审，同年 9 月 10 日被北京市人民检察院第四分院取保候审，于 2021 年 3 月 5 日被本院取保候审。

辩护人秘律师，北京某律师事务所律师。

被告人柯某，男，出生地福建省泉州市晋江市，初中文化，经商，住广东省深圳市（户籍所在地福建省泉州市）。因涉嫌犯走私普通货物罪，于 2020 年 1 月 8 日被北京海关缉私局取保候审，同年 9 月 10 日被北京市人民检察院第四分院取保候审，于 2021 年 3 月 5 日被本院取保候审。

辩护人吴律师，北京某律师事务所律师。

北京市人民检察院第四分院以京四分检公诉刑诉〔2021〕Z2 号起诉书指控被告人洪某 1、王某、洪某 2、张某 1、吴某、张某 2、田某 1、田某 2、谢某、洪某 3、薛某、柯某犯走私普通货物罪，于 2021 年 3 月 2 日向本院提起公诉。本院依法组成合议庭，于同年 4 月 21 日召开庭前会议，并于同年 5 月 12 日、5 月 13 日、5 月 31 日公开开庭审理了本案。北京市人民检察院第四分院指派检察员李某冰、检察官助理黄某林出庭支持公诉。被告人洪某 1 及其辩护人李律师，被告人王某及其辩护人白律师、任律师，被告人洪某 2 及其辩护人季律师，被告人张某 1 及其辩护人侯律师，被告人吴某及其辩护人王律师，被告人张某 2 及其辩护人王律师，被告人田某 1 及其辩护人王律师，被告人田某 2 及其辩护人秘律师，被告人谢某及其辩护人董律师，被告人洪某3及其辩护人蒋律师，被告人薛某及其指定辩护人党律师，被告人柯某及其辩护人吴律师均到庭参加诉讼。在诉讼过程中，田某2、薛某、柯某自愿认罪认罚，并确认签署了认罪认罚具结书。张某1、张某2、田某1、谢某、洪某3向本院提交自愿认罪认罚申请，并签署认罪认罚案件权利义务告知书。本案现已审理终结。

北京市人民检察院第四分院起诉书指控：

2015年12月至2019年10月期间，被告洪某1等人在进口冻白虾等水产品过程中，通过王某等人，以化整为零、更换包装等方式，将应当以一般贸易方式进口的水产品498柜通过边民互市贸易的渠道进口，逃避海关监管。经计核，共偷逃应缴税额人民币59 675 524.68元（以下币种同）。

在整个走私过程中，洪某1主要负责整体组织指挥，洪某2主要负责采购进口，张某1主要负责销售、财务，张某2主要负责协助洪某2采购进口，田某1主要负责档口管理、销售，田某2主要负责财务，谢某主要负责销售，洪某3主要参与销售、联系付汇；王某主要负责组织边民过货，吴某协助王某并主要负责财务，薛某主要负责安排境内运输，柯某帮助向国外账户支付走私货款。其中，洪某1、洪某2、张某1、张某2、田某1自始参与走私，对全部数额负责；田某2参与走私392柜，偷逃应缴税额44 375 939.55元；谢某参与走私371柜，偷逃应缴税额41 892 248.44元；洪某3参与走私301柜，偷逃应缴税额34 196 882.88元。王某、吴某参与走私293柜，偷逃应缴税额35 577 250.15元；薛某参与走私161柜，偷逃应缴税额19 672 144.59元；柯某参与走私8柜，偷逃应缴税额1 194 914.66元。

被告人洪某1、王某、洪某2、张某1、吴某、张某2、田某1、谢某、洪某3、柯某于2020年1月7日被抓获归案，田某2于2020年1月14日经电话通知到案，薛某于2020年8月16日经电话通知到案。到案后，洪某2、田某2、薛某、柯某自愿如实供述主要犯罪事实。

针对指控的事实，公诉机关向本院提交了被告人供述与辩解、书证、证人证言、鉴定意见等证据材料，认为被告人洪某1、王某、洪某2、张某1、吴某、张某2、田某1、田某2、谢某、洪某3、薛某在进口货物过程中违反国家法律、法规，逃避海关监管，以伪报贸易性质的方式，偷逃应缴税额特别巨大，柯某偷逃应缴税额巨大，其行为触犯了《刑法》第二十五条，第一百五十三条第一款第二项和第三项、第三款，第一百五十六条之规定，应当以走私普通货物罪追究十二名被告人的刑事责任。被告人田某 2、薛某自动投案，如实供述自己的罪行，根据《刑法》第六十七条的规定，系自首。洪某 1、王某、洪某 2、张某 1 在共同犯罪中起主要作用，根据《刑法》第二十六条的规定，系主犯。吴某、张某 2、田某 1、田某 2、谢某、洪某 3、薛某、柯某在共同犯罪中起次要或者辅助作用，系从犯。建议判处田某 2、柯某有期徒刑 2 年，适用缓刑，并处罚金；建议判处薛某有期徒刑 3 年，适用缓刑，并处罚金。

被告人洪某 1 向本院提交自愿认罪认罚申请，请求法庭能够对其从轻处罚。但其在法庭审理中辩解称，其不知道通过边民互市贸易方式进口货物是违法的，2019 年政策有变之后才知道“边贸虾”有问题，起诉书指控其走私 498 柜水产品与事实严重不符，境外循环方式占总数的 90%，洪某 2、张某 2 及洪某 3 没有参与过“边贸虾”生意；举报李 ×、田 ×、何 × 等人涉嫌走私犯罪。洪某 1 的辩护人提出的主要辩护意见是：（1）本案应认定为单位犯罪。起诉书指控的走私犯罪以单位名义实施。整个走私行为的违法所得最终是归单位所有。某公司依法成立，有正当的经营活动，不属于为实施犯罪成立的单位或成立后主要以犯罪行为为主要活动的单位。（2）起诉书的部分指控内容事实不清，证据不足，无法证明洪某 1 等人通过边民互市贸易方式走私水产品 498 柜，并偷逃应缴税额 59 675 524. 68 元。作为起诉书指控最主要的证据不仅前后矛盾，而且证据形成过程也违反相关法律规定。公诉机关指控的 498 柜货中，未形成完整证据链条的有 420 柜，因此应认定某公司走私柜数为 81 柜，偷逃应缴税额 1109 万元。

被告人王某在法庭审理中辩解称，其公司收购边民手中的越南产的南美白虾后再卖给洪某 1，公诉机关提供的证据不能证明其参与走私 293 柜水产品。王某的辩护人白律师提出的主要辩护意见是：王某的犯罪行为属于单位犯罪；王某自愿认罪，系初犯，其文化程度低，法律意识淡薄，主观恶性不深，系从犯，本案的鉴定证书不能客观反映案件事实等，建议法庭对王某从轻或减轻处罚，并判处缓刑。

被告人洪某2在法庭审理中表示认罪，但辩解称案发前其认识到“边贸虾”生意是不正常的，被抓后才知道“边贸虾”是违法的，其不是主犯，不认可起诉书指控的偷逃应缴税额。洪某2的辩护人提出的主要辩护意见是：本案起诉书指控的犯罪主体错误，走私行为系单位进行，本案属单位犯罪。起诉书认定的走私货物的数量和偷逃税款的金额错误。本案的案值扩大与海关缉私部门执法不当有关，洪某2主观恶性不深，系从犯，其听从父亲的指示，有被动参与的成分等，故应对洪某2减轻处罚。公诉机关不应自行调整偷逃应缴税额，本案送核部门没有制作送核表，很多货柜没有合同、发票、提单及说明书等，本案的重新计核违反计核程序，核税表多项重复，因没有送核表及证据缺失严重，导致具体的计核结果出现多处错误等。

被告人张某1在法庭审理中辩解称，其前期没有意识到从事“边贸虾”是不正常的，后期知道有人被抓了，才意识到不正常；其不是财务、销售负责人，在走私过程中也不是组织者、决策者和最终的受益者，其起次要、辅助作用，系从犯，不认可起诉书认定其为主犯和偷逃应缴税额。张某1的辩护人提出的主要辩护意见是：涉案的电子邮件证据不具有合法性，真实性存疑，不具有证据能力，不能作为本案的定案依据，其他有关被告人的手机、电脑、存储卡的鉴定意见、鉴定方法和鉴定标准都存在严重问题，因此，公诉机关指控的本案涉嫌走私498柜水产品、偷逃应缴税额59 675 524.68元的事实不清、证据不足，依法也不能认定张某1对上述全部走私数额承担责任。张某1在共同犯罪中起次要作用，应该认定为从犯，犯罪主观恶性较小，到案后如实供述自己的犯罪事实，并如实供述了同案犯的事实，具有坦白情节，且当庭自愿认罪，案发前没有前科劣迹，一贯表现良好，属于初犯，向法庭预缴了部分罚金。建议合议庭依法认定张某1为从犯，并酌情给予3年以下的量刑，同时适用缓刑。

被告人吴某在法庭审理中辩解称，其认可起诉书指控的罪名，但其不是主要记账的，只是偶尔帮王某的忙。吴某的辩护人提出的主要辩护意见是：吴某此前没有违法犯罪记录，到案后能够如实稳定供述，当庭自愿认罪认罚；其并没有参与到他人实行行为的关键性环节，仅是根据王某的安排实施的协助或者帮助行为，只属于辅助性、事务性的一般行为，对于他人走私行为的完成，影响力极低，其情节明显轻微，其所实施的协助或者帮助行为，主要是因其与王某之间存在夫妻关系而被动发生的，从期待可能性的角度去考量，其主观恶性明显轻微。恳请法庭对吴某作定罪免刑处理或者对其减轻处罚，并适用缓刑。

被告人张某2在法庭审理中辩解称，其前期没有意识到从事“边贸虾”是不正常的，后期才知道是不正常的，不认可起诉书指控的偷逃应缴税额。张某2的辩护人提出的主要辩护意见是：起诉书认定张某2自始参与走私，对全部数额负责，事实不清、证据不足。张某2主观犯意较轻，系从犯，认罪态度好，主动预缴罚金5万元，且积极提供立功线索，个人和家庭有实际困难等，恳请法庭对其从轻处罚，适用缓刑。

被告人田某1在法庭审理中辩解称，其当时确实不知道走私“边贸虾”是违法的，到检察院和法院阶段其才知道自己是犯罪，其没有得到分红。后其向本院提交书面的认罪悔过书称，在整个走私过程中，其主要负责档口管理和销售，其案发前和案发后自始参与走私，自始知道是违法犯罪行为等。田某1的辩护人提出的主要辩护意见是：通过边民互市贸易的渠道进口本应以一般贸易方式进口的水产品，是否构成犯罪值得商榷。在主观上，田某1没有犯罪的故意，不应对全部数额负责，只应对其实际销售的边贸虾数额负责。北京海关关税处出具的京关核税2021－007号《涉嫌走私的货物、物品偷逃税款海关核定证明书》（以下简称7号《核定证明书》）不应作为定案依据，真实性、准确性、合法性严重存疑，没有送核表，重新计核没有另行指派计核人员，将全部货物认定为从厄瓜多尔进口，适用5%的税率是错误的，增值税税率应为9%。本案应适用2019年10月的税则、税率、汇率，税款计算方法有误等。田某1到案之后如实供述自己的行为，系初犯、偶犯，预缴罚金3万元。恳请合议庭判处田某1三年以下有期徒刑，并适用缓刑，不判处罚金或就低判处罚金。

被告人田某2在法庭审理中辩解称，涉案的一些费用是为某公司交的，应认定为单位犯罪，本案在货物进口的问题上还是有一些纰漏的。田某2

的辩护人提出的主要辩护意见是：起诉书指控田某2涉嫌走私普通货物罪部分事实错误、证据不足。其主观恶性较小，作用极其轻微，没有牟取不法利益，有自首情节，系从犯，自愿签署认罪认罚具结书，认罪悔罪，自愿缴纳罚金3万元，没有再犯罪的危险，对其适用缓刑不会发生不良的社会影响，故恳请合议庭对田某2判处缓刑。

被告人谢某在法庭审理中辩解称，2019年出事后，其才意识到这个行为不正常，对指控其参与的偷逃应缴税额有意见。后其向本院提交书面的认罪悔过书称，其在案发前后对自己的错误都有认识。谢某的辩护人提出的主要辩护意见是：谢某涉案金额较指控金额存在差异，只有79柜货证据完整，其余货柜所依据的证据不充分，并不能证明这些货柜走私过境，在国内销售。谢某认罪认罚，积极缴纳罚金，能够如实供述自己的罪行，积极配合办案机关的调查，且系从犯，一贯表现良好，没有前科劣迹，故请法院对谢某从轻处罚。

被告人洪某3在法庭审理中辩解称，其后期意识到“边贸货”有问题，提出过反对。洪某3的辩护人提出的主要辩护意见是：起诉书指控洪某3参与走私301柜，偷逃应缴税额34 196 882.88元依法不能成立，不认可认定洪某3参与的时间起点为2018年7月27日，应以洪某3实际参与的具体行为来认定其参与的柜数，不应以一个时间点为起点笼统地认定此时间点之后的所有柜数均属洪某3参与的。请合议庭依法认定洪某3主观恶性相对较轻，客观行为显著轻微。即便指控成立，考虑洪某3为从犯，有坦白情节，属于初犯、偶犯，认罪悔罪，已预缴部分罚金，其没有人身危险性、主观恶性不严重等，恳请合议庭能够最大限度地对洪某3从轻、减轻处罚，并对其适用缓刑。

被告人薛某在法庭审理中未作辩解。薛某的指定辩护人提出的主要辩护意见是：薛某在共同犯罪中起次要或者辅助作用，是从犯，具有自首情节，获利数额有限，且在公诉机关签署认罪认罚具结书，认罪态度好，属于初犯、偶犯，主观恶性较轻、人身危险性较小，故请法院依法对薛某从轻或减轻处罚。

被告人柯某在法庭审理中未作辩解。柯某的辩护人提出的主要辩护意见是：柯某到案后对参与的全部犯罪事实进行了如实的供述，当庭悔罪，有坦白情节，属于首次犯罪，自愿认罪认罚，系从犯等，恳请对其适用缓刑。请法院对公诉机关指控柯某涉嫌参与走私8柜、造成税收损失119万余元的数额予以核定，从公诉机关举证的证据中无法一一核实出119万元。

被告人洪某1、王某、洪某2、张某1、吴某、张某2、田某1、田某2、谢某、洪某3、薛某、柯某均未向法庭提供证据。为证明各自辩护意见成立，洪某1的辩护人向法庭宣读、出示了北京市社会保险个人权益记录（单位职工缴费信息）及案款收据；洪某2的辩护人向法庭宣读、出示了提单、周×的卖货记录、某公司与北京市某产品市场有限责任公司（以下简称甲公司）签订的合同、甲公司出具的证明及案款收据；张某1、张某2、田某1、田某2、谢某、洪某3的各自辩护人向本院提交了案款收据，拟证明上述六被告人主动预缴部分款项的事实。洪某1、张某2向法庭提交了检举他人涉嫌犯走私普通货物罪的材料。田某1的辩护人申请调取侦查机关于2020年1月7日在田某1住处扣押的笔记本电脑，称该笔记本电脑上所安装的“管家婆”软件存有田某1的交易明细，可以证明田某1走私犯罪数额。

经审理查明：

某水产中心系个体（内地），经营者为被告人洪某1，成立日期为2006年10月10日，经营范围为销售水产品等。某公司成立日期为2014年1月9日，公司类型为一人有限责任公司，法定代表人为被告人洪某2（经理、执行董事），监事为被告人田某1，经营项目为销售水产品等。

2015年12月至2019年10月期间，洪某1、洪某2等人在进口冻白虾等水产品过程中，通过王某等人，以化整为零、更换包装等方式，将应当以一般贸易方式进口的水产品498柜通过边民互市贸易的渠道进口，逃避海关监管。经计核，共偷逃应缴税额59 675 524.68元。在整个走私过程中，洪某1主要负责整体组织指挥，洪某2主要负责采购进口，张某1主要负责销售、财务，张某2主要负责协助洪某2采购进口，田某1主要负责档口管理、销售，田某2主要负责财务，谢某主要负责销售，洪某3主要参与销售、联系付汇；王某主要负责组织边民过货，吴某协助王某并主要负责财务，薛某主要负责安排境内运输，柯某帮助向国外账户支付走私货款。其中，洪某1、洪某2、张某1、张某2、田某1自始参与走私，对全部偷逃应缴税额负责；田某2参与走私392柜，偷逃应缴税额44 375 939.55元；谢某参与走私371柜，偷逃应缴税额41 892 248.44元；洪某3参与走私301柜，偷逃应缴税额34 196 882.88元。王某、吴某参与走私293柜，偷逃应缴税额35 577 250.15元；薛某参与走私161柜，偷逃应缴税额19 672 144.59元；柯某参与走私8柜，偷逃应缴税额1 194 914.66元。

洪某1、王某、洪某2、张某1、吴某、张某2、田某1、谢某、洪某3、柯某于2020年1月7日被抓获归案，田某2于2020年1月14日经电话通知到案，薛某于2020年8月16日经电话通知到案。到案后，洪某2、田某2、薛某、柯某自愿如实供述主要犯罪事实。案发后，侦查机关查封洪某1、洪某2名下房产各1套、洪某3名下房产4套，冻结洪某1等人名下并由洪某1等人实际使用和控制的银行账户26个，并从洪某1等人的住处或办公场所扣押手机、电脑和账册等物品。

本院审理过程中，洪某1缴纳款项1 000 000元，洪某2缴纳款项200 000元，张某1缴纳款项60 000元，张某2缴纳款项50 000元，田某1、田某2、谢某、洪某3各缴纳款项30 000元。

上述事实，有经庭审举证、质证的下列证据证明：

1. 证人周×的证言证明：一开始他从市场上串一些货来卖，从一个叫孙×的人手中买过一段时间货之后，他逐渐打听到这些货是从北京洪某1等老板处购买的，后他就去了北京到了洪某1的摊位上，他跟张某1谈的，一开始张某1也不同意卖货给他，后他软磨硬泡，保证不乱价扰乱市场，这才逐渐开始卖货给他。他与张某1平时用电话和微信联系，张某1微信昵称叫作“人生进行曲”。有时候张某1会报价给他，他也会不定期问张某1，如果价格合适，他就会要货，货收到后他先卖一两天，如果没什么问题就按张某1提供的账户付款过去。大部分付款都是付给曹×，也付给过田某1，还有一个叫文×的，他用的是自己名字的账户。他买的都是进口的冻虾，这些货来的时候，有时带着一个粉色的“边民互市贸易带进物品放行单”，他从孙×那里串的货也有这种单子。拉货的大车司机都不说这些货是从哪里拉到他这里的。边民互市贸易放行单上应该都是东兴的。一直到了 2017 年 3 月左右，他就几乎不再从洪某 1 那里拿货了。2018 年年初维尔康市场开始有要求，没有正关手续的货不让入库，所以他跟张某 1 说要货时都要求提供手续，张某 1 保证说让他放心卖，货都有手续，但是后来张某 1 发给他的货随车都没有带着手续，他也管张某 1 要过，但张某 1 都是磨磨唧唧地不给，也偶尔会从微信发给过他几次报关单。他给张某 1 等汇款的账户是张 × 等人的，只要是这三个名字账户给张某 1 等账户汇款的，都是他买货的货款。他带来的账本上写着张某 1 等收款的账户名称和金额，除了上次说的，还有一个叫高 × 霞的账户。

2. 证人周 ×1（周 × 之女）的证言证明：因为周 × 的眼睛不好，所以让她帮忙记账，她就按照周 × 跟她说的记下来。相关账本复印件里绝大多数是她记的，有时候周 × 也会自己记一点，“孙”是济南的孙 ×，“北京张”“张”只知道是北京的。

3. 证人孙 × 的证言证明：他从 2015 年开始采购进口的虾，基本上都是南美冻虾。2015 年 8 月，他去北京新发地市场找货源时，知道了洪某 1 卖南美进口冻虾，就从洪某 1 那儿买了几百箱虾，大概十几万元的货，他和洪某 1 是通过电话联系的，买完以后洪某 1 来济南找他谈生意，后他一直从洪某 1 那里买虾，基本上都是跟业务员张某 1 联系，买的全都是南美进口冻虾，从开始到现在从洪某 1 那里买了四五百万元的冻虾。洪某 1 卖给他的冻虾都是从厄瓜多尔进口来的。2019 年之前，绝大多数的货送到他这里时都是带着一个粉红色的单子，好像是叫“东兴市边民互市贸易带进物品放行单”（以下简称东兴放行单），应该是从东兴走的边贸，过关后直接拉到他这里的。2017 年年底，济南维尔康水产市场一个做边贸虾的大户出事了，海鲜市场、肉联厂都开始严查“边贸虾”，没有正规报关单、检验检疫手续的进口虾不让卖了，肉联厂也不让入库了，所以 2018 年之后他就不怎么从洪某 1 那儿买货了。边贸进口的虾没有正常报关的手续，只有边民互市贸易带进物品放行单，应该是一车一个单子。货收到后，这些单子随手就扔掉了。每次他都是让老婆曹 × 用其中国建设银行的账户或者其外甥女的中国农业银行账户，付款给洪某 1 提供的田某 2、文 × 和田某 1

的银行账户。张某1现在跟他联系的微信名叫“人生**曲”，他几乎都是跟张某1联系买货的事情，洪某2今年跟他联系过卖正关货的事情。洪某1、张某1等是货主，理应知道货是通过边民互市贸易进口的。丁×等出事之后，他就跟洪某1等说过其不要边民互市贸易的货了，因为要来也卖不动，而且还担风险。

4. 证人许×（另案处理）的证言证明：2016年夏天，他结识了洪某1。通过洪某1认识洪某2后不久，洪某2联系他问有没有美元可以向外支付，当时他离岸账户上还有美元，就答应洪某2可以帮忙。他帮洪某2向外支付美元不收取费用，每次找他换美元的都是洪某2。2017年洪某2找他换美元比较多，到2018年就很少了，之后几乎没有了。2017年和2018年都是换了300万美元左右。他先后用过两个离岸账户，最早是交通银行的，后来不能用了，又办了一个浦发银行的。这两个离岸账户都是以其妻子在英国注册成立的公司的名义办理的，账户操作都是他。每次都是洪某2给他打电话说需要换多少美元，他查一下离岸账户，如果有的话他就说可以换，洪某2把付款的账号和折算的人民币给他，他安排公司的财务用网银操作汇款，偶尔洪某2安排张某1跟他联系换美元。换汇金额主要都是电话里说的，账户信息通过微信发给他的。换的美元主要付到洪某2提供的香港的账户，偶尔汇到厄瓜多尔账户。厄瓜多尔账户应该是冻品外商的。洪某2用其他人的账户将钱打到他的个人银行卡上，每次打钱的人都不一样。他的收款账户是中国建设银行的（卡号后四位7888）和中国农业银行的（卡号后四位8817）。2016年至2019年，他帮洪某2付出有2000万美元左右，总共收了大概有一亿四千万元人民币。

5. 证人林×的证言证明：洪某2是他的大学同学。大概是2016年时，洪某2通过whatsAPP联系上他，他告诉洪某2自己在做丝网的出口生意，其有离岸银行账户，外商会把货款汇到他的离岸银行账户上。洪某2问他是否可以用他的离岸银行账户上的美元来支付外商的海鲜货款。他的外商客户把货款打到其的离岸账户后，他会告诉洪某2到账美元的具体数额，问需不需要这些美元，如果洪某2需要的话，他会根据当日美元换人民币的汇率牌价，提高3%的汇率向洪某2报价，如果洪某2认可这个汇率了，就会把相应数额的人民币汇到他或他朋友名下中国民生银行账户。转账成功，洪某 2 会把转账截图发给他，收到人民币转账之后，洪某 2 有时会通知他美元暂时不用，存在他的离岸账户里，有时会通过微信告诉他需要汇美元的离岸账户，他向洪某 2 提供的账户付美元成功后，会通过微信把交易截图发给洪某 2。他一般都是和洪某 2 通过微信联系，偶尔几次洪某 3 也和他通过微信联系过，除了他俩之外没有其他人了。

6. 证人文×（洪某 1 之妻）的证言证明：她与洪某 1 大约从 2000 年开始贩卖鱿鱼，从山东采购鱿鱼，后运输到北京进行贩卖。开始时他们就在北京新发地市场露天卖，后他们在那儿租了经营者乐园 2 号库，从山东采购的鱿鱼拉到这个库里，通过批发、零售的方式进行贩卖，营业执照是某水产中心。

7. 证人韩×（张某 1 之妻）的证言证明：大约 2006 年时，张某 1 在洪某 1 所在的公司当会计，2008 年以后，张某 1 一直在洪某 1 所在的公司管理账务，负责销售海产品。大约两年前，她和张某 1 去北京市房山区窦店镇中国农业银行（窦店支行）办理了一张银行卡，该银行卡一直是张某 1 在使用。张某 1 每月工资 6000 元，打到这张卡上。除了工资，每年年底会给张某 1 一定的分红，最早都是一两万，上一次分了至少十万元吧。张某 1 两三个月就会出差一次，去辽宁、湛江、山东、广西。张某 1 出差去过一两次越南。

8. 证人宗×的证言证明：从 2001 年至 2011 年，她一直是原英国 ABC 公司北京代表处的负责人。公司销售部负责人李×先认识的洪某 1，把公司从国外采购的货销售给洪某 1。他们跟洪某 1 是从 2014 年开始合作的，洪某 1 从他们这儿订购的南美白虾。她和洪某 1 一般都是通过邮件联系，洪某 1 的邮箱是×@126.com。洪某 1 需要货，销售找采购要价格之后报给洪某 1，洪某 1 会跟销售订货，采购部制作一个形式发票，形式发票上有商品规格、价格、数量等具体信息，还有她的电子签名，采购把形式发票给销售后，销售再发给洪某 1 签字确认，洪某 1 签字后把形式发票回传给他们之后，就算是合同订立了。洪某 1 按照该合同内容付美金预付款，他们把预付款发给外商，外商开始生产并按照洪某 1 指定的港口发货，货到港之前，洪某1支付剩下尾款。外商收到尾款后，工厂直接发电放信息给他们，他们再通过邮件转发给洪某1，洪某1拿到电放提货后，整个交易就完成了。洪某1都是让外商把货发到越南海防港，从来没有发到国内的。

9. 证人李×的证言与证人宗×的证言一致。其证言还证明：北京的张×、梁×、洪某1采用边民互市贸易的方式委托其公司从南美外商订购海鲜后发到越南海防港。外商通过电子邮件将货物的电放信息发给他们公司，他再把电放信息通过邮件发给洪某1指定的清关人员，由清关人员在越南海防港提货。洪某1指定的清关人员是“小谢”。洪某1让他把单据都转给“小谢”，“小谢”是洪某1在越南的清关过货人员。“小谢”应该是采用边民互市的方式过货的。产品的价格、规格可能根据市场行情有变化，但是目的地港在洪某1委托其公司订货时就已经明确了，全部都要发到越南海防港。他们都是通过邮箱联系，洪某1的邮箱名称是×@126.com、×@126.com。洪某2 2014年来英国ABC特选食品公司北京办事处入职，负责国内市场销售，给客户报价，是在他和洪某1认识之后入职的。洪某2入职时洪某1让他带带洪某2。洪某2在其公司做了七个月销售，主要就是联系国内的客户。洪某2离职后，洪某1再也没有从其公司订过货。张某2大概是2013年冬天来的公司，做的出口方面的业务，张某2西班牙语很好，负责和国外的客户联系，洪某2离职以后，张某2没多久也离职了。洪某1一直都是以个人名义跟其公司签订的合同。洪某1找他从国外订购的全部都是厄瓜多尔产的南美白虾。

10. 证人魏×的证言证明：当时她负责英国ABC公司进口跟单的处理资料工作。2014年左右，某水产中心主要是向其公司购买厄瓜多尔白虾，到货港大部分是越南海防港。其公司没有权利决定客户把货发到哪里。她和某水产中心都是通过邮件联系，对方的邮箱是×@126.com。邮件中的“张先生”曾经给她发过一个邮件说公司联系的邮箱更换了，对方在邮件里面自称叫张某1。

11. 扣押决定书、扣押清单及扣押笔录证明：2020年1月7日，在见证人严×的见证下，北京海关缉私局侦查员对在广东省湛江市赤坎区观海北路×号发现的 iPhone 手机、OPPO 手机各 1 部（洪某 1 持有）进行扣押。

12. 搜查证、搜查笔录、扣押决定书、扣押清单、扣押物品、文件清单、扣押清单复印件及扣押材料证明：2020 年 1 月 7 日，在见证人蒙×的见证下，北京海关缉私局侦查员对广西北海市×（王某、吴某住所）进行搜查，对王某所持有的三星牌手机 2 部、吴某所持有的手机 1 部、绿色笔记本 1 本、晨光笔记本 1 本、中国农业银行客户回执 5 张、中国农业银行业务凭证 1 张、边民互市进口食品国内收货人（进口商）备案申请表 1 份及银行卡 10 张进行扣押。

13. 搜查证、搜查笔录、扣押决定书、扣押笔录、扣押清单、扣押清单复印件、扣押材料及北京海关缉私局侦查二处出具的《工作说明》证明：2020 年 1 月 7 日，在见证人秦×的见证下，北京海关缉私局侦查员对北京市丰台区×进行搜查，起获并扣押洪某 2 所持有的手机 4 部（洪某 2 2 部、张某 2 和文某各 1 部）、笔记本电脑 2 台、相机 SD 卡 1 张、硬盘 1 个、银行卡 11 张、某公司印章（长方形）1 枚、印章（圆形）1 枚、草稿纸 3 页及文件 21 页。同日，在见证人王×的见证下，北京海关缉私局侦查员对洪某 2××公司办公地（北京市大兴区×）进行搜查，起获并扣押了手写账页 20 页、社保材料 7 页、银行结算账户申请书 3 页、山东省青岛市中级人民法院刑事判决书 39 页、名片 30 张、华为手机 1 部、Ienovo 电脑 1 台、收入安排材料 1 页、手写记账纸 2 张及银行卡 11 张。

14. 搜查证、搜查笔录、扣押决定书、扣押清单及扣押笔录证明：2020 年 1 月 7 日，在见证人杜×的见证下，北京海关缉私局侦查员对北京市房山区×（张某 1 的住所）进行搜查，起获并扣押张某 1 持有的手机 4 部及笔记本电脑 1 台。

15. 搜查证、搜查笔录、扣押决定书、扣押清单、扣押清单复印件及扣押材料证明：2020 年 1 月 7 日，在见证人刘×的见证下，北京海关缉私局侦查员对北京市丰台区×××208 室进行搜查，起获并扣押田某 1 所持有的边贸互市贸易材料 146 页、进出库管理台账 1 本、品质证书 1 页、检验检疫证书 1 页、笔记本电脑 1 台、现金日记账 1 册、银行存款账 3 册及手机 1 部。

16. 搜查证、搜查笔录、扣押决定书、扣押笔录及扣押物品、文件清单证明：2020 年 1 月 7 日，在见证人刘 × 的见证下，北京海关缉私局侦查员对 × 进行搜查，起获并扣押田某 2 所持有的笔记本电脑 4 台、电脑主机 1 台、网银盾 19 个、银行卡 4 张、电子支付密码器 1 个、账册 11 本、购销合同 2 页及网络硬盘录像机 1 台。

17. 扣押决定书、扣押笔录、扣押清单、扣押清单复印件及扣押材料证明：2020 年 1 月 7 日，在见证人严 × 的见证下，北京海关缉私局侦查员对谢某所持有的手机 2 部、出库单 1 页、记账散页 9 页、记账本 2 本及 DELL 笔记本 1 台进行扣押。

18. 搜查证、搜查笔录、扣押决定书、扣押笔录、扣押清单、扣押清单复印件及扣押材料证明：2020 年 1 月 7 日，在见证人翟 × 的见证下，北京海关缉私局侦查员对北京市大兴区 × 进行搜查，起获并扣押洪某 3 所持有的手机 2 部、银行存款账本 6 本、公司注册资料及手书材料 12 页、不动产权证书 6 本、中国农业银行 K 令 2 个、印章 1 枚、U 盘 1 个、银行卡 10 张及 iPad 1 部。

19. 扣押决定书及扣押清单证明：2020 年 7 月 24 日，在见证人高 × 的见证下，北京海关缉私局侦查员对薛某所持有的手机 2 部、运输合同 91 页及笔记本 9 本进行扣押。

20. 搜查证、搜查笔录、扣押笔录、扣押清单及扣押决定书证明：2020 年 1 月 7 日，在见证人庄 × 的见证下，北京海关缉私局侦查员对深圳市 ×（柯某的住宅）进行搜查，起获并扣押柯某所持有的手机 1 部、电脑硬盘 2 个、汇丰银行卡 1 张、U 盾 1 个及笔记本电脑 1 台。

21. 搜查证、搜查笔录、扣押决定书及扣押清单证明：2020 年 1 月 7 日，在见证人付 ×、许 × 的分别见证下，北京海关缉私局侦查员对山东省烟台市 × 分别进行搜查，起获并扣押许某所持有的手机 3 部、电脑主机 1 台、财务单据 1 批、笔记本电脑 2 台及平板电脑 2 台。

22. 搜查证、搜查笔录、扣押决定书及扣押清单证明：2020 年 1 月 7 日，在见证人孙某的见证下，北京海关缉私局侦查员对山东省济南市某地

（孙 × 的住所）进行搜查，起获并扣押孙 × 所持有的记录本 3 册、纸张 5 页、手机 1 部及联想牌台式一体机电脑内置硬盘 1 个。

23. 扣押决定书及扣押清单证明：2020 年 11 月 10 日，在见证人付 × 的见证下，北京海关缉私局侦查员对林 × 所持有的台式机电脑硬盘 1 个、笔记本电脑 1 台、手机 2 部、U 盘 2 个、招商银行回单 44 页、招商银行账户明细 1 页及美元统计表 4 页进行扣押。

24. 7 号《核定证明书》及核税表补充和补正材料证明："417" 涉嫌走私普通货物案，涉嫌走私的货物、物品应缴税额共计 60 176 890. 44 元，核定偷逃税款共计 60 176 890. 44 元。

25. 发票号码为 5650、5641 等 498 柜货物发票提单及翻译件、广西出入境检验检疫局边民互市出入境货物申报单、南宁海关边民互市出入境货物申报单（以下简称南宁申报单）、中华人民共和国入境检验检疫入境货物检验检疫证明（以下简称入境货物检验检疫证明）、水口出入境检验检疫局入境放行凭条、龙州县边民互市贸易带进物品放行单（以下简称龙州放行单）、广西防城港市防城区商务局边民互市贸易带进物品放行单（以下简称防城港放行单）、东兴放行单、龙州水口口岸经济区管理委员会互市商品证明（以下简称龙州互市证明）、中国检验认证集团广西有限公司品质证书（以下简称品质证书）、检测报告及越南社会主义共和国向中华人民共和国出口水产品检验检疫证书等证据证明：洪某 1 等人向外商订货的情况。

26. 吴某账本原件及其复印件证明：吴某记录的王某、吴某帮助洪某 1 等人从边境走私货物的情况。

27. 田某 2 账册原件及田某 2 所记账本附件复印件证明：田某 2 记录的洪某 1 等人边贸走私货物情况。

28. 周 × 卖货记录统计表、记账本复印件、调取证据通知书及调取证据清单证明：侦查机关从周 × 处调取其记录的从洪某 1、张某 1 处购买"边贸虾"的情况。

29. 薛某账本原件及复印件证明：薛某记录的帮助洪某 1 等人边贸走私的货物情况。

30. 谢某记账本、洪某3银行存款账本、田某1进出库管理台账、本现金日记账、田某1银行存款账及孙×记录本证明：本案其他相关账本情况。

31. 从涉案被告人邮箱中查获的邮件及邮件附件1（2017年货柜跟踪明细表）、邮件附件2（2018年货柜跟踪明细表）、邮件及2019年财务对账表邮件附件、邮件及2016年至2018年财务对账表邮件附件及翻译件、货物跟踪统计表翻译件、与外商之间的付款记录表2018年、付款记录表2019年及2019年货柜对账单等材料证明：洪某1等人与外商之间订货的情况。

32. 吴某与洪某1货柜对账表及洪某1与“小谢”的货物对账往来邮件证明：洪某1等人走私涉案货物的相关情况。

33. 从周×和周×1处调取的龙州放行单、防城港放行单、入境货物检验检疫证明、广西增值税普通发票、税收缴款书、品质证书、对外贸易经营者备案登记表、出入境检验检疫报检企业备案表、营业执照、货物运输协议等单据复印件、调取证据通知书及调取证据清单证明：周×从洪某1等人处购买边贸虾的情况。

34. 从薛某处调取的东旭冷藏日晟运输合同若干证明：薛某为洪某1等人运输边贸虾的情况。

35. 从208室扣押的防城港放行单、东兴放行单、边民互市贸易进口商品申报单、税收缴款书原件及复印件证明：从208室调取到边境互市相关单据的情况。

36. 从龙州水口口岸经济区管理委员会调取的龙州互市证明复印件、从东兴市商务局调取的东兴放行单、从防城港市防城区商务局调取的防城港放行单及里火互市进口车辆登记表、从水口海关调取的水口互市货物登记簿和南宁申报单等单据以及从广西防城港市防城区商务局和口岸管理局、东兴市商务和口岸管理局分别调取的防城港放行单、东兴放行单证明：侦查机关调取与本案走私水产品相关的证据的情况。

37. 涉案相关人员银行账户开户资料、业务凭证、银行流水、交易明细、个人活期明细、协助查询财产通知书及离岸账户交易明细等书证证明：洪某1等人收取货款、支付过货费及对外付汇等的相关情况。

38. 从张某2所使用的办公邮箱内调取的订货邮件、洪某1、柯某付汇邮件及附件、“阿勇”（×@126. com、×@126. com、×. com）与洪某2等人往来邮件及提单以及部分邮件的补充翻译材料证明：洪某1等人利用边贸走私水产品的情况。

39. 张某1和过货人员“四嫂”等人的电话记录等证据证明：侦查机关从2017年10月开始依法对洪某1等人长期进行边贸走私的情况进行侦查的情况。

40. 北京通达法正鉴定中心（以下简称通达鉴定中心）出具的京通法鉴［2020］电鉴字第94号《司法鉴定意见书》及京通法鉴［2020］电检字第94号补《2020－FZD94号司法鉴定意见书补充报告》证明：从J1（王某持有的SAMSUNG手机1部，内含SIM卡1张）机身获取手机信息660条，其中通讯录163条等，从J2（王某持有的SAMSUNG手机1部，内含SIM卡1张）机身获取手机信息3840条，其中通讯录27条等。从J2媒体文件中获取到名为“20190510_ 115727. jpg”的图片文件1个等。

41. 通达鉴定中心出具的京通法鉴［2020］电鉴字第38号《司法鉴定意见书》及京通法鉴［2020］电检字第38号补《2020－FZD38号司法鉴定意见书补充报告》证明：搜索关键词“22903151404”，从J2（洪某3持有的HUAWEI手机1部，内含SIM卡2张）微信（官方版）账号“q64179×”中获取到群聊天记录1064条；从J2的微信账号“q6417×”中获取到与微信账号“夕阳无限好（夕阳无限好/wxid_ mza257ivfr×）（田某2）”的聊天记录331条等。

42. 通达鉴定中心出具的京通法鉴［2020］电鉴字第95号《司法鉴定意见书》及京通法鉴［2020］电检字第95号补《2020－FZD95号司法鉴定意见书补充报告》证明：从J1（吴某持有的HUAWEI手机1部，内含SIM卡1张）获取手机信息4198条，其中即时通讯微信47 334条等。从J1的微信账号“吴某/wxid_ kiwuxezx97×”中获取到与微信账号“大笨象/xx_ ××”的聊天记录1881条、删除聊天记录139条，与微信账号“诚信赢天下3××”的聊天记录186条、删除聊天记录15条，与微信账号“阿勇 卡隆公司××”的聊天记录53条、删除聊天记录2条等。

43. 通达鉴定中心出具的京通法鉴［2020］电鉴字第816号《司法鉴定意见书》证明：获取J1（薛某持有的HUAWEI手机，内含SIM卡1张）SIM卡信息共270条，其中通讯录223条、短信息15条等，从J1机身获取手机信息5221条，其中通讯录1088条、已删除通讯录123条、通话记录2000条等，即时通讯（微信）1 244 530条等。从J2（薛某持有的小米手机，内含SIM卡1张）SIM卡获取信息32条，从机身获取手机信息共9533条，其中通讯录1047条、通话记录7751条，即时通讯（微信）43 236条等。

44. 通达鉴定中心出具的京通法鉴［2020］电鉴字第42号《司法鉴定意见书》证明：经搜索关键词“wxid_ 5yo4aiimoq6p12（周某宝）”/“wxid_ 7aiab8rillya××（宁静致远洪某1）”“wxid_ c2qi67cd5jne××（×冷链薛某）”“wxid_ 229031514××@chatroom（川、小火箭、人生进行曲、永恒、618老板办、洪某3、海东青c、田某1聊天群）”“wxid_ 125532268××@chatroom（小火箭、javi fu健、人生进行曲聊天群）”，分别从J3（张某1的HUAWEI手机，内含SIM卡2张）微信账号“人生进行曲/wxid_ pcukawp7e9oa××”中获取到聊天记录151条、246条、622条、1550条、1932条等。

45. 通达鉴定中心出具的京通法鉴［2020］电鉴字第93号《司法鉴定意见书》证明：经搜索关键词“229031514××@chatroom（川、小火箭、人生进行曲、永恒、宁静致远、洪某3、田某1聊天群）”，从J3（洪某1的HUAWEI手机1部，内含SIM卡1张）微信账号“宁静致远/wxid_ 7aiab8rillya××”中获取到聊天记录121条、删除聊天记录2条等。

46. 通达鉴定中心出具的京通法鉴［2020］电鉴字第39号《司法鉴定意见书》证明：从J3（洪某2持有的iPhone手机1部）机身获取手机信息45条等。从J4（洪某2持有的HUAWEI手机1部，内含SIM卡1张）获取手机信息3694条，其中通讯录11条等。将J4微信分身版的数据信息迁移至取证手机中，通过取证设备获取到微信（官方版）70 160条等。

47. 通达鉴定中心出具的京通法鉴［2020］电鉴字第98号《司法鉴定

意见书》证明：从 J1（许某持有的 iPhone 手机 1 部，内含 SIM 卡 1 张）获取手机信息 2803 条，其中通讯录 1785 条等。从 J2（许某持有的 iPhone 手机 1 部，无 SIM 卡）获取手机信息 714 条，其中通讯录 63 条、微信 783 条等。

48. 通达鉴定中心出具的京通法鉴［2020］电鉴字第 97 号《司法鉴定意见书》证明：从 J1（柯某持有的 iPhone 手机 1 部，内含 SIM 卡 1 张）获取手机信息 9642 条，其中通讯录 1152 条、短信息 2155 条等；即时通讯 293 901 条，其中微信 290 950 条等。

49. 通达鉴定中心出具的京通法鉴［2020］电鉴字第 107 号《司法鉴定意见书》证明：从 J1（周×持有的三星手机 1 部，内含 SIM 卡 2 张）机身中获取手机信息 8185 条，其中通讯录 2155 条、短信息 2031 条等；即时通讯（微信）225 141 条等。

50. 通达鉴定中心出具的京通法鉴［2020］电鉴字第 99 号《司法鉴定意见书》证明：从 J1（孙×持有的三星手机 1 部）中获取手机信息 6676 条，其中通讯录 532 条、短信息 453 条等；即时通讯 214 654 条，其中微信 201 189 条等。

51. 通达鉴定中心出具的京通法鉴［2020］电鉴字第 96 号《司法鉴定意见书》证明：从 J1（谢某持有 honor 手机 1 部，内含 SIM 卡 1 张）中获取手机信息 4195 条，其中通讯录 1336 条、短信息 127 条等；即时通讯微信 45 593 条等。从 J2（谢某持有 honor 手机 1 部，内含 SIM 卡 2 张）中获取手机信息 5712 条，其中通讯录 1906 条、短信息 329 条等；即时通讯微信 169 985 条等。将 J2 微信（分身版）中的微信数据信息迁移至取证手机中通过取证设备获取到微信 1494 条等。

52. 通达鉴定中心出具的京通法鉴［2020］电鉴字第 43 号《司法鉴定意见书》证明：从 J1（田某 1 持有的 HUAWEI 手机 1 部，内含 SIM 卡 1 张）获取的重点关注内容是，在微信（官方版）账号“田某 1/tianhuiliang ×××”中获取到微信群“川、小火箭、人生进行曲、永恒、宁静致远，洪某 3Denzel、田某 1/229031514×××@ chatroom”的聊天记录 178 条、删除聊天记录 2 条等。

53. 通达鉴定中心出具的京通法鉴［2020］电鉴字第 40 号《司法鉴定意见书》证明：从 J1（张某 2 持有的 iPhone 手机 1 部，内含 SIM 卡 1 张）获取手机信息 7833 条，其中通讯录 9 条、短信息 898 条等；即时通讯微信 55 427 条，电子邮件 2239 条等。

54. 通达鉴定中心出具的京通法鉴［2020］电鉴字第 41 号《司法鉴定意见书》证明：从 J1（文×持有的 HUAWEI 手机 1 部，内含 SIM 卡 1 张）获取手机信息 5085 条，其中通讯录 30 条、短信息 267 条等；即时通讯微信 68 364 条等。

55. 通达鉴定中心出具的京通法鉴［2020］电鉴字第 1451 号《司法鉴定意见书》证明：从 J1（林×持有的 acer 便携式计算机 1 台）获取到与委托鉴定事项相关的内容，在“分区 2_ 本地磁盘［D］……”路径下获取到名为“副本－贱内 . xlsx”的文件 1 个。从 J2（林×持有的 WD 硬盘 1 个）中获取到与委托鉴定事项相关的内容，在“分区 1_ 本地磁盘［C］……”路径下获取到名为“副本－贱内 . xlsx”的文件 1 个。从 J3（林×持有的 iPhone 手机 1 部，内含 SIM 卡 1 张）中获取到与指定微信号的聊天记录，搜索微信号“shuang61××”“lu4593218××”“Gabion－b××”“wxid_ 3kpmrv303ude××”，分别在 J3 登录的微信（官方版）账号“誉泰公司/Vincent_ lin××”中获取到聊天记录 30 条、12 条、1111 条、21 条等。

56. 鉴定聘请书、鉴定意见通知书、调取证据通知书、调取证据清单及证明若干证明：侦查机关将新旧核税报告、手机鉴定报告等相关鉴定意见对洪某 1、洪某 2、张某 1、王某、吴某、田某 2、田某 1、洪某 3、谢某等人进行告知；侦查机关对相关涉案邮箱内容数据、周某某持有的边民互市贸易商品证明文件进行调取及从东兴市商务局等相关部门调取边贸互市商品证明文件的情况等。

57. 协助查询及冻结财产通知书以及涉案房产查封手续等证明：调取涉案相关人员银行账户的开户资料、交易流水以及涉案相关人员的银行账户、洪某 2 等人名下不动产被查封的情况。

58. 北京海关缉私局出具的《工作说明》证明：侦查机关在“417”

走私普通货物案抓捕过程中查获了被告人的手机、电脑等电子数据原始存储介质，侦查机关立即对这些涉案的电子数据原始存储介质进行了扣押，在行动中各个小组均配备了通达鉴定中心工作人员协助工作，侦查机关在扣押原始存储介质后当场将相关电子数据原始存储介质移交通达鉴定中心工作人员进行鉴定。

59. 北京海关缉私局出具的《情况说明》证明：王某、吴某被抓获时的住址为广西北海市某地。开案当天南宁海关缉私局民警协助北京海关缉私局对王某、吴某住处进行了搜查并对涉案物品进行了扣押。南宁海关缉私局民警当时只制作了搜查笔录，未制作扣押笔录，也未对见证人的身份证复印件进行留存。北京海关缉私局办案民警对薛某物品进行扣押时，使用扣押决定书并制作了扣押清单，但未制作扣押笔录。

60. 某公司报关材料、某水产中心银行账户信息、某公司银行账户交易流水及开户信息、协助查询财产通知书、某公司银行流水及北京海关缉私局侦查二处出具的《工作说明》证明：2019 年 9 月 6 日，某公司委托天泰公司从天津新港海关通过一般贸易方式进口了 2 票南美白虾。某水产中心银行账户交易明细及某公司开户信息、开户以来交易明细。某公司账户首笔交易发生时间为 2019 年 5 月 27 日。

61. 受案登记表及立案决定书证明：2019 年 4 月 17 日，北京海关缉私局侦查二处接海关总署缉私局报称，2014 年至今，王某等人伙同洪某 1、洪某 2 等人，将本应以一般贸易方式进口的冻虾等水产品，伪报贸易性质，逃避海关监管，通过边民互市贸易渠道走私进境，涉嫌偷逃税款 1000 余万元，案值约 5000 万元。“417”走私普通货物案于 2019 年 4 月 29 日立案侦查。洪某 1、洪某 2 等人涉嫌走私普通货物案接报时间为 2017 年 4 月 10 日，立案时间为 2018 年 10 月 10 日。

62. 传唤证、拘留证、拘留通知书、批准逮捕决定书、逮捕证、逮捕通知书、入所健康检查表、湛江市第二看守所出所登记表、释放通知书、释放证明书、取保候审决定书、被取保候审人义务告知书、取保候审保证书及北京海关缉私局不准出境决定书等证据证明：本案中洪某 1 等 12 名被告人被采取强制措施及部分被告人被限制出境的相关情况。

63. 到案经过若干证明：2020年1月7日5时许，北京海关缉私局民警在×室将洪某3抓获。同日6时许，南宁海关缉私局民警黄×、伍×在广西北海市海城区×将吴某抓获。同日6时30分许，北京海关缉私局民警在广东省湛江市×、北京市丰台区×、北京市丰台区×、广东省湛江市×、广东省深圳市×分别将洪某1、张某2、田某1、谢某、柯某抓获。同日7时许，广西南宁海关缉私局民警在广西北海市海城区×将王某抓获；北京海关缉私局民警在北京市丰台区×、北京市丰台区×分别将洪某2、张某1抓获。同年1月14日，北京海关缉私局民警电话联系田某2，通知其同年1月15日到北京海关缉私局配合工作，同年1月15日9时许，田某2来到北京海关缉私局投案。同年8月16日，北京海关缉私局民警电话联系薛某，通知其同年8月17日到北京海关缉私局配合工作。同年8月17日9时许，薛某来到北京海关缉私局投案。洪某1、王某、洪某2、张某1、吴某、张某2、田某1、田某2、谢某、洪某3、薛某、柯某均没有反抗、逃跑等抗拒行为。

64. 洪某1前科相关材料，北京海关缉私局侦查二处出具的《工作说明》《关于薛某前科的情况说明》及张某1等人信息查询结果，北京市公安局丰台分局拘留证、取保候审决定书、释放通知书、解除取保候审决定书，广西北海市公安局公园路派出所出具的《证明》及广西东兴市公安局东兴边境派出所出具的《无刑事犯罪（违法）记录检验鉴定通知单》证明：洪某1曾因寻衅滋事被刑事拘留后被取保候审，未发现其他处理结果；薛某自述其2001年因在上海水产城打架被警方拘留7日，但在公安网查询系统中未检索到薛某的前科信息；王某、吴某、张某1、洪某2、田某2、田某1、洪某3、谢某、张某2、柯某尚未发现有违法犯罪记录。

65. 北京海关缉私局侦查二处出具的《情况说明》及烟台海关缉私分局出具的立案决定书、取保候审决定书、解除取保候审决定书、物品交接清单证明：侦查机关将许某涉嫌走私普通货物案移交烟台海关缉私分局另案处理以及将涉案的笔记本电脑2台等物品移交烟台海关缉私分局的情况。

66. 基本信息情况表若干、广西北海市公安局公园路派出所出具的《户籍证明》及广西东兴市公安局东兴边境派出所出具的《户籍证明》证明：洪某1等12名被告人户籍信息情况。

67. 某水产中心主体资料、某公司营业执照及工商信息查询材料证明：某水产中心系个体经营，经营者姓名洪某1，执照号×，成立日期2006年10月10日，经营范围为销售食品；销售新鲜水果、新鲜蔬菜、水产品等。某公司的法人是洪某2，2014年1月9日成立，注册资本100万元，经理、执行董事洪某2，监事田某1，经营范围为销售水产品、鲜肉、鲜蛋、新鲜水果、新鲜蔬菜、粮食，仓储服务，货运代理，企业统一社会信用代码为×等。

68. 被告人洪某2供述：他联系过越南人“阿勇”，“阿勇”负责在越南清关，把货物从越南海防港提出来。帮他们在广西过货的人叫王某，外号叫“四哥”，“小陈”“阿洪”也帮他们在广西边境口岸过货。外商会主动告诉货物的报价等信息，他也会主动问外商货物的相关信息，这两种情况都有，外商把规格、价格等信息发送给他之后，如果他确定要货了会支付预付款，后外商会把货发到他指定的港口，货物到港前外商会要求他支付尾款，结清尾款之后，外商会发给他电放信息，代理公司会到他指定的港口帮他提柜、清关。他通过烟台的许某及张某1帮他联系的付汇人员向外商支付外汇。他根据跟外商签订合同的外汇金额，按照当天的汇率支付相应的人民币给许某，由许某将外汇支付给外商，他们会给许某一定的手续费。他们直接向外商付汇付不出去，因为他从外商处订购冻虾，就没有想采用一般贸易的方式直接将货物发到中国的基本港，是想采用边贸的方式进到中国来。从南美等外商处订购的冻虾，都会要求外商发到越南海防港，发到中国基本港就得以一般贸易的方式进口。发到海防港的目的就是采用边民互市贸易的方式将虾运到中国来。采用边民互市这种方式进货，不会像一般贸易那样向海关缴纳那么多的关税。采用一般贸易方式从南美进口一柜虾的关税从二十多万元到几万元不等，后期他通过天泰公司以一般贸易的方式进口过，所以知道汇率怎么算。“阿勇”会将越南代理清关公司的信息通过邮件发给他，他再将这个信息转发给外商，外商根据他提供的信息制作相应的单据，货物到海防港后，外商通过电子邮件将提单信息发给他，他转给“阿勇”，由“阿勇”在海防港提柜后将货物运输到越中边境口岸，洪某1和张某1可能会联系王某，由“四哥”在广西边境口岸通过边民互市贸易的方式把货由越南口岸运到中国境内的口岸。“阿勇”在越南把货提柜后，会运输到与中国广西口岸对应的越南口岸，后“阿勇”会联系“四哥”、洪某1或者张某1说可以过货了，也会把这个信息告诉洪某1、张某1，由洪某1、张某1根据这一柜货物的销售情况，在口岸联系相对应的冷链运输车辆，提前去口岸等着装货，他们联系好冷链运输车后，洪某1、张某1会把货车的车牌号等车辆信息告诉“四哥”，“四哥”接到信息后会联系“阿勇”，并把货装到指定的冷链运输车上。货装好后，发车前“四哥”会发一条相对应的运输信息给洪某1或张某1，由洪某1或张某1转发给相应的客户，这辆车就会把货运输到相应的国内客户那里。车到货主那里后，会按照约定由他们或者货主直接向司机支付运费。应该是洪某1具体和“四哥”谈过货费用的事。“阿勇”把货运到越中边境口岸之前，他们已经确定这柜货将要发到国内哪个地方。他从外商订购货物，支付预付款后，张某1、谢某等负责销售的人员就开始联系国内的客户，销售这柜货了，有时货到越中口岸的时候就已经确定销售给国内的客户了，没有销售出去的就会发到北京他们自己的库房。运输车辆有时候是洪某1、张某1联系，有时是“四哥”帮他们联系好了。货物发车前，“四哥”给他发的具体运输信息包括这柜货品类、件数、柜号、运输大车的车牌号、司机信息及运费。当时洪某1销售的冻虾没有以一般贸易方式进口的。他们大概从2014年左右开始采用边民互市贸易方式走私冻虾的。2015年，他在英国ABC特选食品公司工作时，洪某1就应该开始做边贸虾的生意了。洪某1通过ABC公司的李×、宗×联系外商订购冻虾。货物都发到越南海防港，好像是那个越南代理“阿勇”负责清关后将货柜提到边境口岸，再由一个叫“小谢”的在边境口岸负责过货到中国来。2014年、2015年左右，他自己开始从外商处直接订购冻虾了，都是通过边贸互市贸易的方式运到国内的。当时有部分外商使用西班牙语的，就会让张某2帮他联系，张某2的西班牙语比较好，就让张某2进行翻译，传送往来邮件。当时是“小谢”在帮着过货。从2015年左右到现在，他们从境外订的虾都是“阿勇”在越南帮他们清关。“小谢”好像是到2016年就不用了。他听洪某1说“小谢”2016年出事了，好像是帮别人过货被抓了。2016年“小谢”出事之后，他们开始找“四哥”帮他们在广西边境过货，应该是洪某1联系上的。2016年到2019年，“四哥”应该是一直都在广西边境帮他们过货。大概是在2018年开始用的“小陈”，当时边境口岸的政策变了，从越南过来的冻虾必须有越南虾厂的检验检疫证，就联系上“小陈”帮他们过货了。“阿洪”可能是越南人，是薛某介绍给他的，“阿洪”能找到越南虾厂的检验检疫证，2019年左右找“阿洪”过货。他知道“小陈”等要在越南购买越南虾厂的检验检疫证，并把他从南美订购的冻虾，更换外箱包装，或是在外箱上打码，把货伪报成越南原产的，才能通过边民互市贸易的方式进来。柯某曾经帮他们付过外汇，是洪某1联系的。洪某3、谢某、田某1都是销售，联系国内客户。张某1负责财务、销售，联系找外汇，根据国内市场行情，给他从国外订购提供建议。张某1在湛江待过，可能负责他们在湛江的冷库。货从边境口岸发出后，张某1接收运输信息，联系接货，协助洪某1向他传达一些指令。田某2负责记账、付款，主要就是记账，根据他们的要求，记录订购的每柜货的柜号、规格、数量、已付外汇的金额、时间，尾款支付的时间、金额，负责转账，所有的账户应该都是田某2在负责。他们定期更换微信号、换电话的原因是洪某1要求他们这么做的。洪某1说使用一个微信号、一个电话，被海关查到会留下证据，就是害怕他们留下通过边民互市贸易的方式走私冻虾的证据。

69. 被告人田某2供述：他们定期会更换电话、微信，洪某1这么要求是因为他们的货有问题，怕他们使用固定的手机、微信会被查到。2018年他到了甲市场PF16－17任会计时，洪某1都是让他们自己去买新电话号、注册新微信号来进行联系。洪某1以前在微信群里跟他们说过不换手机、微信有可能会被海关查到。洪某2从国外订完货后，会给他发微信告诉他订购货物的规格是多少，有多少件，让他入账记录，所以他知道货物都是从国外订购的。每次洪某2订购边贸货后，都会临时建一个微信群，基本上都会拉他跟张某1入群，在群里把情况说一下，告诉他是让他记账入库，告诉张某1是因为张某1是销售，得知道到了什么规格的货及数量。

有时这个群里还会有其他人在，基本上说完一件事，这个群就解散了。这种边贸货运到北京销售的少，一部分运到湛江，他知道公司在湛江租了个冷库，好像是叫“巾帼冷库”，都是张某1在负责。还有一部分货应该是直接就卖了，从广西或云南运输到境内销售了。走边贸进的都是厄瓜多尔有头虾和去头虾、墨西哥白虾。2018年9月6日12时54分，他用“吉鲁”这个微信给洪某3“巴斯光年”微信发了一个图片，内容是“中国检验认证集团广西有限公司品质证书”，45168030199号，这应该是边贸货的随附单据，就知道是品质证明，有的客户会跟他们要这个东西，都是运输的货车司机带过来的。司机把这种品质证书拿来后，一般都是放在他们宿舍里，客户有需要就拿一张拍一下发给客户。2018年年初洪某1让他接手财务工作，就是按照洪某1、洪某2的指令付款、收款、记账。2018年下半年，他知道洪家从事走私边贸虾的生意，洪某1告诉他不能用洪某1的家人名下的银行卡来做流通、转账用，洪某1会找别人的卡进行转账。洪某1是总指挥，掌握全局，洪某2负责联系外商订货，订好货之后会把这批货的规格发给他，他将规格记下来用作库存账，后他就会向洪某2提供的这些账户付款。2019年开始洪某3也订过货，但订的比较少。张某1是卖货的，不直接负责订货，知道市场行情，哪些规格的货好卖，洪某2在订货前会和张某1商量订哪些货，洪某2会根据张某1提供的意见向外商订货，根据张某1提供的市场行情与外商还价。谢某也是卖货的，洪某2订货前也会参考谢某的意见。他听见张某1当他的面联系过运输的货车司机，告诉司机把货物运输到什么地方。他从张某1那里接手财务工作的时候，张某1给了他之前记的账，他当时不知道这是记的“边贸虾”的账，之后才知道这是洪某1做“边贸虾”生意记的账。洪某1曾经当面和他说过，在微信上也说过，现在做的货是边贸货，告诉他要藏好账本，怕被海关查到。确定订货后，洪某2会联系向外商付汇的人，洪某2会找他给帮他们付汇的人付人民币，从付汇人员那里换美元，支付货款，后这些货会发到越南，再到广西。货到广西后会装到物流车上运输到国内客户那里，是谁联系的物流车他不清楚，但是发车后张某1会通过微信把物流信息告诉他，让他记账的货主要是准备入北京库房的货，物流信息主要包括司机电话、车号、司机姓名、身份证号、件数、柜号、运费等内容。如果是张某1销售给国内客户的货，张某1就不会发给他物流信息，会告诉他卖给国内哪个客户和卖给客户的价格。洪某1、洪某2从外商那里订好货之后，就会让他记录这柜货的柜号、规格、件数，付定金后他会加上付定金的日期和金额，付尾款后他也会再加上付尾款的日期和金额。一开始洪某1说"边贸虾"不违法，告诉他要定期销毁之前记的账本，换新账本，还告诉他要定期换电话、换微信。洪某2在向外商订货时，主要是洪某1来拿意见，少部分的货洪某2、张某1两人商量好了就订了。他还向广西那边的账户付过钱，账户主要就是吴某、王某、黄×、廖×这些，洪某1一开始只告诉他转到这些账户的钱是"费用"，后他知道这些钱是过货费。2018年他接手财务工作后，隔一两个月就会向"老四"的那些账户付钱。他向付汇人员和"老四"账户转的钱都是洪某1的钱。洪某1让他转给"小谢"的费用是过货费。洪某1等2018年大概销售三百柜左右，2019年有几十柜。

70. 被告人吴某供述：她的账本里记的"H"是洪某1，王某让她这么记。她认识洪某2、洪某1。王某曾经带着她和洪某2在东兴的一个农庄吃过饭。她用过其本人及王某名下的中国农业银行卡收过洪某1汇的钱。她还用其嫂子廖×名下及侄媳妇黄×名下中国农业银行卡收过钱。她替王某记的都是王某做边贸的账。他们当地很多人从越南口岸把货拉到广西口岸，王某好像就是做这个。这些不是支付王某本人的货钱，可能是国内老板的。她听王某说洪老板找王某做的都是南美白虾和越南草虾。收钱的银行卡账户是王某在使用，平时卡都在王某那里。王某可能是2017年左右开始帮洪某1过货的。她还见过张某1，也是吃饭见过的，当时张某1好像要去越南，王某和她在东兴请张某1吃饭。薛某是在东兴那边做物流的，经常和王某在一起喝茶。

71. 被告人张某2供述：根据国内客户的需要，她会联系一些南美洲的工厂，也有印度的工厂，大部分是厄瓜多尔的工厂她使用邮件与工厂的销售人员联系，确定了订单之后外方就将发票发到她的邮箱，她确认后，一般情况下需要向外方支付定金，大概每个40尺货柜3万美元到4万美元，外方收款后开始生产，确认之后一般 2 周或 1 个月内发货，货物到港前 10 日支付尾款，外商会将提单、发票发到她的邮箱。海上时间 35 – 40 天到天津、湛江或越南海防。把货物发到越南海防是洪某 2 告诉她收货方地址和到港目的地，和她说是客户要求的。每次她收到外商的发票、提单等就打印出来交给洪某 2，应该是洪某 2 交给提货人的。提货人是越南的 KALONG 公司，是做清关代理的。越南海防的事，洪某 2、洪某 1 都不让她知道，因为是违法的，海防的货进境没有交关税。到越南的虾都是白盒包装的，只有规格和生产日期，到了海防需要换成彩盒包装，有品牌、生产日期，因为中国海关有要求，换上越南产地的包装才能进口到中国来。他们从南美进口的虾原产地不是越南，换包装是越南的 KALONG 公司来做的。大概在 2016 年她陪洪某 2 去过凭祥、南宁去见"小谢"。"小谢"说货不能过了，得停一停，就是从越南走凭祥进口免税虾的事情不能做了，说是海关查的严，他们和"小谢"见面也是为了了解一下具体情况，后她就不负责向外商订发越南的货了，洪某 2 告诉她风险大咱们就停了。停了很长时间，在这期间零星的也有从越南走的货。预付款和尾款是付给越南的 KALONG 公司，KALONG 公司再付给外商。每次 KALONG 公司付完款，洪某 2 都会把付款凭证照片发给她，她再发给外商用于订货和发货。财务由洪某 2、田某 2 负责。从越南海防走的货自 2015 年下半年开始到她接手至现在，记得是有五六十柜。2017 年年初她怀孕之后就到西班牙了，2019 年 4 月回的北京，这期间订货都由洪某 2 来负责。国内销售由张某 1、洪某 3 负责。洪某 3 在微信中跟她聊天时说过"这些货是让谢过还是让四过"，洪某 3 可能是让她把这个消息转达给洪某 2。她跟洪某 2 与"小谢"见过面后，就已经知道洪某 2 从境外订购的货物发到越南后，由"小谢"在中越边境广西凭祥口岸过货。与"小谢"见面后，她一直按照洪某 2、洪某 1 的指令与外商联系，从境外订购冻海虾。

72. 被告人薛某供述：越南的一个叫阿美的"美叔"，把广西东兴的一个叫"四哥"的介绍给他，"美叔"是在越南开虾厂的，"四哥"是帮"美叔"在广西东兴口岸过货的。"四哥"介绍他在广西东兴专门做物流，联系大车，2017 年他开始在广西东兴专职做物流中介。"四哥"是广西东兴人，姓王，“四哥”的老婆姓吴。“四哥”是专门在广西边境口岸过货的。广西东兴的这些冻品都是从越南过来的边贸货。边贸货是边民把货拉到中国境内，后边民会把这些通过边贸进来的货拉到他派的货运大车上，这些大车司机会把货运到国内指定的客户手里。2017 年下半年开始，他帮北京的张某 1 和“四哥”联系大车司机帮对方运输冻虾。大概 2017 年，他联系张某 1 要钱时，才知道张某 1 的老板是洪某 1。2019 年他帮洪某 2 派了几个车，帮洪某 2 运输过冻虾。最开始张某 1 会给他打电话询问运输价格是多少，他报价后会有东兴口岸负责帮张某 1 装货的马仔让他把联系好的大车车牌号、司机姓名和手机号发给对方。有时候张某 1 有要求，他也会将这些信息直接发给张某 1。他的微信名是“×，薛”“×”。货物到越南的港口后，越南的代理公司会提货，把货提到越南口岸，越南的代理公司会通知国内的货主，由国内的货主去联系国内的代理公司，国内的代理公司会组织边民利用每日 8000 元免税额度，把货物零散的从越南边境口岸拉到广西边境口岸，货物到广西边境口岸后进行整合，装到他联系的冷链运输车上，再发到国内货主指定的运输地点。帮国内货主过货基本都是广西东兴当地负责组织过货的人组织边民，利用边民的身份信息，用边民每日 8000 元免税额度来收货，每个边民每次赚取 50 元左右“好处费”。洪某 1、洪某 2、张某 1 找“四哥”过的大多数货是这些人从第三国订购的南美白虾。有时他会用“某运输合同”来和洪某 1、洪某 2、张某 1 签订协议。当时在东兴口岸过货的人都是把第三国的冻虾运输到边境口岸后，从越南购买在中国备案的越南虾厂出的“检验检疫证”给第三国产的虾的外箱包装上打码或换包装后，采用边民互市贸易的方式运到境内来。打码就是根据越南虾厂的“检验检疫证”，将相对应的信息打印到外纸箱上。换包装就是第三国过来的冻虾外箱包装不符合东兴口岸的相关要求，口岸过货的人会提前准备外纸箱，将相应的越南“检验检疫证”信息打印好，在越南更换外箱包装。打码、换包装都是为了配合越南“检验检疫证”将第三国产的冻虾伪报成越南原产的冻虾，将货物运输到中国境内来。洪某 2 等在东兴口岸联系了一个叫“小陈”的帮买证、过货。“小陈”帮洪某 2 在爱店口岸、水口口岸、弄怀口岸过货，后“小陈”在越南找的检疫证可能有问题，洪某2就让“小陈”联系他问是否认识越南卖证的，这样他就把越南人“阿洪”介绍给了洪某2跟“小陈”。“阿洪”在越南可以搞到在爱店口岸、水口口岸、弄怀口岸备案的越南虾厂的检验检疫证。“阿洪”一般都是搞到证后，会告诉洪某2或“小陈”在哪个口岸可以过货。洪某2收到信息后，会联系越南的清关代理“阿勇”，由“阿勇”在越南海防港提货后，将货物运输到相对应的越南口岸。货到口岸后，洪某2会联系过货人员“小陈”，使用“阿洪”提供的越南检验检疫证，采用边民互市贸易的方式将货物运输到境内。洪某2联系“小陈”的同时，会提前通知他有几柜货，什么时间从哪个口岸运输到中国哪个城市，他会提前联系相对应的冷链车，并谈好运费去口岸接货，同时把货车信息告知“阿洪”。由“阿洪”转给过货的“小陈”，过货后直接将货物装到对应的冷链货车上。“小陈”将货物装到他联系的中国冷链车上后，他将运输信息发送给洪某2。“阿洪”应该都是通过一个户名为“江×”的（尾号为6071）的银行卡，给其妻子朱×名下（尾号为2613）的中国农业银行卡共汇了7万元。他介绍洪某2给“阿洪”，“阿洪”帮洪某2买越南检验检疫证，给他介绍费。“四嫂”有时让他帮找车。

73. 被告人柯某供述：2014年经朋友介绍认识的洪某1，洪某1通过国内的银行账户给其国内账户打钱，后他用其香港公司的美元给洪某1境外的客户付款，会在当天的人民币与美元的汇率上加0.01或0.02的点收洪某1的钱，都是一笔一结，他们之间也就做了一两年生意。洪某1找他付的款项都是些订单的货款。他们一般通过打电话、发微信、发电子邮件联系。他们之间的交易往来没有记录，他不记账。洪某1付款的国内账户不固定。他国内的收款账户不固定，大部分是他的，可能也会有他老婆的账户。主要的账户是交通银行、中国农业银行的。他在香港的美元账户是汇丰银行的账户（尾号为0283）。他最早从2014年开始帮洪某1付汇，做到2016年左右就停了。洪某2曾经到深圳跟他见过面，有时付汇的事情洪某2也会联系他。他的邮箱一直是×2005@126.com，洪某1一方的邮箱变动过，有好几个邮箱，偶尔还会安排公司其他人跟他联系付汇的事情，他接到过张某1的电话，也跟他联系过付汇的事，也发过邮件。每次他帮洪某1付汇，洪某1都会提前跟他电话沟通，在电话中先将付汇的汇率、付汇金额跟他商量好后，再发邮件给他，邮件的内容是收款账户的信息。当洪某1需要他向境外支付美元时，就会打电话找他问一下汇率，汇率可以的话，洪某1会把需要支付的美元金额和境外的银行账户通过邮件发给他，同时把相应的人民币金额打给他的国内账户，他收到钱之后再通过香港银行帮洪某1向境外账户支付美元，支付完后再通过邮件把支付的银行流水单信息发给洪某1核对。洪某1一方给他发外商的发票，是因为他通过香港对境外付美元的时候，香港银行有时候会要求提供相应的付款资料，说明付款的用途和原因，他就会让洪某1提供一下相应的资料。

74. 被告人谢某供述：洪某1 2014年左右开始销售从国外进口的南美白虾。某公司的实际老板、控制人是洪某1，所有事情都是洪某1在负责，所有员工都听洪某1指挥，公司出事之前，洪某1一直在负责，具体的事务洪某1都过问。洪某2负责从国外采购冻海虾，张某1负责卖货。洪某3在新发地销售过货，田某2负责付款、记账，田某1主要负责鱿鱼销售。应该是洪某1、洪某2联系外商订货，直接发到广西，一般都是张某1在广西联系运输车辆，再从广西发到收货人处。通常情况下，发到北京的货的运输信息都是张某1发给田某2，由田某2将运输信息发到他们公司的微信群中，运输信息包括车号、司机姓名、联系方式、柜号、规格、件数、运费。应该是订的货到库房后，由田某2在一个销售软件“管家婆”上记录、入账，这个软件他们都能看到库存信息。卸货的时候，公司负责卸货的员工会给虾拍照片再发给他。他收到照片后会将规格信息、虾的照片发到微信朋友圈销售。费用有时客户是先付，有时是拉货销售后再给他结账。公司的收款账户都是田某2提供的。他用过张×、孟×等人名下的账户来收货款。他知道洪某1之前在做“边贸虾”的生意，洪某1没有当面和他说过什么，但在微信群里说过。微信群是洪某1建的，里面有洪某1、张某1、洪某2、洪某3、田某1、田某2和他。

75. 被告人洪某3供述：他和洪某1、洪某2的思路不一样，认为他们做生意的方式过时了，存在风险。2018年洪某1告诉他家里在做边贸生意。边贸生意由洪某1负责。洪某1让他干什么他就干什么。他在国外留过学，按他父亲的要求，用英文和外商联系，后他把外商提供给其相关进口单据转发给洪某1，进口海虾的货都是由厂商发到越南的港口。发给他电子邮件的商业发票（编号×的发票）是外商发给他的，他转发给洪某1了。2018年下半年，因为市场好多家做边贸海虾生意的出事，他们家就不做了。他有两个微信号，一个叫巴斯光年，一个叫洪某3. wma。洪某1经常换微信名字。

76. 被告人田某1供述：鱿鱼的生意一直持续到2014年，2014年洪某1的生意分开了，洪某1开始只负责进口货物，市场上由他和洪某1负责，他负责西南郊摊位的鱿鱼生意，偶尔还从市场上倒点南美白虾的货来卖。洪某1从2014年开始主要是进口边贸货，从2018年开始也进大贸货。他和洪某1是在档口主要负责零散销售，会卖洪某1手里的南美白虾、厄瓜多尔白虾，偶尔销售的基本都是从市场上其他商户倒过来的货。洪某1手里的虾有大贸货也有边贸货。在他印象里大贸货的外包装是彩色盒子，是正规渠道进口的货。边贸货的外包装是白色盒子，是通过边民互市贸易渠道进来的货，这是不正规的，是违法的。2018年，洪某1在微信群里说边贸货危险了，要转型。2018年之前，洪某1跟他们说"边贸虾"的生意是合法的，也是正规渠道进来的。从2018年开始，市场开始查边贸虾，洪某1就跟他们说要注意"边贸虾"的事情，"边贸虾"是不合规的。边贸货是张某1负责联系，货到了北京的冷库之后，他就从冷库里提货来卖。洪某2负责订货，张某2因为外语好就在洪某2订货时帮洪某2翻译，这些货通过边民互市贸易的渠道进到国内，张某1、谢某是销售，负责联系这些货在国内的运输，大部分都是发到全国其他地方，很少一部分货会拉到北京的冷库。边贸货销售后，货款由张某1、谢某提供银行账户给国内买家，国内买家将货款打到这些账户上。洪某1办了很多银行卡、还让他办了两个账户。他每月工资5000元，到年底，因为他和洪文×各占洪某1市场销售款份额的20%到30%，所以会得到分红，一年大概二三十万元。

77. 被告人张某1供述：洪某1跟他说过好像是ABC公司出事了。在被拘留之前，他猜测那虾可能是"边贸虾"，不确定那些货是洪某1自己做的，还是别人的货。被拘留之后，他才知道那些虾可能是洪某1做的边贸货。洪某 1 让他支付货款，他还帮洪某 1 记过账，记录货的规格、数量等信息。他负责支付货款的账户好像都是别人的。洪某 1 从南美订的货是从天津、湛江、广西运到国内的。他在湛江开过的一个车好像是王某的。薛某是做物流的，在广西帮洪某 1 联系冷链运输车拉货，货从广西拉出后，薛某会告诉他大车车牌号和司机手机号码，有时他再把这些信息转给国内客户。薛某联系大车从广西拉出的货应该是洪某 1 的。

78. 被告人王某供述：2016 年 10 月他成立了防城港市某贸易有限公司开始做边贸生意。边贸生意就是收购边民通过边民互市贸易买来的货。他卖给洪某 1 的每柜虾是他花 40 多万元从边民手里买的。"阿勇"是黎 × 的哥哥。2017 年他卖给洪某 1 3 至 5 柜货左右，2018 年和 2019 年都是这个数，2017 年和 2018 年的价格差不多，每年 100 万元左右，2019 年价格高一些，有 200 万元左右。他没有帮洪某 1 过货。

79. 被告人洪某 1 供述：他从 2014 年、2015 年开始销售"边贸虾"，一直做到 2018 年，他做的这些"边贸虾"有边境海关的边贸放行单、检验检疫证明等手续，其不确定是不是走私行为。"边贸虾"基本都是从广西东兴、北海运过来的，口岸其不清楚。洪某 2 语言不太好，不能跟外商直接交流，基本上不太联系外商，都是张某 2 帮他去联系外商，张某 2 怀孕后就不怎么做了。他与台湾的林先生、田小姐都合作过，都是他与这两个人联系。货款也都是通过林先生、田小姐帮他操作的。

80. 辨认笔录若干证明：2020 年 1 月 10 日，在见证人连 × 的见证下，柯某从侦查员提供的 2 组照片（每组 10 张）中能够准确认出洪某 1、洪某 2。同年 7 月 24 日，在见证人高某的见证下，薛某从侦查员提供的 5 组照片（每组 10 张）中能够准确认出洪某 1、王某、张某 1、吴某、洪某 2。

81. 认罪认罚具结书证明：田某 2、薛某、柯某自愿适用认罪认罚从宽制度及同意公诉机关提出量刑建议的情况。

上述证据经庭审举证、质证，本院对言词证据中相互印证的部分及其他证据予以确认。

对于田某 1 的辩护人向法庭提出的调取证据的申请，经查，经庭审查明的事实和证据能够证明田某 1 自始参与走私，应当对全部偷逃应缴税额负责，即便调取到田某1的“管家婆”软件中的“边贸虾”交易明细，也不能否定起诉书中指控的涉及田某1参与走私的事实，故本院对田某1的辩护人的该项申请不予准许。对于洪某1、洪某2的辩护人各自向法庭宣读、出示的证据材料，经查，上述证据材料均与本案无直接关联，不能有效支持辩护人的辩护意见，故本院对上述证据均不予采信。洪某1、张某2及其各自辩护人关于二被告人有立功情节的辩解和辩护意见，经查，在案无证据证实二被告人具有刑法意义上的立功情节，故二被告人的辩解及其各自辩护人的辩护意见缺乏相应的证据证实，本院均不予采纳。对于洪某1、洪某2、张某1、张某2、田某1、田某2、洪某3、谢某各自辩护人向法庭提交的案款收据，本院均予以确认。

针对公诉机关的公诉意见、各被告人的辩解及其各自辩护人的辩护意见，根据查明的事实和认定的证据，本院综合分析、评判如下：

（一）涉案的电子邮件及手机、电脑等的司法鉴定意见书能否作为本案的定案依据的问题

首先，侦查机关向网之易信息技术（北京）有限公司（以下简称网易公司）等单位调取涉案邮箱的内容等证据，有在案的调取证据通知书、调取证据清单、移动硬盘及网易公司出具的证明等证据予以证实，侦查机关收集、提取及移送上述电子邮件等证据的过程，程序合法，真实有效，亦符合法律及相关司法解释的规定，上述电子邮件等证据与在案的其他证据能够相互印证，具有证据能力，可以作为本案的定案依据。其次，扣押决定书、扣押清单及侦查机关出具的《工作说明》等证据能够证明，侦查机关在见证人的见证下，从各涉案人员处及被告人的办公场所起获并扣押了手机、电脑等原始存储介质，且在抓捕行动中各个小组均配备了通达鉴定中心的工作人员协助工作，侦查机关在扣押手机等原始存储介质后当场将原始存储介质移交通达鉴定中心的工作人员进行鉴定，可见，侦查机关固定、收集、提取及移送上述证据等的过程，程序合法，真实有效，手机等的司法鉴定意见书亦可以作为本案的定案依据。

（二）关于7号《核定证明书》是否存在错误的问题

1. 关于确定涉案水产品关税税率的问题。虽然在案的发票提单、部分

邮件附件中的原产地证明及被告人供述等证据材料显示涉案的部分水产品大多来自南美国家，少部分来自其他国家，但洪某 1 等人违反国家法律、法规，逃避海关监管，将应当以一般贸易方式缴税进口的货物通过边民互市贸易的方式申报进口，在整个进口货物过程中，被告人并没有向海关提供合法有效的、与涉案实际货物相符的原产地证明，故涉案冻品虽由越南输入，但其始终不具备适用协定税率计征关税的条件，而只能以最惠国税率计核偷逃关税。故 7 号《核定证明书》确定涉案水产品的关税税率为 5% 最惠国税率准确无误。

2. 关于重新计核没有另行指派计核人员的问题。侦查阶段初期，北京海关关税处根据送核部门调取的初步证据，出具了京关核税 ZH2020012267 号《涉嫌走私的货物、物品偷逃税款海关核定证明书》，后另行指派主要计核人员依据增加的嫌疑货柜的数量来调整核税的范围，并出具了京关核税 2020－071 号《涉嫌走私的货物、物品偷逃税款海关核定证明书》。公诉机关在对本案审查起诉期间，因案件部分事实不清、证据不足，又将该案退回侦查机关补充侦查两次，在此期间，北京海关关税处随着侦查工作进展程度对送核部门陆续提供的证据相继进行梳理，先后又出具了京关核税 2020－100 号《涉嫌走私的货物、物品偷逃税款海关核定证明书》（以下简称 100 号《核定证明书》)、7 号《核定证明书》。北京海关关税处先后出具 100 号《核定证明书》)、7 号《核定证明书》不属于《计核偷逃税款办法》第十四条规定的“海关进行补充核定或者重新核定”的情形，故海关税款计核部门可以不另行指派计核人员来进行计核。

3. 关于本案是否应适用 2019 年 10 月所适用的税则、税率、汇率以及增值税税率应为 9% 的问题。根据《计核偷逃税款办法》第二十八条的规定，因在案证据能够证明洪某 1 等人自 2015 年 12 月至 2019 年 10 月走私 498 柜水产品发生的具体时间，故 7 号《核定证明书》以走私行为发生之日所适用的税则、税率、汇率计核偷逃税款，适用法规准确，并无不妥。关于增值税的税率，根据《增值税暂行条例》第二条及财政部、国家税务总局《关于调整增值税税率的通知》等相关规定，7 号《核定证明书》根据增值税税率调整的情况，相应地计算出本案的偷逃增值税税款，于法有据，准确无误。

4. 关于税款计算方法是否有误的问题。7 号《核定证明书》依据《计核偷逃税款办法》第十六条、第二十七条等相关规定，采取的税款计算方法不存在错误，计算结果正确。

（三）关于根据现有证据能否认定涉案的 498 柜水产品已全部走私入境的问题

根据现有证据，能够认定洪某 1 等人将原产于南美的冻虾经过中转越南，通过王某等人以边贸方式将 498 柜水产品走私入境的事实。一是 7 号《核定证明书》所列的第 1 柜至第 62 柜水产品。认定该 62 柜水产品走私入境的证据有吴某的账本、发票提单、边民互市贸易带进物品放行单、品质证书、薛某的账本及田某 2 的账本等证据，吴某的账本能够通过柜号与 62 柜水产品中的外商发票提单一一对应，与田某 2 账本的付款金额亦能够对应。二是 7 号《核定证明书》所列的第 63 柜至第 457 柜水产品（其中 286 - 288 项未指控）。田某 2 的账本能够通过柜号与部分货柜的外商发票提单一一对应，其中部分货柜亦有边民互市贸易带进物品放行单、田某 2 的账本、薛某的账本等证据予以印证。对于没有外商发票提单的货柜，田某 2 的账本能够通过柜号、付款金额与从洪某 2、张某 2 等人邮箱中查获的财务对账表、付款记录表中的外商发票号、付款金额一一对应，其中部分货柜亦有薛某的账本等证据予以印证。三是 7 号《核定证明书》所列的第 458 柜至第 501 柜水产品。能够通过周某某的账本中销售日期、运费、规格数量、品名、售卖方及部分的柜号与外商发票提单进行对应，其中部分货柜有薛某的账本等证据予以印证。

（四）关于被告人通过边民互市贸易方式进口应以一般贸易方式进口的水产品的行为是否构成走私普通货物罪的问题以及关于王某与洪某 1 等人之间是否系买卖水产品关系的问题

综合全案证据，洪某 2、田某 2、薛某及柯某等人在侦查阶段的有罪供述与在案证据之间可以相互印证，已形成完整的证据链条，足以认定王某与洪某 1 等人之间不是真正的买卖水产品的关系，12 名被告人的行为属于伪报贸易性质的走私普通货物犯罪，且系共同犯罪。

1. 洪某 2、田某 2 等在侦查阶段的有罪供述能够证明“四哥”（王某）不是真正的货主，只是负责组织边民，并通过边民互市贸易的方式将洪某 1、洪某 2 等人向外商购买的涉案冻海产品运输入境，洪某 1、洪某 2 等人给王某、吴某支付过货费等事实。洪某 2、田某 2 等人的有罪供述得到了同案被告人薛某、吴某等人的供述及洪某 3、吴某等人手机微信聊天记录等证据的印证，且能够相互印证，内容真实可信。

2. 洪某 3 等 10 余名涉案人员手机微信聊天记录、洪某 2 等人在侦查阶段所作的有罪供述、证人许某等人的证言及洪某 2 等人与外商之间往来邮件等证据，能够证明洪某 1 等 12 名被告人主观上具有走私普通货物的犯罪故意。（1）洪某 3 等人手机微信聊天记录证明洪某 1 等人明知以边贸方式进口南美虾是走私行为，违反国家法律规定，偷逃国家关税，且通过频繁更换手机、微信账号，借用他人银行卡付款，换包装打码等方式，试图逃避监管。（2）外商发票、装箱单及提单等相关单据证明目的地为越南海防港，收货公司为越南公司，路线违反正常贸易逻辑，绕道而行，印证洪某 1 等人具有走私普通货物的犯罪故意。（3）洪某 2、张某 2、田某 2、薛某、柯某等人的有罪供述能够证明洪某 1 等人对边贸走私是明知的。（4）柯某的供述以及付汇人员许某、林 × 的证言等证据亦证明洪某 1 等人通过正常付汇无法对外付款，需要通过第三方离岸账户付款，亦印证了主观上具有走私的犯罪故意。（5）证人宗某、李某君等人的证言能够证明案发前洪某 1 曾委托李某君所在的公司从南美外商订购海鲜后发货到越南海防港，后通过“小谢”采用边民互市贸易的方式将货物运输入境的事实。（6）在案的货物报关单等相关书证可以证明，洪某 1 控制的某公司于 2019 年 9 月委托天泰公司从天津新港海关通过一般贸易方式进口了 2 票南美白虾，洪某 1、洪某 2 等人主观上均知道普通货物进口环节应缴纳税款的情况。

3. 洪某 1 等 12 名被告人客观上共同实施了走私涉案水产品的犯罪行为。（1）发票提单、吴某账本、往来邮件（包含商业发票、装箱单、提单等）等证据能够证明洪某 2 等人与外商联系商谈货物价格、规格，从厄瓜多尔等地订购冻虾，并指令外商将货物发往越南海防港。（2）过货单据等证据能够证明洪某 1 等人将原产于南美等地的冻虾，伪报为越南产地的冻虾，通过边民互市贸易的方式走私进口。(3) 银行转账记录（相关银行账户）显示洪某1通过许某、柯某、林×等人向外商付汇，向王某、吴某等人支付过货费用的事实。(4) 洪某3等10余人手机微信聊天记录等能够证明洪某1指挥洪某2等人，通过王某等人，以边贸方式走私进口南美冻虾的事实。(5) 洪某2、田某2、薛某等人能够如实供述以边贸走私的犯罪事实，周某某、孙某某等人证言证明从洪某1处购买边贸虾的情况，柯某的供述、许某的证言能够证明帮助洪某1对外付汇的情况。

（五）本案是否属于单位犯罪的问题

1. 本案是否属于某公司犯罪的问题。本案不属于某公司犯罪。(1) 某公司自成立之日起至案发，通过一般贸易方式进口南美白虾仅有2票。该公司成立日期为2014年1月9日，法定代表人为洪某2（经理、执行董事），监事为田某1，该公司账户首笔交易发生时间为2019年5月27日，同年9月6日，某公司委托天泰公司从天津新港海关通过一般贸易方式进口了2票南美白虾。(2) 洪某1等人使用控制的田某2、曹某柱、田某1、韩某燕等人的银行账户收付款，大部分违法犯罪所得归洪某1、洪某2等个人所有，仅有少部分违法犯罪所得用于给田某2等人缴纳社保、缴纳市场租金等。(3) 各被告人的供述、证人证言及微信聊天记录等证据亦能够充分证明，通过边民互市贸易方式走私的犯罪意志主要由洪某1个人产生，走私犯罪过程由洪某1主要负责整体组织指挥，洪某2主要负责采购进口，其他被告人亦分工明确，有的负责财务，有的负责销售及联系付汇等，但均听从洪某1的组织指挥。

2. 王某的行为亦不构成单位犯罪。在案证据能够证明王某以个人名义组织边民，并利用边民互市贸易的方式将洪某1、洪某2等人向外商购买的涉案水产品运输入境，洪某1等人向其支付的过货费均汇入王某名下账户或由其控制的个人银行账户，犯罪所得均归王某所有，故王某的行为不属于单位犯罪。

（六）关于各被告人偷逃应缴税额及在共同犯罪中地位和作用如何确定的问题

首先，应根据各被告人实质参与走私行为的时间作为被告人承担责任和确定偷逃应缴税额的基础。1. 洪某 1、洪某 2、张某 1、张某 2、田某 1 自始参与走私，应当对全部偷逃应缴税额负责。2. 田某 2 从 2018 年开始参与走私，并能与田某 2 账本记载时间相互印证，应当对 2018 年之后的走私金额负责，共参与走私 392 柜，偷逃应缴税额 44 375 939. 55 元。3. 谢某自 2018 年开始参与走私，供述曾承认知晓销售的是“边贸虾”，微信聊天记录显示其于 2018 年 5 月 10 日将从广西里火口岸走私入境的 2 柜虾卖给孙某斌，其对此日期之后的偷逃应缴税额负责，共参与走私 371 柜，偷逃应缴税额 41 892 248. 44 元。4. 洪某 3 曾供述承认 2018 年洪某 1 告知其家里在做“边贸虾”生意，林×证言证实与洪某 3 联系过，微信聊天记录显示 2018 年 7 月 27 日洪某 3 指示田某 2 给林×付款，因此其对此日期后的偷逃应缴税额负责，共参与走私 301 柜，偷逃应缴税额 34 196 882. 88 元。5. 吴某的账本能够与在案发票的柜号、金额相互印证，证明涉案发票对应的冻虾系王某、吴某帮助过货，因此王某、吴某应当对涉案发票所对应的走私货物负责，共参与走私 293 柜，偷逃应缴税额 35 577 250. 15 元。6. 薛某应当对安排运输的走私货物负责，经对薛某运输记录本详细记载的货物逐笔对应，认定薛某参与走私 161 柜，偷逃应缴税额 19 672 144. 59 元。7. 根据付款邮件、发票及付款凭证等证据，能够认定柯某应当对为洪某 1 对外付汇的 8 柜走私货物负责，偷逃应缴税额 1 194 914. 66 元。其次，根据查明的事实和证据，在整个走私过程中，洪某 1 主要负责整体组织指挥，系决策者、指挥者，洪某 2 主要负责采购进口、联系付汇等，张某 1 主要负责销售、财务，王某主要负责组织边民过货，根据《刑法》第二十六条的规定，四被告人在共同犯罪中均起主要作用，系主犯。根据《刑法》第二十七条的规定，吴某、张某 2、田某 1、田某 2、谢某、洪某 3、薛某、柯某在共同犯罪中均起次要或辅助作用，系从犯。

本院认为，被告人洪某 1、王某、洪某 2、张某 1、吴某、张某 2、田某 1、田某 2、谢某、洪某 3、薛某、柯某在进口货物过程中违反国家法律、法规，逃避海关监管，将应当以一般贸易方式缴税进口的货物通过边民互市贸易的方式申报进口，其中洪某 1、洪某 2、张某 1、张某 2、田某 1 偷逃应缴税额59 675 524.68元，王某、吴某偷逃应缴税额35 577 250.15元，田某2偷逃应缴税额44 375 939.55元，谢某偷逃应缴税额41 892 248.44元，洪某3偷逃应缴税额34 196 882.88元，薛某偷逃应交税额19 672 144.59元，柯某偷逃应缴税额1 194 914.66元，洪某1等十二名被告人的行为均已构成走私普通货物罪。北京市人民检察院第四分院指控被告人洪某1、王某、洪某2、张某1、吴某、张某2、田某1、田某2、谢某、洪某3、薛某、柯某犯走私普通货物罪的事实清楚，证据确实、充分，罪名成立。洪某1、王某、洪某2、张某1、吴某、张某2、田某1、田某2、谢某、洪某3、薛某所犯走私普通货物罪，偷逃应缴税额特别巨大，柯某偷逃应缴税额巨大，依法均应予以惩处。鉴于洪某1、王某、洪某2、张某1在共同犯罪中均起主要作用，系主犯，吴某、张某2、田某1、田某2、谢某、洪某3、薛某、柯某在共同犯罪中均起次要或者辅助作用，系从犯，田某2、薛某系自首，张某2、田某1、田某2、谢某、洪某3、薛某、柯某均自愿认罪认罚，并如实供述自己的罪行，吴某亦能够当庭如实供述自己的罪行，且部分偷逃税款已被追缴在案，洪某1、洪某2等人缴纳部分税款或罚金等情节，本院对洪某1、洪某2、张某1予以从轻处罚，对吴某、张某2、田某1、田某2、谢某、洪某3、薛某、柯某予以减轻处罚，同时对张某2、田某1、田某2、谢某、洪某3、薛某、柯某适用缓刑。王某的辩护人所提建议法庭对王某从轻或减轻处罚，并适用缓刑的辩护意见，洪某2的辩护人所提建议法庭对洪某2减轻处罚的辩护意见，张某1的辩护人所提建议法庭对张某1依法认定为从犯，并酌情给予张某1三年以下有期徒刑的量刑，同时适用缓刑的辩护意见以及吴某的辩护人所提恳请法庭对吴某作定罪免刑处理或对其减轻处罚并适用缓刑的辩护意见，经查，上述辩护意见均与庭审查明的事实和证据不符，亦缺乏法律依据，本院不予采纳。张某2、田某1、谢某、洪某3的辩护人关于建议法庭对张某2、田某1、谢某、洪某3予以减轻处罚，并适用缓刑的相关辩护意见，本院予以采纳。对于公诉机关的量刑建议以及田某2、薛某、柯某的辩护人的相关量刑辩护意见，本院予以采纳。在案查封、扣押、冻结的款物，本院依法予以处理。综上，根据各被告人犯罪的事实、性质、情节及对于社会的危害程度，以及各自在共同犯罪中的地位和作用，依照《刑法》第一百五十三条第一款第二项和第三项、第三款，第一百五十六条，第二十五条第一款，第二十六条第一款、第四款，第二十七条，第五十二条，第五十三条，第六十七条第一款、第三款，第七十二条第一款、第三款，第七十三条第二款、第三款，第六十一条，第六十三条第一款，第六十四条，《最高人民法院、最高人民检察院关于办理走私刑事案件适用法律若干问题的解释》第十六条第一款及《最高人民法院关于处理自首和立功具体应用法律若干问题的解释》第一条、第三条之规定，判决如下：

一、被告人洪某1犯走私普通货物罪，判处有期徒刑十三年，并处罚金人民币一千五百万元。

（刑期自判决执行之日起计算。判决执行以前先行羁押的，羁押一日折抵刑期一日，即自2020年1月7日起至2033年1月6日止。罚金应于本判决发生法律效力第二日起三十日内缴纳。）

二、被告人王某犯走私普通货物罪，判处有期徒刑十一年，并处罚金人民币二百万元。

（刑期自判决执行之日起计算。判决执行以前先行羁押的，羁押一日折抵刑期一日，即自2020年1月7日起至2031年1月6日止。罚金应于本判决发生法律效力第二日起三十日内缴纳。）

三、被告人洪某2犯走私普通货物罪，判处有期徒刑十年，并处罚金人民币三百万元。

（刑期自判决执行之日起计算。判决执行以前先行羁押的，羁押一日折抵刑期一日，即自2020年1月7日起至2030年1月6日止。罚金应于本判决发生法律效力第二日起三十日内缴纳。）

四、被告人张某1犯走私普通货物罪，判处有期徒刑十年，并处罚金人民币二百万元。

（刑期自判决执行之日起计算。判决执行以前先行羁押的，羁押一日折抵刑期一日，即自2020年1月7日起至2030年1月6日止。罚金应于本判决发生法律效力第二日起三十日内缴纳。）

五、被告人吴某犯走私普通货物罪，判处有期徒刑三年，并处罚金人民币五十万元。

（刑期自判决执行之日起计算。判决执行以前先行羁押的，羁押一日折抵刑期一日，即自2020年1月7日起至2023年1月6日止。罚金应于本判决发生法律效力第二日起三十日内缴纳。）

六、被告人张某2犯走私普通货物罪，判处有期徒刑三年，缓刑五年，并处罚金人民币一百万元。

（缓刑考验期限，从判决确定之日起计算。罚金应于本判决发生法律效力第二日起三十日内缴纳。）

七、被告人田某1犯走私普通货物罪，判处有期徒刑三年，缓刑四年，并处罚金人民币一百万元。

（缓刑考验期限，从判决确定之日起计算。罚金应于本判决发生法律效力第二日起三十日内缴纳。）

八、被告人谢某犯走私普通货物罪，判处有期徒刑三年，缓刑三年，并处罚金人民币五十万元。

（缓刑考验期限，从判决确定之日起计算。罚金应于本判决发生法律效力第二日起三十日内缴纳。）

九、被告人洪某3犯走私普通货物罪，判处有期徒刑三年，缓刑三年，并处罚金人民币五十万元。

（缓刑考验期限，从判决确定之日起计算。罚金应于本判决发生法律效力第二日起三十日内缴纳。）

十、被告人薛某犯走私普通货物罪，判处有期徒刑三年，缓刑三年，并处罚金人民币三十万元。

（缓刑考验期限，从判决确定之日起计算。罚金应于本判决发生法律效力第二日起三十日内缴纳。）

十一、被告人田某2犯走私普通货物罪，判处有期徒刑二年，缓刑三年，并处罚金人民币五十万元。

（缓刑考验期限，从判决确定之日起计算。罚金应于本判决发生法律效力第二日起三十日内缴纳。）

十二、被告人柯某犯走私普通货物罪，判处有期徒刑二年，缓刑二年，并处罚金人民币二十万元。

（缓刑考验期限，从判决确定之日起计算。罚金应于本判决发生法律效力第二日起三十日内缴纳。）

十三、在案查封、冻结的被告人洪某1等人名下银行账户中的款项及洪某1等人名下的不动产予以拍卖、变卖后的款项，均用于补缴应缴税款，上缴国库。不足部分继续向洪某1、王某、洪某2、张某1追缴。（清单附后）

十四、扣押在本院及北京海关缉私局的款物依法予以处理。

如不服本判决，可在接到判决书的第二日起十日内，通过本院或者直接向北京市高级人民法院提出上诉。书面上诉的，应当提交上诉状正本一份，副本一份。

审　判　长　　王　靖
审　判　员　　翟长玺
人民陪审员　　刁全贵

二〇二一年十一月二十九日

法官助理　　郭红佛
法官助理　　江珞伊
书　记　员　　谭梦雯

赫某走私毒品案

北京市第四中级人民法院
刑事判决书

（2015）四中刑初字第23号

公诉机关北京市人民检察院第四分院。

被告人赫某，男，哥伦比亚共和国国籍，护照号码×，高中肄业，经商，出生地哥伦比亚共和国佩雷拉，住哥伦比亚共和国圣达·罗萨·德·加巴勒（利萨拉乐达）蒙德·阿罗尤区（自述）。因涉嫌犯走私毒品罪，于2015年2月10日被羁押，同年3月19日被逮捕。现羁押在北京市第三看守所。

指定辩护人王某，北京市京都律师事务所律师。

北京市人民检察院第四分院以京四分检公诉刑诉［2015］5号起诉书指控被告人赫某犯走私毒品罪向本院提起公诉。本院于2015年8月31日受理此案，并依法组成合议庭，公开开庭审理了本案。北京市人民检察院第四分院指派检察员李某冰、代理检察员李某静出庭支持公诉，被告人赫某及其指定辩护人王某到庭参加诉讼。北京某翻译公司谢某侃、刘某出庭担任本案西班牙语翻译。现已审理终结。

北京市人民检察院第四分院起诉书指控：被告人赫某从哥伦比亚共和国波哥大市出发，途经他国乘坐KL0897次航班于2015年2月10日10时许抵达北京首都国际机场T2航站楼，入境时选择走无申报通道，未向海关申报任何物品。海关关员对赫某进行检查，在其行李箱的横杆、纵杆、滑轮及行李箱中的金属罐、电池内发现白色固体粉末。经北京市公安司法鉴定中心鉴定，白色粉末为毒品可卡因，净重 1359. 85 克。被告人赫某被当场抓获。涉案毒品已起获并收缴。

针对上述指控的事实，公诉机关向法庭宣读、出示了证人证言、物证、书证、鉴定意见及被告人供述等证据，并认为被告人赫某无视中华人民共和国法律，走私毒品可卡因数量大，其行为触犯了《刑法》第三百四十七条之规定，应当以走私毒品罪追究其刑事责任。

被告人赫某在法庭审理中辩解称，其不明知所携带的行李箱中有毒品可卡因。其指定辩护人提出的主要辩护意见是：赫某无犯罪前科，系初犯，受胁迫实施犯罪，过境中国大陆，涉案毒品已全部收缴，未造成社会危害后果，依法应当予以从轻、减轻或免除处罚；赫某携带不明违禁品过境，并不当然明知是毒品；侦查机关违反办案程序规定，操作不规范。

被告人赫某及其指定辩护人均未向法庭提供证据。

经审理查明，被告人赫某从哥伦比亚共和国波哥大市出发，途经他国，后在荷兰阿姆斯特丹市乘坐 KL0897 次航班，于 2015 年 2 月 10 日 10 时许抵达北京首都国际机场 T2 航站楼。其入境时选择走无申报通道，未向海关申报任何物品。海关关员对赫某进行检查，在其携带的两个行李箱的横杆、纵杆、滑轮及较大行李箱中的金属罐、电池内发现白色固体粉末。经北京市公安司法鉴定中心鉴定，白色粉末为毒品可卡因，净重 1359. 85 克。赫某被当场抓获。上述毒品可卡因已被起获并收缴。

上述事实，有经庭审举证、质证，本院予以确认的下列证据证实：

1. 证人施某的证言证明：她是首都国际机场海关旅检处一科进港查验关员，负责对 T2 航站楼入境旅客进行查验。2015 年 2 月 10 日上午，其科长说有一个布控的重点航班，要求他们重点查验来自荷兰阿姆斯特丹 KL0897 次入境航班的一名重点旅客，其同事高某随后前往荷兰皇家航空公司办公室查询了这名旅客的行李数量和托运行李号。10 时 20 分，KL0897 次航班抵达首都国际机场 T2 航站楼，该旅客提着一件小行李箱通关的时候她在查验岗，在过机检验时，他们没有发现这件小行李箱中有可疑物品，后将行李箱清空，再次过机检查时发现小行李箱的拉杆、滑轮、横杆内可能夹藏物品。其同事又把该名旅客的托运行李箱提取过来，进行过机检查，通过机检图像分析托运行李箱的横杆、拉杆、滑轮和箱体底部也可能夹藏物品，之后又发现托运行李箱中有四个金属罐和两节电池也有夹藏物品的嫌疑。他们将两件行李箱拿到查验台，在该旅客的见证下，对小行李箱进行破拆，在拆开的一个行李箱横杆内发现白色固体粉末，白色固体粉末有明显酸性刺激性气味，他们用检测试剂初步测出是毒品可卡因，后他们将两个行李箱都拿到了特检室，又在小行李箱的滑轮内发现了白色固体粉末。其同事又在机检图像中看到金属罐内中间位置有隔断，上下两部分密度不同，他们还拆开了一个电池，发现内有相同的白色固体粉末。她在查验时问该名旅客来北京做什么，旅客说要转机去澳门旅游，要在澳门游玩十三天，她问旅客为什么从巴西来，旅客一开始说在巴西做生意，后又说旅游，但是该旅客的手机没电，也没有在圣保罗旅游的照片。她要求该旅客出示身上的现金，只有一千多美元，钱包里有一些哥伦比亚币，也没有银行卡，当时她就怀疑旅客身上携带的现金和旅游目的不符。该名男性旅客是哥伦比亚籍，护照号码是×，出生日期是×年×月×日。旅客的行程是从巴西圣保罗—荷兰阿姆斯特丹—中国北京—中国澳门，随身携带的两个行李箱都是黑色，上面带有“TMT TARVEL”标牌。在小行李箱中有一堆衣服，在大行李箱中有一堆衣服和鞋，还有四个金属罐和两节电池。该旅客通关时没有向海关申报任何物品。

2. 证人高某（首都国际机场海关旅检处一科进港查验关员）的证言与证人施某的证言证明的内容一致。

3. 北京海关缉私局出具的扣押物品文件清单、现场照片、毒品照片、行李箱照片及视频资料证明：从赫某身上及两个行李箱中起获的物品，赫某携带两个行李箱的外观特征、毒品的藏匿位置及行李箱开拆过程等情况。

4. 北京市公安司法鉴定中心出具的京公司鉴（毒品）字〔2015〕第FYA1500828－2015DP0432号毒品检验报告证明：检材编号2015DP0432－01白色固体1份，净重248.35克，检出可卡因，其含量为42.5%；检材编号2015DP0432－02白色固体1份，净重68.01克，检出可卡因，其含量为48.2%；检材编号2015DP0432－03白色固体1份，净重70.91克，检出可卡因，其含量为39.4%；检材编号2015DP0432－04白色固体1份，净重 124.16 克，检出可卡因，其含量为 45.7%；检材编号 2015DP0432－05 白色固体 1 份，净重 244.94 克，检出可卡因，其含量为 39.7%；检材编号 2015DP0432－06 白色固体 1 份，净重 68.33 克，检出可卡因，其含量为 39.0%；检材编号 2015DP0432－07 白色固体 1 份，净重 72.35 克，检出可卡因，其含量为 45.2%；检材编号 2015DP0432－08 白色固体 1 份，净重 54.61 克，检出可卡因，其含量为 46.6%；检材编号 2015DP0432－09 白色固体 1 份，净重 103.38 克，检出可卡因，其含量为 42.5%；检材编号 2015DP0432－10 白色固体 1 份，净重 174.79 克，检出可卡因，其含量为 41.0%；检材编号 2015DP0432－11 白色固体 1 份，净重 91.63 克，检出可卡因，其含量为 41.9%；检材编号 2015DP0432－12 白色固体 1 份，净重 38.39 克，检出可卡因。

5. 北京市公安局出具的收缴毒品清单证明涉案毒品的数量及可卡因含量。

6. 北京通达首诚司法鉴定所出具的京通首［2015］声像鉴字第 19 号声像资料检验报告及翻译件证明：通过专用取证设备及专业分析取证软件，对检材进行数据恢复、搜索和取证分析。从 J1 机身获取到通讯录 62 条、通话记录 48 条、日程 1 条；从 J1 的 SIM 卡中获取到通讯录 18 条、短信息 1 条。

7. 北京海关缉私局侦查一处调取的出入境记录、签证复印件、护照出入境章复印件、行程单、消费单、托运行李票、登机牌、酒店预订单、临时住宿登记详细信息及相关翻译件证明：赫某曾三次到过中国，这次为第四次入境及其此次来中国的具体行程等情况。

8. 北京海关缉私局出具的受案登记表和立案决定书证明：2015 年 2 月 10 日，北京海关缉私局对赫某涉嫌走私毒品案立案侦查。

9. 北京海关缉私局侦查一处出具的到案经过及关于布控原因、过程的情况说明证明：经与首都机场海关旅检处关员沟通确认，2015 年 2 月 10 时 9 时许，旅检处关员经过分析，发现当日即将入境的旅客赫某属于来自重点航线的重点人群，其行程为波哥大—圣保罗—阿姆斯特丹—北京—澳门。此前，已有多个外籍旅客入境时被其他海关查获携带毒品，入境涉毒旅客的行程均具有从圣保罗出发，再经欧洲某城市转机，最终抵达中国香港或澳门的特征，且该名旅客为哥伦比亚籍，哥伦比亚为毒源国。综合上述原因，旅检处关员对该名旅客进行布控查验，并前往荷兰皇家航空公司行李查询处提取了该名旅客的托运行李信息。2 月 10 日 10 时许，赫某经无申报通道通关，旅检处关员在核对护照信息后对其随身物品及行李箱进行查验。

10. 北京海关缉私局侦查一处出具的关于涉案毒品分装、送检、称量、收缴过程的情况说明证明：2015 年 2 月 12 日，北京海关缉私局侦查员在对涉案的藏有毒品可疑物的大小两个拉杆箱、三个金属罐、两节电池进行开拆，在较大行李箱的滚轮中起获毒品可疑物（检材 1）、在较大行李箱支架上横杆中起获毒品可疑物（检材 2）、在较大行李箱支架底部横杆中起获毒品可疑物（检材 3）、在较大行李箱支架纵杆中起获毒品可疑物（检材 4）、在较小行李箱的滚轮中起获毒品可疑物（检材 5）、在较小行李箱支架上横杆中起获毒品可疑物（检材 6）、在较小行李箱支架底部横杆中起获毒品可疑物（检材 7）、在较小行李箱支架纵杆中起获毒品可疑物（检材 8）、在标有“adidas”金属罐内起获毒品可疑物（检材 9）、在标有“barbasol”金属罐内起获毒品可疑物（检材 10）、在标有“recamier”金属罐内起获毒品可疑物（检材 11）、在两节电池中起获毒品可疑物（检材 12）。当日，侦查员前往北京市公安司法鉴定中心对起获的 12 份毒品可疑物进行送检，鉴定人员当时即对 12 份检材的重量予以称重，称重结果为净重，鉴定报告中的净重与当时称重结果一致。

11. 北京海关缉私局侦查一处出具的关于扣押清单缺少见证人和保管人签字、手印的情况说明及北京海关缉私局入库物证清单证明：2015 年 2 月 11 日，海关缉私局侦查员对涉案物品进行扣押，因无条件找到见证人，故扣押过程无见证人予以见证，但侦查员已对整个扣押过程进行录像。侦查员将涉案物品扣押后，全部存放于海关缉私局证物室并制作北京海关入库物证清单，证据保管人员在该清单上进行了签字。

12. 北京海关缉私局侦查一处出具的关于现场照片、录像制作以及原件、原物存放过程的情况说明证明：卷宗第 4 卷第 1－2 页的照片于 2015 年 2 月 10 日拍摄，照片内容赫某的个人正面照与两个涉案行李箱的合影；

卷宗第 4 卷第 3 – 28 页的照片于 2015 年 2 月 12 日拍摄，照片内容为大小两个行李箱、金属罐和电池的特征照片、开拆过程照片以及开拆后毒品可疑物的照片。侦查员对赫某的讯问过程、扣押过程以及开拆毒品过程均已全程录像。开拆后的两个行李箱、金属罐以及电池均存放于缉私局证物室，开拆后起获的毒品均由北京市公安局禁毒总队予以收缴。

13. 北京海关缉私局侦查一处调取的护照复印件及哥伦比亚共和国驻华使馆出具的照会证明了赫某的身份情况。

14. 被告人赫某在侦查阶段供述：其来中国的主要目的是采购衣服，是他自己要求去安某那里拿一个黑色大箱子和一个黑色小箱子的，箱子是布的。箱子上有轮子和拉杆。因为他上一次来中国的时候行李箱坏了，他没有箱子用了，就来借。他跟安某借行李箱，需要装他的衣服和鞋子什么的。行李箱里的电池是安某让他带给澳门的那个朋友的，安某还让他带了刮胡子的泡沫、除臭剂及防蚊虫叮咬的东西。他不知道在他带来的箱子、电池和除臭剂里有毒品，他被安某骗了。他对箱子里有毒品的事完全不知道。赫某在审查起诉阶段供述其受到胁迫答应当地贩毒集团携带可能是违法的东西到中国，其在法庭审理阶段则供述其受到胁迫答应他人运输钱款到中国澳门。

对于赫某及其辩护人所提赫某不明知所携带的行李箱中有毒品可卡因的辩解和辩护意见，经查，走私毒品犯罪主观故意中的“明知”是指行为人知道或应当知道所实施的行为是走私毒品行为，采取高度隐蔽的方式携带毒品，行为人不能作出合理解释的，可以认定其“应当知道”，但有证据证明确属被蒙骗的除外。本案中，赫某被查获的毒品藏匿于行李箱的横杆、纵杆、滑轮内及行李箱中的金属罐和电池内，属于以高度隐蔽的方式携带、运输毒品，对此事实，赫某不能作出合理解释，亦不能提出确属被蒙骗实施犯罪的相关证据，故应认定赫某主观上应当知道所实施的行为是走私毒品的行为，赫某的辩解及其辩护人的辩护意见均不能成立，本院不予采纳。

本院认为，被告人赫某违反中华人民共和国毒品管理法规和海关法规，采用高度隐蔽的方式携带毒品可卡因入境，其行为已构成走私毒品罪。北京市人民检察院第四分院指控赫某犯走私毒品罪的事实清楚，证据确实、充分，指控的罪名成立。赫某所犯走私毒品罪，且走私毒品可卡因数量大，依法应予惩处。鉴于赫某无犯罪前科，系初犯，涉案毒品已全部收缴，尚未流向社会，依法可对赫某酌予从轻处罚。对于赫某的辩护人所提被告人受胁迫实施犯罪，过境中国大陆，未造成社会危害后果及侦查机关违反办案程序规定，操作不规范的辩护意见，经查，上述辩护意见或缺乏相应证据予以证明，或缺乏事实和法律依据，本院均不予采纳；其所提被告人无犯罪前科，系初犯，涉案毒品已全部收缴，请求对被告人予以从轻处罚的辩护意见成立，本院酌予采纳。据此，本院根据被告人赫某犯罪的事实、性质、情节及对于社会的危害程度，依照《中华人民共和国刑法》第六条第一款、第三百四十七条第二款第一项、第五十九条第一款、第六十一条、第六十四条之规定，判决如下：

一、被告人赫某犯走私毒品罪，判处无期徒刑，并处没收个人全部财产。

二、随案扣押在北京海关缉私局的款物分别予以没收或发还被告人赫某。

如不服本判决，可在接到判决书的第二日起十日内，通过本院或者直接向中华人民共和国北京市高级人民法院提出上诉。书面上诉的，应当提交上诉状正本一份，副本一份。

审　判　长　　翟长玺
审　判　员　　张　勇
审　判　员　　贾丽英

二〇一五年十月二十日

书　记　员　　王　鼎
书　记　员　　刘　垚

公司 1 等走私普通货物案

北京市第四中级人民法院
刑事判决书

（2022）京 04 刑初 18 号

公诉机关北京市人民检察院第四分院。

被告单位公司 1，统一社会信用代码 ×，住所地北京市东城区，法定代表人刘某。

诉讼代表人马某，男，公民身份证号 ×，汉族，住北京市东城区，系公司 1 员工。

辩护人陈律师，某律师事务所律师。

被告单位公司 2，统一社会信用代码 ×，住所地北京市海淀区，法定代表人景某。

诉讼代表人付某，男，公民身份证号 ×，汉族，住北京市东城区，系公司 2 员工。

辩护人马律师，某律师事务所律师。

被告人景某，男，公民身份号码 ×，汉族，出生地北京市东城区，专科文化，公司 2 法定代表人、公司 1 股东，住北京市东城区。因涉嫌犯走私普通货物罪，于 2021 年 10 月 14 日被羁押，同年 11 月 19 日被逮捕。现羁押于北京市第一看守所。

辩护人马律师，某律师事务所律师。

辩护人吕律师，某律师事务所律师。

被告人刘某，男，公民身份号码 ×，汉族，出生地北京市西城区，专科文化，公司1法定代表人、公司2股东，住北京市丰台区（户籍所在地北京市西城区）。因涉嫌犯走私普通货物罪，于2021年10月14日被羁押，同年11月19日被逮捕。现羁押于北京市第一看守所。

辩护人朱律师，某律师事务所律师。

辩护人李律师，某律师事务所律师。

被告人张某，男，公民身份号码×，汉族，出生地北京市西城区，专科文化，某宾馆职工、公司1股东、公司2股东，住北京市丰台区（户籍所在地北京市西城区）。因涉嫌犯走私普通货物罪，于2021年10月14日被羁押，同年11月19日被逮捕。现羁押于北京市第一看守所。

辩护人褚律师，某律师事务所律师。

被告人李某，女，公民身份号码×，汉族，出生地北京市丰台区，大学文化，住北京市东城区（户籍所在地北京市丰台区）。因涉嫌犯走私普通货物罪，于2021年12月8日被羁押；因涉嫌犯走私普通货物罪、走私国家禁止进出口的货物罪，于2022年1月14日被逮捕。现羁押于北京市第一看守所。

辩护人黄律师，某律师事务所律师。

被告人赵某，女，公民身份号码×，汉族，出生地北京市西城区，专科文化，住北京市丰台区（户籍所在地北京市西城区）。因涉嫌犯走私普通货物罪，于2021年12月8日被羁押；因涉嫌犯帮助毁灭、伪造证据罪，于2022年1月14日被逮捕，同年6月21日被取保候审。

指定辩护人欧律师，某律师事务所律师。

指定辩护人马律师，某律师事务所律师。

北京市人民检察院第四分院以京四分检刑诉〔2022〕15号起诉书指控被告单位公司1、公司2、景某、刘某、张某犯走私普通货物罪、走私国家禁止进出口的货物罪，被告人李某犯洗钱罪，被告人赵某犯帮助毁灭证据罪向本院提起公诉，本院于2022年10月8日受理后，依法组成合议庭，适用刑事案件认罪认罚从宽制度，于同年11月16日公开开庭审理了此案。北京市人民检察院第四分院指派检察官姚某军、检察官助理徐某雪出庭支持公诉。被告单位公司1的诉讼代表人马某及其辩护人陈律师，被告单位公司 2 的诉讼代表人付某及其辩护人马律师，被告人景某及其辩护人吕律师，被告人刘某及其辩护人朱律师，被告人张某及其辩护人褚律师，被告人李某及其辩护人黄律师，被告人赵某及其指定辩护人欧律师到庭参加诉讼。本案现已审理终结。

北京市人民检察院第四分院指控：

一、被告人景某、刘某、张某三人共同经营公司 1、公司 2 等单位，三人分工负责，其中被告人景某负责联系进货、支付货款及代工费等事宜，被告人刘某负责门店销售、员工管理、支付货款等事宜，被告人张某负责网络销售、支付货款等事宜。

2019 年 7 月至 2021 年 3 月期间，被告人景某将在香港采购的索尼、任天堂品牌的游戏机、游戏卡带、游戏光盘，委托水客团伙头目吴某 1（另案处理）、梁某 1（另案处理）以蚂蚁搬家的方式走私入境并向二人支付通关费。被告人刘某、张某在明知进口的产品系通过水客走私而来的情况下，仍利用公司或者个人账户共同实施货款转账、收货等行为，并将上述货物通过公司 1 在淘宝平台开设的店铺销售。经北京海关关税处核定，走私游戏机、游戏光盘、游戏卡带共计偷逃税款人民币 3 312 675. 9 元，其中走私光盘偷逃税款人民币 689 853. 47 元，光盘货值 5 306 565. 15 元。

2021 年 3 月，梁某 1 等人因涉嫌走私普通货物罪被拱北海关缉私局立案侦查。后被告人景某、刘某、张某以公司 2 的名义通过蔡某 1（另案处理）以伪报税号、低报价格的方式继续走私进口游戏机、游戏光盘及游戏卡带，并通过公司 1 在淘宝平台开设的店铺销售。经查，自 2021 年 7 月至 2021 年 10 月，上述人员为逃避海关监管，分别以低报价格、伪报税号的形式走私进口游戏机、游戏光盘、游戏卡带，涉嫌偷逃税款共计人民币 550 956. 61 元，其中走私光盘偷逃税款人民币 46 031. 96 元，光盘货值 1 150 797. 08 元。

经查，根据《海关进出境印刷品及音像制品监管办法》，海关总署、中央宣传部公告 2018 年第 146 号《关于实施〈赴境外加工光盘进口备案证明〉〈音像制品（成品）进口批准单〉联网核查的公告》等规定，游戏光盘应归入税号 8523499090，监管条件为 f，需要取得《音像制品（成品）

进口批准单》方可入境。

被告人景某、刘某于2021年10月14日向北京海关缉私局投案，被告人张某于当日被北京海关缉私局电话通知后到案。

二、在对被告人景某等人采取刑事拘留强制措施后，景某等人经蔡某1走私进口的部分游戏机，游戏光盘、游戏卡带尚未交付，被告人李某在明知涉案货物系景某等人走私犯罪所得的情况下，仍委托齐某1代为销售。经查，上述货物价值人民币1 740 445.3元，截至案发，齐某1将上述财产销售所得人民币100万元现金转账给被告人李某或李某指定账户。被告人李某于2021年12月8日被北京海关缉私局传唤到案。

三、2021年11月12日，北京海关缉私局侦查人员要求被告人赵某，配合提供被告人张某案发前藏匿的手机、硬盘。被告人赵某在通过张某同事取得张某放置在其单位的三块硬盘后，明知上述物品为侦查人员要求提供的情况下，为给被告人张某减轻罪责，未将上述物品提供给侦查机关并放任其父亲赵某柱将硬盘丢弃。被告人赵某于2021年12月8日被北京海关缉私局电话通知到案。

针对上述事实，公诉机关向法庭宣读、出示了书证、证人证言、被告人供述与辩解、偷逃税款海关核定证明书、记账本、鉴定意见书等证据，认为被告单位公司1、公司2在进口货物的过程中违反国家法律、法规，逃避海关监管，走私国家禁止进口的货物并且偷逃应缴税额特别巨大，其行为触犯了《刑法》第三十条、第三十一条、第一百五十一条第三款和第四款、第一百五十三条第一款和第二款，犯罪事实清楚，证据确实、充分，应当以走私国家禁止进出口货物罪、走私普通货物罪追究其刑事责任。被告人景某、刘某、张某作为被告单位直接负责的主管人员，亦应依法追究刑事责任。被告单位公司1、公司2、被告人景某、刘某、张某自愿认罪认罚，依据《刑事诉讼法》第十五条的规定，可以从宽处理。被告人景某、刘某自动投案，被告人张某经电话传唤后到案，依据《刑法》第六十七条的规定，系自首，可以从轻处罚。建议判处二被告单位罚金刑，判处被告人景某有期徒刑六年以上八年以下，分别判处被告人刘某、张某有期徒刑五年以上六年以下。被告人李某为掩饰、隐瞒走私犯罪所得的来源和性质，将财产转换为现金，其行为触犯了《刑法》第一百九十一条，犯罪事实清楚，证据确实、充分，应当以洗钱罪追究其刑事责任。被告人李某自愿认罪认罚，依据《刑事诉讼法》第十五条的规定，可以从宽处理。建议判处被告人李某有期徒刑一年六个月以上两年以下，没收实施走私犯罪违法所得及其产生的收益，并处罚金。被告人赵某帮助当事人毁灭证据，情节严重，其行为触犯了《刑法》第三百零七条第二款，应当以帮助毁灭证据罪追究其刑事责任。被告人赵某自愿认罪认罚，依据《刑事诉讼法》第十五条的规定，可以从宽处理。被告人赵某经电话传唤后到案，依据《刑法》第六十七条的规定，系自首，可以从轻处罚。建议判处被告人赵某有期徒刑一年，缓刑一年。

在法庭审理中，被告单位公司 1、公司 2、被告人景某、刘某、张某、李某、赵某均对起诉书指控的犯罪事实和罪名不持异议，确认所签署的认罪认罚具结书，且未作辩解。

被告单位公司 1 的辩护人对起诉书指控的犯罪事实和罪名不持异议，提出的主要辩护意见为：公司 1 应适用认罪认罚从宽制度，对其从宽处理，从轻处罚。

被告单位公司 1 的辩护人对起诉书指控的事实和罪名不持异议，提出的主要辩护意见为：本案系两被告单位与同案吴某 1、梁某 1、蔡某 1 等人共同犯罪，对漏缴税额也应共同承担；公司 2 应适用认罪认罚从宽制度，对其从宽处理，从轻处罚。

被告人景某的辩护人对起诉书指控的事实和罪名不持异议，提出的主要辩护意见为：1. 本案系两被告单位与同案吴某 1、梁某 1、蔡某 1 等人共同犯罪，对漏缴税额也应共同承担。2. 景某具有自首情节，并且自愿认罪认罚，可以对其从轻、减轻处罚。3. 本案系单位犯罪，景某认罪认罚具结书是在没有补缴税款的情形下签订的，恳请法院在其通过家属代为补缴税款后对其在量刑建议以下量刑。

被告人刘某的辩护人对起诉书指控的事实和罪名不持异议，提出的主要辩护意见为：1. 刘某主要负责线下店面的管理，用于支付货款及运费的资金账户或支付宝均由景某实际控制并负责支付，刘某的付款行为对走私罪的成立只起到辅助性作用，系从犯。2. 刘某一贯表现良好，系初犯、偶犯，具有自首情节，自愿认罪认罚，深刻认罪悔罪，再犯可能性极小，恳请法院给予刘某从宽、减轻、从缓的量刑。

被告人张某的辩护人对起诉书指控的事实和罪名不持异议，提出的主要辩护意见为：1. 在公司1与吴某1等人的走私犯罪中，公司1应被认定为从犯。在公司1涉嫌的单位犯罪中，张某的作用远远小于景某，应当被认定为其他责任人员和从犯，并对其减轻处罚。2. 蔡某1在与公司2的共同犯罪中，处于决定性的地位，既是组织犯又是实行犯，应当认定为主犯，而公司2应被认定为从犯。就公司2涉嫌的单位犯罪中，张某应当被认定为其他直接责任人员或者从犯。3. 张某在整个犯罪过程中获利甚微，其利用业余时间参与公司1和公司2的网店运营，在整个犯罪过程中的作用较小。4. 张某系自首，并真诚悔罪，签署认罪认罚具结书，社会危害性已明显降低。5. 张某系初犯，此次犯罪系法律意识淡薄所致，主观恶性非常低。综上，恳请法院在公诉机关的量刑建议之下对张某减轻处罚。

被告人李某的辩护人对起诉书指控的事实和罪名不持异议，提出的主要辩护意见为：1. 李某是在丈夫景某等人投案自首后，因救夫心切、为筹措罚金对部分未交付的货物进行处置而涉嫌犯罪，其行为的主观恶性较小。2. 李某已签订认罪认罚具结书，愿意积极退赃缴纳罚金，认罪悔罪态度好，可以对其从轻处罚。3. 李某系初犯、偶犯，一贯表现良好、没有再犯罪的危险，考虑其与同案景某系夫妻关系，家里孩子老人需要照顾等怜悯情节，可对其适用非监禁刑。4. 李某的认罪认罚具结书是在没有退缴违法所得的情形下签订的，恳请法院在其退缴违法所得后对其在有期徒刑一年六个月或该刑期以下量刑，并适用缓刑。

被告人赵某的指定辩护人表示鉴于赵某已经签署认罪认罚具结书，对起诉书指控的事实和罪名不持异议，提出的主要辩护意见为：赵某具有自首情节，又系初犯、偶犯，且自愿认罪认罚，自身主观恶性较小，恳请法院对赵某从轻处罚，并适用缓刑。

被告单位公司1及其辩护人陈律师，被告单位公司2及其辩护人马律师，被告人景某及其辩护人马律师、吕律师，被告人刘某及其辩护人朱律师、李律师，被告人张某及其辩护人褚律师，被告人李某及其辩护人黄律师，被告人赵某及其指定辩护人欧律师、马律师均未向法庭提交证据。

经审理查明：

一、被告人景某、刘某、张某三人共同经营公司 1、公司 2 等单位，三人分工负责，其中被告人景某负责联系进货、支付货款及代工费等事宜，被告人刘某负责门店销售、员工管理、支付货款等事宜，被告人张某负责网络销售、支付货款等事宜。

2019 年 7 月至 2021 年 3 月期间，被告人景某将在香港采购的索尼、任天堂品牌的游戏机、游戏卡带、游戏光盘，委托水客团伙头目吴某 1（另案处理）、梁某 1（另案处理）以蚂蚁搬家的方式走私入境并向二人支付通关费。被告人刘某、张某在明知进口的产品系通过水客走私而来的情况下，仍利用公司或者个人账户共同实施货款转账、收货等行为，并将上述货物通过公司 1 在淘宝平台开设的店铺销售。经北京海关关税处核定，走私游戏机、游戏光盘、游戏卡带共计偷逃税款人民币 3 312 675. 9 元，其中走私光盘偷逃税款人民币 689 853. 47 元，光盘货值人民币 5 306 565. 15 元。

2021 年 3 月，梁某 1 等人因涉嫌走私普通货物罪被拱北海关缉私局立案侦查。后被告人景某、刘某、张某以公司 2 的名义通过蔡某 1（另案处理）以伪报税号、低报价格的方式继续走私进口游戏机、游戏光盘及游戏卡带，并通过公司 1 在淘宝平台开设的店铺销售。经查，自 2021 年 7 月至 2021 年 10 月，上述人员为逃避海关监管，分别以低报价格、伪报税号的形式走私进口游戏机、游戏光盘、游戏卡带，涉嫌偷逃税款共计人民币 550 956. 61 元，其中走私光盘偷逃税款人民币 46 031. 96 元，光盘货值人民币 1 150 797. 08 元。

经查，根据《海关进出境印刷品及音像制品监管办法》，海关总署、中央宣传部公告 2018 年第 146 号《关于实施〈赴境外加工光盘进口备案证明〉〈音像制品（成品）进口批准单〉联网核查的公告》等规定，游戏光盘应归入税号 8523499090，监管条件为 f，需要取得《音像制品（成品）进口批准单》方可入境。

被告人景某、刘某于 2021 年 10 月 14 日向北京海关缉私局投案，被告人张某于当日被北京海关缉私局电话通知后到案。景某、刘某、张某到案后基本如实供述了上述主要事实。在法庭审理阶段，被告人景某预缴罚金人民币24万元，退缴违法所得人民币100万元，被告人张某预缴罚金人民币20万元。

二、在对被告人景某等人采取刑事拘留强制措施后，景某等人经蔡某1走私进口的部分游戏机，游戏光盘、游戏卡带尚未交付，被告人李某在明知涉案货物系景某等人走私犯罪所得的情况下，仍委托齐某1代为销售。经查，上述货物价值人民币174万余元，截至案发，齐某1销售所得人民币138万余元，其中人民币100万元现金转账给被告人李某或李某指定账户。

被告人李某于2021年12月8日被北京海关缉私局传唤到案。在法庭审理阶段，被告人李某预缴罚金人民币14万元，退缴违法所得人民币100万元。

三、2021年11月12日，北京海关缉私局侦查人员要求被告人赵某配合提供被告人张某案发前藏匿的手机、硬盘。被告人赵某在通过张某同事取得张某放置在其单位的三块硬盘后，明知上述物品为侦查人员要求提供的情况下，为给被告人张某减轻罪责，未将上述物品提供给侦查机关并放任其父亲赵某柱将硬盘丢弃。

被告人赵某于2021年12月8日被北京海关缉私局电话通知到案，赵某到案后基本如实供述了上述事实。

上述事实，有经庭审举证、质证的证人蔡某某、熊某、李某某、梁某某、吴某某、巫某某、王某1、王某2、孙某某、齐某某、刘某某、赵某、赵某柱、莫某1、莫某2、潘某某、莫某3、庄某某的证言，报关单及销售合同、深圳市联运通有限公司客户对账单，张某超、叶某亲笔供词，北京兴鼎昌源技术有限公司情况说明、接货明细表格，公司1出版物经营许可证，扣押决定书、扣押清单、扣押笔录，中华人民共和国北京海关关税处出具的2022－050、051、052、053、073、074号涉嫌走私的货物、物品偷逃税款海关核定证明书，福建中证司法鉴定中心出具的司法鉴定意见书、电子数据检查笔录、电子证据提取固定清单、带货明细，鉴定聘请书、北亚康成（北京）科技有限公司司法鉴定中心出具的鉴定意见书四份，鉴定聘请书、北京盛唐司法鉴定所出具的司法鉴定意见书，协助查询财产通知书、查询明细，协助冻结财产通知书、工商注册资料、调取证据通知书、腾讯公司提供的光盘一张、杭州笛佛软件有限公司提供的光盘一张、跨越速运集团有限公司提供的光盘二张，鉴定聘请书、鉴定意见通知书、北京市新闻出版局出版物审查鉴定意见书三十一份，鉴定聘请书、北京信诺司法鉴定所出具的司法鉴定意见书及提取的微信聊天记录。受案登记表、立案决定书、拘留通知书、逮捕通知书、取保候审决定书等法律手续，补充说明，到案经过，案款收据，被告人景某、刘某、张某、李某、赵某的供述、常住人口信息表及经对比未发现犯罪记录的工作说明、刑事案件认罪认罚具结书等证据在案证实，本院予以确认。

本院认为：被告单位公司 1、公司 2 在进口货物的过程中违反国家法律、法规，采取委托他人携带货物入境或伙同他人采取伪报税号、低报价格的方式逃避海关监管，偷逃应缴税额三百余万元，其中国家限制进口的游戏光盘货值六百余万元，被告单位公司 1、公司 2 的行为已构成走私国家禁止进出口的货物罪、走私普通货物罪，且情节严重，依法应当予以并罚。被告人景某、刘某、张某三人共同经营公司 1、公司 2，均系单位犯罪中直接负责的主管人员，亦应依法追究刑事责任，并予以并罚。被告人李某为掩饰、隐瞒走私犯罪所得的来源和性质，将财产转换为现金，其行为已构成洗钱罪，依法应予惩处。被告人赵某帮助当事人毁灭证据，情节严重，其行为已构成帮助毁灭证据罪，依法应予惩处。北京市人民检察院第四分院指控被告单位公司 1、公司 2 及被告人景某、刘某、张某犯走私国家禁止进出口的货物罪、走私普通货物罪；被告人李某犯洗钱罪；被告人赵某犯帮助毁灭证据罪的事实清楚，证据确实、充分，指控的罪名成立。

鉴于景某、刘某主动投案；张某经侦查机关电话通知到案，可视为自动投案，三人到案后能够基本如实供述自己的主要犯罪事实，可认定公司 1、公司 2 及景某、刘某、张某具有自首情节。公司 1、公司 2、景某、刘某、张某具有自首情节，并自愿认罪认罚，其中景某、张某能够主动预缴罚金，景某还退缴部分违法所得，具有一定悔罪表现，依法对公司 1、公司 2、景某、刘某、张某均予以从轻处罚。鉴于李某自愿认罪认罚，主动预缴罚金并退缴违法所得，具有一定悔罪表现，又系初犯，依法可对其从宽处罚。鉴于赵某经侦查机关电话通知到案，可视为自动投案，到案后能够基本如实供述自己的犯罪事实，具有自首情节，并自愿认罪认罚，又系初犯，依法可对其从轻处罚并适用缓刑。对公诉机关所提的量刑建议，本院均予以采纳；对各辩护人所提与上述认定相关的量刑辩护意见，本院酌予采纳。

对于各辩护人所提其他辩护意见，本院未予采纳的理由为，公司1、公司2不仅是走私犯罪的共谋人，还作为货主提供资金并占有主要犯罪所得，在走私共同犯罪中积极主动起主要作用，均系主犯；景某、刘某、张某作为公司1、公司2股份均等的实际控制人，在单位走私犯罪活动中起决定、纵容、指挥等作用，均系主犯，其中景某还在具体实施走私犯罪中作用较大，在具体量刑时应有所区分；共同犯罪人对于偷逃税款、违法所得均有退缴的义务，在具体案件中应当根据违法所得的实际控制和流转情况予以追缴；被告人主动预缴罚金、退缴违法所得是其认罪悔罪态度的体现，并不属于影响采纳公诉机关量刑建议的情形，应与其他量刑情节一并在公诉机关的量刑建议幅度内予以体现；本案走私犯罪的情节严重，犯罪持续时间长、次数多，社会危害性大，不属于初犯、偶犯，不足以对景某、刘某、张某减轻处罚；李某在洗钱犯罪中起主要作用，且犯罪数额较大，不足以对其适用缓刑。

对被告单位和被告人违法所得的一切财物，应当予以追缴或者责令退赔，没收的财物和罚金一律上缴国库。本案中，对于在案扣押的游戏机予以变价，折抵追缴项及罚金。对于在案扣押的游戏光盘和游戏卡带，应当区分是否属于本案走私货物，对属于本案走私货物的游戏光盘，因不符合海关监管条件，属于违禁品，应予以没收；对属于本案走私货物的游戏卡带，因未取得出版管理部门的相关审批，不具备变价条件，应予以没收。对于供犯罪所用的本人财物应当予以没收。对于在案冻结的与犯罪关联账户内的钱款及被告人向本院退缴的违法所得折抵追缴项及罚金。对于其他查封、扣押的款、物及房产依法予以发还、解封或由查扣机关依法处理。

综上，本院根据被告单位公司1、公司2及被告人景某、刘某、张某、李某、赵某犯罪的事实，犯罪的性质、情节及对于社会的危害程度，依照《中华人民共和国刑法》第一百五十一条第三款、第四款，第一百五十三条，第一百九十一条第一款，第三百零七条第二款，第六十九条，第三十条，第三十一条，第二十五条第一款，第二十六条第一款、第四款，第六十七条第一款、第三款，第五十二条，第五十三条，第七十二条第一款，第七十三条第二款、第三款，第六十一条，第六十四条及《最高人民法院、最高人民检察院关于办理走私刑事案件适用法律若干问题的解释》第十一条第二款第一项、第二十一条第一款、第二十四条第二款之规定，判决如下：

一、被告单位公司 1 犯走私国家禁止进出口的货物罪，判处罚金人民币七十万元；犯走私普通货物罪，判处罚金人民币二百六十万元，决定执行罚金人民币三百三十万元。

（罚金应于本判决发生法律效力第二日起三十日内缴纳。）

二、被告单位公司 2 犯走私国家禁止进出口的货物罪，判处罚金人民币二十万元；犯走私普通货物罪，判处罚金人民币六十万元，决定执行罚金人民币八十万元。

（罚金应于本判决发生法律效力第二日起三十日内缴纳。）

三、被告人景某犯走私国家禁止进出口的货物罪，判处有期徒刑六年，并处罚金人民币二十四万元；犯走私普通货物罪，判处有期徒刑四年，决定执行有期徒刑六年六个月，并处罚金人民币二十四万元。

（刑期自判决执行之日起计算。判决执行以前先行羁押的，羁押一日折抵刑期一日，即自 2021 年 10 月 14 日起至 2028 年 4 月 13 日止。罚金已缴纳。）

四、被告人刘某犯走私国家禁止进出口的货物罪，判处有期徒刑五年，并处罚金人民币二十万元；犯走私普通货物罪，判处有期徒刑三年，决定执行有期徒刑五年六个月，并处罚金人民币二十万元。

（刑期自判决执行之日起计算。判决执行以前先行羁押的，羁押一日折抵刑期一日，即自 2021 年 10 月 14 日起至 2027 年 4 月 13 日止。罚金应于本判决发生法律效力第二日起三十日内缴纳。）

五、被告人张某犯走私国家禁止进出口的货物罪，判处有期徒刑五年，并处罚金人民币二十万元；犯走私普通货物罪，判处有期徒刑三年，决定执行有期徒刑五年五个月，并处罚金人民币二十万元。

（刑期自判决执行之日起计算。判决执行以前先行羁押的，羁押一日折抵刑期一日，即自2021年10月14日起至2027年3月13日止。罚金已缴纳。）

六、被告人李某犯洗钱罪，判处有期徒刑一年六个月，并处罚金人民币十四万元。

（刑期自判决执行之日起计算。判决执行以前先行羁押的，羁押一日折抵刑期一日，即自2021年12月8日起至2023年6月7日止。罚金已缴纳。）

七、被告人赵某犯帮助毁灭证据罪，判处有期徒刑一年，缓刑一年。

（缓刑考验期限，从判处确定之日起计算。）

八、继续追缴被告单位公司1、公司2偷逃的税款及其他违法所得，上缴国库。

九、在案冻结、扣押、查封的款、物、房产分别依法予以处理。

如不服本判决，可在接到本判决书的第二日起十日内，通过本院或者直接向北京市高级人民法院提出上诉。书面上诉的，应当提交上诉状正本一份，副本一份。

审判长　马智辉
审判员　翟长玺
人民陪审员　郭京聚

二〇二二年十二月三十日

法官助理　郭红佛
书记员　薛凯洋

公司1等走私国家禁止进出口的货物案

北京市第四中级人民法院
刑事判决书

（2023）京04刑初26号

公诉机关北京市人民检察院第四分院。

被告单位公司1，统一社会信用代码×，住所地北京市朝阳区，法定代表人李某某。

诉讼代表人王某，男，公司1员工。

辩护人李律师，某律师事务所律师。

被告单位公司2，统一社会信用代码×，住所地北京市朝阳区，法定代表人韩某1。

诉讼代表人韩某2，男，公司2员工。

辩护人王律师，某律师事务所律师。

辩护人辛律师，某律师事务所律师。

被告单位公司3，统一社会信用代码×，住所地北京市朝阳区，法定代表人李某3。

诉讼代表人张某，女，公司3员工。

辩护人崔律师，某律师事务所律师。

被告人李某某，男，公民身份号码×，大专文化，中共党员，公司1法定代表人和公司3实际控制人，户籍所在地河北省保定市，住北京市朝阳区。因涉嫌犯走私普通货物罪，于2022年2月22日被北京海关缉私局刑事拘留，同年3月31日被逮捕，现羁押于北京市第一看守所。

辩护人朱律师，某律师事务所律师。

辩护人许律师，某律师事务所律师。

被告人徐某某，男，公民身份号码×，大学文化，公司1股东及销售总监、公司3总经理，户籍所在地山东省临朐县，住北京市大兴区。因涉嫌犯走私普通货物罪，于2022年3月31日被北京海关缉私局刑事拘留，同日被北京海关缉私局取保候审；于2023年3月31日被北京市人民检察院第四分院取保候审；于2023年10月7日被本院取保候审。

辩护人褚律师，某律师事务所律师。

被告人成某某，男，公民身份号码×，汉族，大专文化，公司2业务员，户籍所在地江苏省常州市，住北京市朝阳区。因涉嫌犯走私普通货物罪，于2022年4月13日被北京海关缉私局取保候审，于2023年3月17日被刑事拘留；同年4月20日被逮捕，现羁押于北京市第一看守所。

辩护人于律师，某律师事务所律师。

辩护人徐律师，某律师事务所律师。

被告人张某某，公民身份号码×，大专文化，公司1综合办公室主任、公司3员工，户籍所在地辽宁省义县，住北京市通州区。因涉嫌犯走私普通货物罪，于2023年1月13日被北京经济技术开发区海关缉私分局取保候审，于同年6月20日被北京市人民检察院第四分院取保候审，于同年10月7日被本院取保候审。

辩护人郭律师，某律师事务所律师。

北京市人民检察院第四分院以京四分检刑诉〔2023〕18号起诉书指控被告单位公司1、被告人李某某涉嫌犯走私国家禁止进出口的货物罪、走私普通货物罪和逃避商检罪；被告单位公司2、被告人徐某某、成某某涉嫌犯走私普通货物罪和逃避商检罪；被告单位公司3、被告人张某某涉嫌犯逃避商检罪，于2023年10月7日向本院提起公诉，本院于同日受理后，依法组成合议庭。后公诉机关又于2024年3月14日以京四分检刑追诉〔2024〕1号追加起诉决定书追加指控被告单位公司1、公司2、被告人李某某、徐某某、成某某走私普通货物犯罪事实。本院分别于2023年11月21日、2024年3月28日公开开庭审理了本案。北京市人民检察院第四分院指派检察官吕某青、刘某、朱某，检察官助理张某武、宋某出庭支持公诉。被告单位公司 1 的诉讼代表人王某及辩护人李律师，被告单位公司 2 的诉讼代表人韩某 2 及辩护人王律师、辛律师，被告单位公司 3 的诉讼代表人张某及辩护人崔律师，被告人李某某及辩护人朱律师、许律师，被告人徐某某及辩护人褚律师，被告人成某某及辩护人于律师、徐律师，被告人张某某及辩护人郭律师均到庭参加诉讼。2024 年 1 月 5 日，经北京市高级人民法院批准延长审理期限三个月。本案现已审理终结。

北京市人民检察院第四分院起诉书指控：

（一）2016 年至 2019 年，公司 1 与韩国某集团共谋，以“低报价走私”和“绕关走私进口”的方式从韩国某集团进口货物 79 票，经计核偷逃应缴税款人民币 1256.47 万元。被告人李某某系公司 1 法定代表人，参与上述全部犯罪活动。被告人徐某某系公司 1 销售总监，参与其中部分犯罪活动，经计核偷逃应缴税款人民币 344.25 万元。被告人成某某系公司 2 操作业务员，参与其中部分犯罪活动，经计核偷逃应缴税款人民币 277.77 万元。

（二）2020 年至 2021 年，公司 1 在明知国家禁止进口二手医疗美容器械的情况下，自韩国外商许某处购买 17 台二手医疗美容器械，采用“绕关”的方式将货物进口入境，货物价值共计人民币 135.23 万元。被告人李某某系公司 1 法定代表人，参与上述全部犯罪活动。

（三）2021 年 8 月至 2021 年 11 月，公司 3 明知从韩国进口医疗器械超声刀（New Doublo）需提交医疗器械注册证并接受商检，仍与公司 1、公司 2 共谋，通过整机拆散、修改货物品名的方式逃避海关商检，以公司 3、公司 1 名义多次进口超声刀 45 台，货物价值共计人民币 369.4 万元。其中，公司 1 先后六次以前述方式进口超声刀共计 26 台。被告人李某某系公司 1 法定代表人和公司 3 实际控制人，被告人徐某某系公司 3 总经理，被告人张某某系公司 3 采购员，被告人成某某系公司 2 业务员，均参与上述全部犯罪活动。

被告人李某某被抓获归案，被告人徐某某、成某某、张某某经通知到案。

北京市人民检察院第四分院追加指控：

（一）2019年12月至2020年12月，公司1委托公司2以“低报价走私”的方式从韩国某集团进口货物2票，经计核偷逃应缴税款人民币8817.3元。被告人李某某、徐某某、成某某参与上述全部犯罪活动。

（二）2020年7月至8月，深圳市公司7科技有限公司（以下简称公司7）委托公司2从韩国进口货物过程中，公司2以低报价格的方式进口货物2票，经计核偷逃应缴税款人民币14 658.47元。被告人成某某参与上述全部犯罪活动。

针对起诉的事实，公诉机关向本院提交了书证、证人证言、被告人供述和辩解、鉴定意见、视听资料、电子数据、其他证明材料等证据。公诉机关认为，被告单位公司1与公司2共谋，公司2还与其他单位共谋在进口货物过程中违反国家法律法规，逃避海关监管，公司1偷逃应缴税额情节特别严重，公司2偷逃应缴税额情节严重；公司1走私国家禁止进出口的其他货物，情节严重；公司3、公司1、公司2共谋，在进口超声刀过程中违反进出口商品检验法的规定，逃避商品检验，将必须经商检机构检验的进口商品未报经检验而擅自销售，情节严重。被告单位公司1的行为触犯了《刑法》第一百五十一条第三款和第四款，第一百五十三条第一款、第二款、第三款，第二百三十条，第二百三十一条，犯罪事实清楚，证据确实、充分，应当以走私国家禁止进出口的货物罪、走私普通货物罪和逃避商检罪追究刑事责任。被告单位公司2的行为触犯了《刑法》第一百五十三条第一款、第二款、第三款，第二百三十条和第二百三十一条，犯罪事实清楚，证据确实、充分，应当以走私普通货物罪和逃避商检罪追究刑事责任。被告单位公司3的行为触犯了《刑法》第二百三十条和第二百三十一条，犯罪事实清楚，证据确实、充分，应当以逃避商检罪追究刑事责任。被告人李某某作为被告单位公司1和公司3直接负责的主管人员，被告人徐某某作为被告单位公司1的直接责任人员和公司3直接负责的主管人员，被告人成某某作为被告单位公司2直接负责的主管人员，被告人张某某作为被告单位公司3的直接责任人员，应依法追究刑事责任。在共同犯罪过程中，公司2起次要作用，根据《刑法》第二十七条，系从犯，可以从轻处罚。被告人徐某某、张某某符合《刑法》第六十七条第一款之规定，可以从轻处罚。

被告单位公司1、公司2、公司3对指控的犯罪事实和证据没有异议，并自愿认罪认罚，量刑建议是判处罚金。被告人李某某对指控的犯罪事实和证据没有异议，并自愿认罪认罚，量刑建议是走私普通货物罪建议判处有期徒刑十一至十二年；走私国家禁止进出口的货物罪建议判处有期徒刑五至六年，并处罚金；逃避商检罪建议判处有期徒刑七至九个月，并处罚金，建议合并判处有期徒刑十二至十四年，并处罚金。被告人徐某某对指控的犯罪事实和证据没有异议，并自愿认罪认罚，量刑建议是走私普通货物罪建议判处有期徒刑四年至四年六个月；逃避商检罪建议判处有期徒刑七至九个月，并处罚金，建议合并判处有期徒刑四至五年，并处罚金。被告人张某某对指控的犯罪事实和证据没有异议，并自愿认罪认罚，量刑建议是判处有期徒刑六个月，可以适用缓刑，并处罚金。

被告单位公司1的诉讼代表人对起诉书指控的事实及罪名均不持异议，自愿认罪认罚，确认已签署了《认罪认罚具结书》，同意公诉机关的量刑建议。公司1的辩护人李律师对公诉机关指控的犯罪事实和罪名不持异议，恳请法院对公司1从轻、从宽处罚。其主要辩护意见是：一、公司1在审查起诉阶段签署了《认罪认罚具结书》，适用认罪认罚从宽制度。二、在走私货物“黑尔霸”部分，低报走私由公司2与韩国某集团提出，具体由公司2操作，公司1虽然是货主，但在整个低价报关过程中，所起作用有限，请法院依法认定。三、“绕关走私”部分，行为系公司1公司与黄某志共同犯罪，犯罪的实行行为为黄某志独立完成，公司1向其支付“通关费”，从境外揽货、通关、境内运输等均有黄某志等人负责，公司1公司作为货主不参与具体通关行为。四、在涉嫌逃避商检犯罪中，公司1既不是犯意的提起者，也不是犯罪行为的具体实施者，公司1所起作用较小。

被告单位公司2的诉讼代表人对起诉书指控的事实及罪名均不持异议，自愿认罪认罚，确认已签署了《认罪认罚具结书》，同意公诉机关的量刑建议。公司2的辩护人王律师对公诉机关指控的事实和罪名不持异议，主要辩护意见是：公司2公司在犯罪中起次要作用，系从犯，同时认罪认罚真诚悔过，请求法院在量刑时对公司2判处少量罚金。

被告单位公司3的诉讼代表人对起诉书指控的事实及罪名均不持异议，自愿认罪认罚，确认已签署了《认罪认罚具结书》，同意公诉机关的量刑建议。公司3的辩护人崔律师对指控罪名和犯罪事实不持异议，主要辩护意见是：一、公司3虽然是货主单位，但具体通关行为由公司6配合公司2组织和实施。二、公司3认罪认罚，目前状况恶化，经营困难，为了保护民营企业的合法权益，请法院从轻处罚。

被告人李某某对起诉书指控的事实及罪名均表示自愿认罪认罚，确认已签署了《认罪认罚具结书》，同意公诉机关的量刑建议。李某某的辩护人朱律师的主要辩护意见是：一、“黑尔霸”等货物的进口，均由韩国某集团主导，在犯罪构成中起主要作用，公司1及实际控制人李某某在犯罪构成中起次要作用，应认定为从犯。二、李某某自愿认罪认罚，符合从轻、减轻处罚的法律规定。三、李某某一贯表现良好，属于初犯、偶犯。四、公司1及李某某家庭经济情况恶化，希望法庭能够从轻处罚。

被告人徐某某对起诉书指控的事实及罪名均表示自愿认罪认罚，确认已签署了《认罪认罚具结书》，同意公诉机关的量刑建议。徐某某的辩护人褚律师的主要辩护意见是：一、徐某某作为公司1的销售人员，没有直接参与走私行为，对公司1的走私行为没有实质帮助作用，公诉机关指控徐某某参与走私普通货物的犯罪事实中有部分证据不足。二、公司3在逃避商检罪中虽然系货主单位，但具体通关由公司6配合公司2组织实施，不应认定为主犯。李某某本人直接负责公司3的进出口业务，徐某某没有决策权，张某某也直接向李某某汇报，公诉机关指控徐某某为公司3的直接负责的主管人员与事实不符。三、徐某某接到侦查机关电话通知后主动到案，到案后如实供述并积极配合侦查机关办案，应当认定为自首。四、徐某某已经签署《认罪认罚具结书》，真诚悔罪，没有再犯可能性。五、本案虽然为单位犯罪，但徐某某主动补缴税款40万元并预缴罚金，已最大限度弥补国家税款损失。六、徐某某系初犯，没有前科劣迹，主观恶性非常低。综上，恳请法院对徐某某减轻处罚，判处三年以下有期徒刑，并适用缓刑。

被告人成某某对起诉书指控的事实及罪名均有异议，其辩称并不知道真实价格，对客户提出的问题只是提供咨询意见，超声刀拆分进口的主意是韩国那边提出来的，其所实施的行为只是帮助客户运货，并没有犯罪的动机和必要。成某某的辩护人于律师、徐律师的主要辩护意见是：一、瞒报、低报价格以及报关都不是成某某实施的，成某某仅是公司2的一般操作人员，工资报酬就是一般操作人员的金额，公司2也从未授权其为直接负责人或主管人员。二、本案定价权以及用于报关的材料均是由公司1或者公司7决定，不是公司2、成某某决定。成某某不知道公司1、公司7故意瞒报或低报价格偷逃税款，公司2和成某某没有帮助货主单位实施走私犯罪的主观故意。三、公司2在本案中无共同犯罪的合谋、没有实施共同犯罪的行为，不构成共同犯罪。公司2以及成某某无任何牟利的目的，事实上也没有获取任何利益。四、公司2、成某某在本案中对公司1、公司7的价格不具有法定审查的义务，也没有审查权利。五、起诉书指控公司2与公司1、公司3“共谋”逃避商品检验证据不足，成某某主观上没有逃避商检的犯罪故意，客观上没有销售和使用进口商品，更没有获得任何犯罪利益，因而不构成逃避商检罪的犯罪主体。六、成某某只是解答张某某一些咨询的问题，就咨询的商检问题无利可图，没有任何决定、决策权，在逃避商检中不具有情节严重的情形。七、在国家商检名目里没有查到超声刀属于必检商品，且涉案超声刀在天津海关不能进口而深圳海关可以进口，办案机关认为超声刀是必须要经国家商检机构检验的商品证据不足。八、海关缉私局办案人员写的成某某的到案经过说明成某某到案后态度好，配合工作。综上，辩护人认为成某某不构成走私普通货物罪和逃避商检罪。

被告人张某某对起诉书指控的事实及罪名均表示自愿认罪认罚，确认已签署了《认罪认罚具结书》，同意公诉机关的量刑建议。辩护人郭律师的主要辩护意见是：一、张某某是公司3普通职员，受领导指派实施了一定的犯罪行为，不宜作为直接责任人员追究刑事责任。二、张某某不具备进口商品商检的专业知识，没有意识到进口韩国美容仪器未商检的违法性，缺乏犯罪的主观故意。三、本案逃避商检进口美容超声刀后，未对消费者造成伤害或不利后果，没有造成危害社会的严重后果。四、张某某接办案机关电话到案，主动配合办案机关工作，有自首情节，且自愿认罪认罚。综上，张某某的犯罪情节轻微，行为社会危害性不大，主观恶性较小，建议对其作出无罪判决或免于刑事处罚。

法庭审理期间，被告人徐某某的辩护人提交了案款收据，拟证明徐某某自愿为公司1退缴案款人民币40万元，预缴罚金人民币2万元，具有悔罪表现。其他被告单位及其辩护人，被告人及其辩护人未向法庭提供证据。

经审理查明：

一、2016年至2020年12月，公司1与韩国某会社共谋，以“低报价走私”和“绕关走私进口”的方式从韩国某会社进口货物81票，经计核偷逃应缴税款人民币12 573 517.3元。被告人李某某系公司1法定代表人，参与上述全部犯罪活动。被告人徐某某系公司1销售总监，参与其中部分犯罪活动，经计核偷逃应缴税款人民币3 451 317.3元。公司1委托公司2进行报关业务，被告人成某某系公司2操作业务员，参与其中部分犯罪活动，经计核偷逃应缴税款人民币2 786 517.3元。

上述事实，有经庭审举证、质证的下列证据证明：

1. 证人尚某的证言：公司1进口韩国某会社品牌的激光类医疗美容器械销售给国内的医院或美容院。2017年4月至年底，总经理李某某让我配合报关公司公司2的工作，联系公司2的员工成某某，提交报关需要的发票、货物清单、注册证等材料。货物报关入库后，由我联系位于亦庄的检验检疫机构进行商检。

2. 证人李某的证言：公司1主要从韩国进口医疗美容器械在国内销售。公司设有总经办、行政部、销售部、财务部、电商部等，销售部下设几个分公司。各个部门的负责人都向李某某汇报工作，他是总负责人。北京公司6技术有限公司（以下简称公司6）的业务由徐某某负责。2017年2月，我任公司1总经理助理，主要负责翻译发给韩国的采购订单、财务报表，同时也负责与报关公司沟通货物清关业务。我与韩国供货商往来邮件中提到的“原来的运输公司的方式”就是走海运不向海关进行申报。邮件中提到的“非正式通关的货物”公司 1 都收到了，货款也向韩方支付了。与韩国沟通的邮件都需要经过李某某许可，是他让我这么做的。

3. 证人蒋某某的证言：我是公司 1 的财务经理，向李某某汇报工作。财务的记账工作是用金蝶软件完成，对没有报关单进口的货物，李某某让我们仅做内部账目。销售部的负责人最早是徐某某，后来徐某某去负责公司 6 的业务了。公司 1 的进口业务由总经办负责。

4. 证人陈某某的证言：2019 年 6 月我任公司 1 的会计，2019 年 12 月任财务经理，也做会计。公司的所有财务支出都会经过“钉钉”办公平台的“易快报”进行逐级审批。公司的内部账目记录的是公司所有的交易，使用金蝶公司的“精斗云”系统记录。公司的外部账目只记录了公司账户的正常交易记录，使用金蝶公司的“KIS”系统记录。

5. 证人车某某的证言：我是北京公司 4 的行政助理。公司 4 是韩国某会社投资成立的外资公司，法定代表人是金某某，他同时也是韩国某会社的老板。公司还有一位主管是成某某，是韩国某会社海外营业部的科长。公司的销售客户主要是公司 1 和公司 5。我们的商品价格基本上不会变化，订单数量多的时候，才会有九折优惠。

6. 证人张某某的证言：我是公司 4 的财务。公司 4 主要业务是从韩国进口该品牌的医疗美容设备在国内销售。公司 4 是韩国某会社投资成立的一家外资公司，法人代表是韩国人金某某，还有一个管理人员叫成某某，也是韩国籍。

7. 证人崔某某的证言：韩某 1 是公司 2 的老板，很少负责具体业务；成某某负责业务具体操作；李某 3 负责机场操作；我负责财务工作。

8. 证人韩某 1 的证言：我是公司 2 的实际控制人。公司 2 会根据公司 1 货物的大小及重量等信息订舱，货物入中国境内后，我公司的成某某会委托报关公司报关，并且通知公司 1 缴纳税款。公司 2 根据货物运输过程中实际产生的物流等费用向公司 1 进行收费。公司 1 进口韩国医疗美容器械的业务一直由成某某负责，平时我不会细问。我们公司使用的是一个叫“CARG02000”的办公软件进行管理。成某某没有向我汇报过公司 1 进口同批货物存在两套发票的情况。

9. 证人张某的证言：2019 年 11 月，我到公司 1 任职，先后任采购、总经理助理、综合办公室负责人。我入职公司 1 时，是徐某某与我交接的工作，当时徐某某负责公司 1 和公司 5 两家公司的采购和物流工作。我在公司 3 没有任职，只是听徐某某的安排为公司 3 采购货物。公司 1 事业部主要工作是销售韩国某会社牌医疗器械，种类有 PASTELLE（帕斯特）、ATR（科斯杰）、PICOCARE（超皮秒）等，负责人是王某；公司 3 事业部主要工作是销售韩国某医疗器械，种类有 Plasonic（等离子）、ERIGE（多维）、UltraVera（私密超声刀）等，负责人是徐某某。我向侦查机关主动提交了“钉钉”账户中公司 1 和公司 3 向韩方订货的真实数据，以及货物采购合同、货物采购入库单、货物销售出库单。公司 1、公司 3 都委托公司 2 进行报关，成某某在收到发票后有时会向我询问是否需要修改发票，我会将李某某的要求发给成某某，由他负责修改发票并以修改后的发票向海关进行申报。李某某会直接联系或者叫我联系货代黄某，这个货代通过海运方式将货物运输到国内威海或者青岛口岸。公司 1 从韩国进口针头会将货物品名由“针头”改为“探头”向海关进行申报。李某某、徐某某和陈某都要求过我通过修改品名的方式向海关申报进口针头。大概 2019 年年底，徐某某要求我联系黄某志进口一批等离子仪，并要求向海关低报价格进口货物，成某某按照要求修改了这批货物合同和发票上的金额进行的报关。李某某曾要求我总结 2019 年下半年公司 1 从韩国某会社进口货物的明细表，这个表中有实际货值和报关货值。

10. 受案登记表、立案决定书证明：北京海关缉私局于 2018 年 11 月 1 日受理公司 1 走私普通货物案，并于当日立案侦查。

11. 工商登记资料证明：公司 1 公司于 2016 年登记成立，注册资本为 800 万元，法定代表人是李某某，股东有杨某、李某某（持股 65%）、段岩、徐某某（持股 10%）；2017 年 2 月 16 日，公司 1 股东变更为李某某（持股 96.25%）、杨某（持股 1.25%）、杨某 1（持股 2.5%）；公司 4 是外国法人在国内注册的独资公司，法定代表人是金某某（韩国籍）；公司 2 法定代表人为韩某 1。

12. 海关企业查询信息、注册资料证明：公司 1、公司 3、公司 2、公司 4 的海关注册情况。

13. 公司 1 销售产品的宣传册证明：（1）ATR 中文名称科斯杰，临床经验超过 15 年、激光器 1000 万次或 3 年超长质保，临床适应症黄褐斑等；（2）Pastelle 中文名称帕斯特，特有 PTP 双声双脉冲模式、激光器 1000 万次或 3 年超长质保，临床适应症黄褐斑等；（3）Picocare 中文名称极光超皮秒，通过 CFDA（中国食品药品监督管理局医疗器械注册证）认证治疗黄褐斑的超皮秒激光；（4）Superq 中文名称帕斯特 PRO，多脉冲模式提供选择，临床适应症黄褐斑等。

14. 成某某与徐某某的电子邮件及打印件证明：成某某于 2019 年 4 月 1 日发邮件给徐某某，并抄送蒋某，内容是韩国某会社与公司 1 对账数据，含有走私货物的真实价格。

15. 成某某、李某某和蒋某的电子邮件及打印件证明：李某某将货款支付给韩国某会社账户、金某某中国工商银行尾号 5549 账号、金某某友利银行尾号 0404 账户等方式，完成了低报部分货款的支付。

16. “超能进口报关”微信群聊天记录及打印件证明：李某某、徐某某、成某某、俞某某等人共同商量了修改报关单据价格。

17. 张某某与李某某的微信聊天记录及打印件证明：李某某要求张某某整理 2019 年下半年从韩国某会社直接订货的明细表，明细表中将进口货物的价值分别列明“实际货值”和“报关货值”，其中有的货物列明为“未报关”，有的货物的“报关货值”明显低于“实际货值”。

18. 李某某电子邮箱恢复数据证明及打印件：李某某在邮件中与李某 6、徐某某等人讨论“Scahil & Beladona 两个仪器都没有 CFDA 认证，都是用 Queen 仪器的名字来通关的”“Queen 仪器的 CFDA 下个月 3 月 17 日到期，众所周知，在中国医疗市场上销售必须有通关证，所以在这之前得安排一定数量的仪器通关”“这两个仪器假定 2 月入库 30 台的话，15 台非正式通关，15 台正式通关，因为不确定仪器是在美容市场还是医疗市场销售”等内容。

19. 徐某某电子邮箱恢复数据及打印件证明：韩国某会社的成某某发给徐某某的货物对账单，含有货物的真实价格，邮件内容是“你好，徐总，韩国财务账单发给您，直到今年3月份的”。2017年12月5日、12月19日、12月29日，公司1分三次将合计人民币1100万元的货款汇到韩国某会社友利银行公户。

20. 李某某、徐某某、蒋某、尚某电子邮箱内的发票信息及打印件证明：共33笔发票信息，其中26笔存在真假两套发票。

21. 李某某手机的微信群聊天记录及打印件证明：成某某、李某某、徐某某、韩某1等人微信聊天群内讨论“黑尔霸”退运和报关的问题。

22. 电子邮件“韩国某会社领导上周北京出差会议主要内容”及打印件证明：该邮件由韩国某会社株式会社海外运营—财务部张某燕发送，收件人包括李某某、徐某某，内容涉及第二批“黑尔霸”税金支付，公司1负责“黑尔霸”做3类医疗器械广告的许可申请等内容。

23. 邮件“0170712JD会议录”及打印件证明：“黑尔霸”在国内京东平台国际店销售所得的收款账户为韩国总部；国内店销售、收款账户为公司1招商银行账户。该邮件于2017年7月13日抄送李某某、尚某。

24. 邮件“黑尔霸进口退运记录说明”及打印件证明：2019－04－08成某某向李某某、李某4发送邮件沟通“黑尔霸”退运及相关税务事项，邮件抄送蒋某。

25. 邮件“FW：RE：HAIRBANG1920台报关发票”及打印件证明：2017－07－03成某某向尚某发送1920台“黑尔霸”实际发票，单价600.00USD，总价1 152 000.00CNY。邮件抄送李某某。

26. 邮件“B2C（hairbang，hifie）相关文件”及打印件证明：2019－04－01成某某向李某某、徐某某发送“黑尔霸”出口的商业发票、报关单、提单、清单等，邮件抄送成某某。

27. 邮件“RE：20170726元泰2016年hairbang，hinie产品通关费用记录”及打印件证明：2017－07－27wm@ wtlaser. com与成某某沟通2016年“黑尔霸”等税费，邮件抄送尚某。

28. 邮件“Re：HAIRBANG1920台发送至北京公司1的仓库”及打印件证明：2017年7月，“黑尔霸”1920台由韩国发送至公司1的仓库，成某某负责清关。邮件抄送尚某、李某某、成某某等人。

29. 邮件“Fwd：RE：FW：Re：关于7－9月运费疑问”及打印件证明：金某某与成某某沟通运费问题。

30. 邮件“RE：Re：关于2016、2017年进口hairbang退运回韩国的事宜（hairbang海运进口第一二三批次）”及打印件证明：4832台“黑尔霸”以一般贸易出口方式退货至韩国入库。原出口报关单的金额需更改。邮件由成某某发送成某1、李某某，抄送徐某某等人。

31. 邮件“Re：RE：关于2018年进口黑尔霸共计1512台再次退运回韩国的事宜（hairbang海运进口第四批次）”及打印件证明：成某某、成某1、李某某等人围绕2018年进口“黑尔霸”共计1512台反复沟通的经过，邮件抄送徐某某等人。

32. 邮件“回复：HairBang8”及打印件证明：车某霞与金某某邮件交流“黑尔霸”事宜，抄送成某某、徐某某。

33. 徐某某电子邮箱往来邮件及打印件证明：徐某某与俞某某、李某某、成某某等人沟通进口设备的往来邮件，部分邮件提到“灰关”、TWINS物流。

34. 经成某某签字的发票号码为WTCNCI17062001的“黑尔霸”报关单据证明：两套日期为2017年6月20日的WTCNCI17062001号形式发票显示1920台“黑尔霸”价格分别为单价＄600.00，总价＄1 152 000.00；单价＄200.00，总价＄384 000.00。

35. 成某某与张某某等人的微信聊天记录及打印件证明：2019年12月19日成某某“等离子金额改吗”，张某某“报关价格改成5000元人民币”，张某某“再跟徐总确认一下”，成某某“我看单据做的是公司1”，张某某“用公司6，单据上写的应该是公司1公司名，其实这个货是公司6的，公司6付款”。2020年12月4日张某某“等离子今天提货”，成某某“单据有么”，张某某“灰关操作”，成某某“可以”。

36. 北京海关缉私局调取证据通知书、韩国外交部认证材料、韩国出口申报要求、韩国某会社向公司1出口货物的报关单汇总、韩国公证材料、具体出口报关单及其翻译材料证明：向公司4调取了韩国某会社自韩国向公司1出口货物的95张报关单及其认证材料。

37. 公司2提供的货物运单、发票、增值税专用缴款书、利润分析表、进口货物报关单证明：公司1伪报价格申报进口的情况。

38. 北京海关缉私局调取证据通知书、金蝶软件经营KIS云产品授权证书、公司1记账凭证证明：公司1于2020年5月27日至2021年12月1日期间的财务支出情况，包括二手医美设备货款支付及入库情况。

39. 北京海关缉私局调取证据通知书、调取证据清单、协助查询财产通知书、开立活期账户及交易记录、贷款及展期审查资料、付汇手续及相关单据证明：公司1在友利银行开立账户、交易流水、贷款、展期、付汇及还款的经过。公司1在友利银行获得贷款后，分别于2017年12月5日提款500万元；2017年12月19日提款255万元；2017年12月29日提款345万元，后向韩国某会社付汇。

40. 韩国某会社出具的本公司向公司1出口"黑尔霸"产品的情况说明及某翻译服务有限公司翻译件证明韩国某会社提交涉案材料的情况：(1) 韩国某会社和公司1从2016年开始建立销售代理关系，授予公司1中国区总代理权。(2) "黑尔霸"项目在2018年7月以后由公司4运营，2018年7月以前由公司1管理运营。(3) "黑尔霸"进口情况：2016年9月14日进口，数量1400台，出口价格USD600，申报价格USD600，进口商为斯凯达；2016年10月17日进口，数量1920台，出口价格USD600，申报价格USD600，进口商为公司1；2017年7月14日进口，数量1920台，出口价格USD600，申报价格USD200，进口商为公司1；2017年8月21日进口，数量10台，出口价格USD600，申报价格USD200，进口商为公司1；2017年7月18日进口，数量1512台，出口价格USD254，申报价格USD254，进口商为公司1。(4) 因产品过期和滞销将4832台"黑尔霸"退回韩国，申报日期2019年1月17日，报关单号……25495，申报价格USD600。

41. 北京海关缉私局搜查证、搜查笔录、扣押决定书、扣押笔录、扣押清单证明：2022年2月22日，对公司4进行搜查，扣押笔记本电脑一台、主机一个、一体机一台、Ukey五个。2022年7月15日发还Ukey一个。

42. 北京海关缉私局扣押决定书、搜查笔录、扣押清单、情况说明、视频资料证明：2022 年 2 月 22 日，从公司 4 库房查获美容仪器一批并予以扣押。

43. 北京海关缉私局调取证据通知书、调取证据清单证明：公司 4 调取了 2018 年至 2021 年进口报关单及附随单据和相应的韩国出口报关单及翻译件。

44. 北京海关缉私局协助查询财产通知书、开户资料和交易明细证明：李某某、公司 1 在中国工商银行的存款情况，2016 年 7 月 18 日至 2022 年 2 月 18 日李某某与公司 2、金某某、友利银行有频繁资金往来。

45. 北京海关缉私局协助查询财产通知书、中国工商银行、招商银行、韩亚银行、友利银行、开户信息及银行流水证明：公司 4、金某某名下银行账户的交易情况。

46. 北京海关缉私局协助冻结财产通知书证明：对金某某、公司 4、公司 1、李某某名下银行账户的冻结情况。

47. 韩国某会社提供的审计公司情况说明中英文原件、韩国某会社公出具的应收账款支付确认请求原件及某有限公司翻译件等材料证明：2021 年 6 月 30 日以前，公司 1 与韩国某会社销售及应收货款情况。

48. 经韩国外交部认证、我国驻韩国使馆认证的成某某护照复印件、在职证明、公证书及翻译件证明：成某某于 2013 年 2 月 27 日至 2022 年 4 月 13 日任韩国某会社海外营业组组员。

49. 经韩国外交部认证、我国驻韩国使馆认证的成某某关于公司 1 涉嫌走私普通货物案件基本情况说明证明：成某某负责韩国某会社的海外分公司，包括公司 4 在内的日常业务报告和确认业务汇总工作，先后与李某 6、俞某某、张某某对接。

50. 北京海关缉私局扣押决定书、扣押笔录、扣押清单证明：扣押李某某的手机一部；扣押公司 1 公章一枚、财务账册七箱、台式电脑一台、苹果笔记本电脑一台；扣押徐某某持有的手机二部、笔记本电脑一台；扣押张某某手机二部的情况。

51. 北京海关缉私局鉴定聘请书、北京通达法正司法鉴定中心司法鉴定意见书（京通法鉴［2022］×号、［2022］×号）及附随光盘五张证明：对李某某处扣押的检材 iPhone 笔记型电脑 1 台、iPhone 手机 1 部、钉钉邮箱账号 1 个进行鉴定，检出公司 1 等公司经营销售、走私设备等文件及往来邮件。对公司 1 处扣押的联想台式计算机 1 台、组装台式计算机 1 台、联想多媒体一体机电脑 1 台、联想便携式计算机 1 台进行鉴定，检出公司经营销售、员工表格、记账材料等。

52. 北京海关缉私局鉴定聘请书、北京通达法正司法鉴定中心司法鉴定意见书（京通法鉴［2022］×号、京通法鉴［2022］×号）及附随光盘二张证明：对徐某某持有的 HUAWEI 手机 1 部、iPhone 手机 1 部、钉钉邮箱账号 1 个进行鉴定，检出公司经营销售、走私设备等文件及往来邮件。对徐某某持有的便携式计算机 1 台进行鉴定，检出公司 3 规划、报价、设备、销售合同等资料。

53. 北京海关缉私局鉴定聘请书、北京通达法正司法鉴定中心司法鉴定意见书（京通法鉴［2023］×号、［2023］×号、［2022］×号）及附随光盘三张证明：对张某某持有的手机进行鉴定，恢复并提取手机中的通讯录、通话记录、短信息、微信、钉钉、支付宝等数据。对张某某手机尾号 3035 绑定的钉钉账号内的“销帮帮 CRM”“易快报”两个工作台中的数据进行提取，检出公司 1 单据信息表、产品管理表、合同订单、销售出库单等涉案电子数据。对张某某持有的 iPhone 手机 1 部进行鉴定，检出数据文件光盘。

54. 北京海关缉私局鉴定聘请书、北京通达法正司法鉴定中心司法鉴定意见书（京通法鉴［2022］×号、［2022］×号、［2022］×号）及附随光盘七张证明：对成某某持有的 DELL 台式计算机 1 台、xiaomi 手机 1 部、Kingston U 盘 2 个进行鉴定。检出办公文档、与其他涉案人员的往来邮件、提单、运单、公司 1 发票等。对成某某持有的 MI 便携式计算机 1 台进行鉴定。检出办公文档、与其他涉案人员的往来邮件等。对韩某 1 持有的 iPhone 手机 1 部进行鉴定，检出通讯记录等信息。

55. 北京海关缉私局调取证据通知书、调取证据清单、光盘 2 张证明：阿里云计算有限公司提供的李某某、尚某、蒋某、段某使用的 4 个电子邮箱的数据。

56. 北京海关缉私局调取证据通知书、调取证据清单、授权证书证明：金蝶软件授权北京珠峰时代科技发展有限公司授权书一份，北京某公司提供的公司1记账凭证打印件，采购一手及二手仪器的数量及付款情况。

57. 北京海关缉私局调取证据通知书、调取证据清单、刻有金蝶财务电子数据的光盘一张、情况说明证明：公司1、公司1广州分公司、公司6、河北某技有限公司的经营销售情况。

58. 数据光盘二张、徐某某、张某某亲书证据来源说明证明：徐某某从钉钉账号导出的销售出库单、成交客户、采购合同。张某某提供的公司3进口海某克货物的采购合同、货物采购入库单、货物销售出库单。

59. 京关核税 ZH2022093×号、ZH2023033×号、ZH2022093×号、ZH2022093×号、ZH2022093×号、ZH2022093×号、ZH2023033×号、ZH2023033×号、ZH2023033×号、ZH2023033×号、2023-0×号涉嫌走私的货物偷逃税款海关核定证明书、鉴定意见通知书证明：经北京海关关税处计核，“低报价格”及“绕关走私”共计核定偷逃税款人民币12 573 572.37元，其中绕关走私共计核定偷逃税款人民币7 552 537.36元。

60. 被告人李某某的供述：我负责公司1的全面管理，公司的进口业务基本上都是由我负责。我让张某某总结了公司1 2019年下半年从韩国某会社进口货物的明细表，表格中实际货值就是公司1需要向韩国某会社支付的货款金额，报关货值是向海关申报时的金额。表格中出现的“未报关”就是不向海关进行申报。在电子邮箱的邮件中提到的“正式通关”就是在进口货物时向海关进行申报；“非正式通关”就是将货物直接进口到国内，而不向海关进行申报。正式通关中会将报关价格降低进行申报。非正式通关的货物进口，我们会联系一个叫黄某志的韩国人，她负责将货物从韩国运抵至威海口岸，而不向海关进行申报。成某某曾发送给徐某某一封关于确认韩国某会社的财务账单的邮件，这封邮件也抄送给我了，是自2015年12月11日至2019年3月12日，韩国某会社向公司1出口的设备的明细表。该表中体现的货物价格是公司1与韩国某会社的实际交易价格，表格中所体现的货物公司1都收到了。公司3的实际控制人是我，徐某某是公司 3 的总经理，他负责公司 3 的销售业务，同时也配合我向韩国采购进口货物。进口商品报关委托的是公司 2，如果我们要进口货物，我的助理就会与公司 2 的成某某对接，并将进口货物的发票、合同等单据发送给成某某，由成某某全权负责货物的报关及运输等业务。我们有时候会向成某某发送真实发票，有时候也会发送降低价格的假发票。我电子邮箱发现的“黑尔霸”相关的真假发票，是韩国直接决定用低价格的假发票向海关进行申报的。公司 6 进口过一台等离子，发票上的价格是 5500 美元，我要求张某某让成某某将报关价格改为人民币 5000 元。还有一台同样的设备，发票上的价格是 4400 美元，张某某要求成某某使用“灰关”操作清关。

61. 被告人徐某某的供述：2016 年 4 月我任公司 1 销售主管，2017 年年底我到超能仪美做销售总监，2018 年 7 月我在公司 4 做总经理，2019 年 2 月我又回到公司 1 做北京分公司经理。2020 年年初至今，我在公司 6 做事业部负责人。公司 1 主要进口韩国某会社旗下激光类医美设备在国内销售。李某某的助理俞某某、李某 6、张某某负责向韩国外商下订单，韩方会根据订单需求发货。我在公司 1 时具体主管销售工作，进口产品的销售价格是由李某某决定。我的电子邮箱里抄送给我的邮件我是看过的，实际付款的发票价格会高一些，报关用的低一些，低报是为了少交税。邮件里公司 1 要求韩国某会社将进口的货物使用 TWINS 物流的方式运输到国内，而通过 TWINS 这家物流公司运输的货物是不需要向海关进行申报的。公司 1 一共进口过三批“黑尔霸”，后两批向海关低报了价格。2019 年 4 月成某某发给我的邮件是韩国某会社给公司 1 的对账单，这个对账单上的产品价格是真实成交价格。李某某是公司 1 的实际负责人，我在李某某没有助理的空档期和外商成某某联系过，发过订单，让俞某某改低过发票价格。公司 3 的法定代表人是李某芬，占股 75%，他是李某某的父亲，我占股 10%，公司的实际出资人是李某某，实际控制人也是李某某。公司最早叫超能仪美，后来更名公司 6，又更名为现在的公司 3。我是公司 3 的总经理，负责公司具体的经营。公司 1 的法定代表人是李某某，占股 96.25%，股东杨某是我妻子，占股 2.5%。2019 年 12 月，公司 3 从韩国海某克进口二台等离子设备时，低报情况我是知道的。

62. 被告人成某某的供述：公司 2 的老板是韩某 1，我负责物流、报关的具体操作和客服工作。公司 1 进口的货物主要是“黑尔霸”和帕斯特存在问题。“黑尔霸”进口时第一次申报的是 600 美元，后面几次申报的价格就是 200 美元或者 200 多一点。帕斯特申报的价格有 10 000 美元的、13 000 美元的、15 000 美元的和 20 000 美元的。公司 2 是货运代理公司，我们关心的只是运费问题，为了维系客户，不可能和他们追究价格问题。我与公司 1 的俞某某，还有尚某、李某 6、张某某先后直接联系，主要通过微信联系传送单据，邮箱偶尔会发送对账单。

二、2020 年 7 月至 8 月，公司 7 委托公司 2 从韩国进口货物过程中，公司 2 以低报价格方式进口货物 2 票，经计核偷逃应缴税款人民币 14 658.47 元。被告人成某某参与上述全部犯罪活动。

上述事实，有经庭审举证、质证的下列证据证明：

1. 证人韩某 3 的证言：我是公司 7 的售后经理，我们委托做国际运输代理的成某某进口了一票货物，是公司 7 从 CLASSYS 进口的 4 台 AQUAPURE。当时我向他提供了货物的申报要素等信息，但发现报关单货物单价为人民币 1000 元，而实际成交的货物价值为人民币 1 万元左右，报关单上也没有体现我们公司的名称。后来我们公司从韩国海某克进口过几台 Plasonic，具体委托的哪家报关公司记不清了。

2. 北京海关缉私局扣押决定书、扣押笔录、扣押清单、鉴定聘请书、北京通达法正司法鉴定中心司法鉴定意见书证明：对在案扣押的手机、电脑等设备数据进行提取的情况。

3. 报关单号查询信息、在成某某小米笔记本电脑硬盘中恢复提取到的真假两套发票数据打印件、北京经济技术开发区海关缉私分局出具的情况说明证明：2020 年 7 月 21 日，申报进口 4 台探头，申报单位某货代公司 1，货主单位公司 2，申报价格人民币 600 元，该单真实发票价格为 2076 美元。2020 年 8 月 17 日，申报进口 4 台超声波美容仪，申报单位某货代公司 1，货主单位公司 2，申报价格为人民币 2400 元，该单真实发票价格为 14 000 美元。

4. 北京经济技术开发区海关缉私分局调取证据通知书、调取证据清单等相关材料证明：向深圳市人民检察院调取韩某3等走私案的受案登记表、立案决定书、取保手续、韩某3讯问笔录等材料。

5. 京关核税2023－01×号涉嫌走私的货物偷逃税款海关核定证明书、鉴定意见通知书证明：经北京海关关税处计核，进口超声波美容仪器4台、探头4个，以上核定偷逃税款人民币14 658.47元。

6. 被告人成某某的供述：韩国海某克的林某将公司7介绍给我，当时是公司7的韩某3和我联系的，公司7曾委托公司2进口过韩国海某克的货物。

三、2020年至2021年，公司1在明知国家禁止进口二手医疗美容器械的情况下，自韩国外商许某处购买17台二手医疗美容器械，采用“绕关”的方式将货物进口入境，货物价值共计人民币135.23万元。被告人李某某系公司1法定代表人，参与上述全部犯罪活动。

上述事实，有经庭审举证、质证的下列证据证明：

1. 证人张某某的证言：公司1从2020年开始进口二手医疗器械，李某某联系好要购买的二手医疗器械后，会让我制作付款审批单向财务申请付款。我在确认这些二手医疗器械到货后，就会提请财务核销我的借款。公司1进口的二手医疗器械有科斯杰和帕斯特。

2. 张某某手机微信聊天记录及打印件证明：2020年，李某某从韩国孙某1处采购二手科斯杰价格为人民币6万元，货款转个人私户。2021年，李某某从韩国孙某1处采购二手帕斯特两台，价格为人民币145 000元，货款转个人私户。

3. 中国工商银行转账记录证明：2020年11月9日，李某某通过徐某英账户向对方支付二手科斯杰货款人民币6万元。

4. 李某某手机恢复的微信记录数据及打印件证明：李某某与许某通过微信沟通进口二手医疗器械的型号、数量、价格、运输、货款支付入库等事宜。李某某通过微信指示张某某支付部分货款、运输费用的情况。

5. 李某某手机恢复微信记录数据、支付货款、运输费用、入库等会计凭证及情况说明证明：公司1、李某某向韩国许某联系分十批采购了17台二手美容医疗仪器，其中科斯杰6台 、帕斯特10台、超皮秒1台，共计价值人民币 1 352 321 元，均已入库并向韩方支付了货款。

6. 北京海关缉私局协助查询财产通知书、开户资料和交易明细证明：公司 1、李某某在银行的开户和交易明细记录。

7. 北京海关缉私局扣押决定书、扣押笔录、扣押清单、鉴定聘请书、北京通达法正司法鉴定中心司法鉴定意见书证明：在案扣押的手机、电脑等数据进行提取的情况。

8. 北京海关缉私局调取证据通知书、调取证据清单、光盘二张证明：阿里云计算有限公司提供的李某某、尚某、蒋某、段某使用的电子邮箱数据。

9. 北京海关缉私局调取证据通知书、调取证据清单、公司 1 记账凭证打印件、金蝶财务电子数据的光盘一张、情况说明证明：公司 1 的经营销售数据及采购一手及二手器械的数量及付款情况。

10. 光盘二张、徐某某、张某某亲书证据来源说明证明：徐某某从钉钉账号导出的销售出库单、成交客户、采购合同。张某某提供的公司 3 进口海某克货物的采购合同、货物采购入库单、货物销售出库单。

11. 被告人李某某的供述：我知道海关是不允许进口二手医疗器械的。因为新的医疗器械太贵，为了满足国内一些美容院的需要，公司 1 进口过二手医疗器械。需要进口二手医疗器械时，我会联系韩国方的许某，采购的主要型号是韩国某会社牌的科斯杰和帕斯特。这些器械都没有向海关申报，是通过韩国的一家物流公司将货物运输到公司 1，这家物流公司的联系人是黄某志。公司 1 一共走私进口了十票共计 17 台二手医疗仪器，总计价值人民币 1 352 321 元。这些二手仪器全是通过私户向韩方支付的货款，并在国内完成了销售。

四、2021 年 8 月至 2021 年 11 月，公司 3 明知从韩国进口医疗器械超声刀（New Doublo）需提交医疗器械注册证并接受商检，仍与公司 1、公司 2 共谋，通过整机拆散、修改货物品名的方式逃避海关商检，以公司 3、公司 1 名义多次进口超声刀 45 台，货物价值共计人民币 369.4 万元。其中，公司 1 先后六次以前述方式进口超声刀共计 26 台。被告人李某某系公司 1 法定代表人和公司 3 实际控制人，被告人徐某某系公司 3 总经理，被告人张某某系公司3采购员，被告人成某某系公司2业务员，均参与上述全部犯罪活动。

2022年2月22日，被告人李某某被侦查机关抓获归案，到案后如实供述了主要犯罪事实；2022年3月30日，被告人徐某某经电话通知到案，到案后如实供述了主要犯罪事实，在审查起诉阶段缴纳款项人民币30万元，在法庭审理阶段缴纳款项人民币12万元；2022年4月13日，被告人成某某经侦查机关口头通知后自行到案；2023年1月13日，被告人张某某经电话通知到案，到案后如实供述了犯罪事实，在法庭审理阶段缴纳款项人民币1万元。

上述事实，有经庭审举证、质证的下列证据证明：

1. 证人韩某1的证言：公司2替公司1、公司3代理的货物被天津海关查验后退运回韩国，这件事是成某某去天津办理退运时我知晓的，但成某某没有向我解释具体原因。公司3与公司2的联系人是徐某某。公司2每个月向成某某发放人民币1万元的工资，没有业务提成。

2. 受案登记表、立案决定书证明：北京经济技术开发区海关缉私分局于2023年1月10日受理公司3走私普通货物案，并于当日立案侦查。

3. 张某某签字确认的微信聊天记录及打印件证明：张某某向侦查机关提供了14个医疗仪器以整拆散进口的相关单据及材料。

4. 张某某手机恢复的部分微信记录数据及打印件证明：李某某与张某某围绕拆分进口医美仪器的沟通情况，徐某某、成某某参与拆分进口医美仪器的情况。详细内容为：（1）2021年8月25日18时38分张某某“他们确实有设备，都是整机，就是不愿意拆”。18时41分李某某回复“能发吗，海关会扣吗”。18时43分张某某回复“容易被退运，如果非要进行，先去药监局备案仪器”。李某某回复“备案在进行吗”“看看哪个快”。张某某“备案肯定来不急了，今天和徐总商量过了”。（2）2021年8月27日14时56分张某某“我们今天清关韩国过来的两台样机报了家用激光嫩肤仪，就没有被查”。李某某回复“那我们整机如果这样报十来台，有没有风险”，张某某“不敢一下子报十来台，货代那边也在尝试”。李某某语音“你给徐总商量一下，帮我给苏某商量一下，周一的话他拆多少台咱就发配件，剩下的发整机，看能不能按照就是你们发这两台的方式发过来”。15 时 13 分李某某语音“那就是家用激光的嫩肤仪和配件两条路都走着嘛，14 台都能拆了，那就以配件，要是拆不了，咱就发家用美容仪”。

5. 李某某手机恢复的微信记录数据及打印件证明：李某某与林某讨论医美设备注册问题。

6. 张某某手机恢复的微信记录、微信群聊天数据及打印件证明：徐某某、张某某等人在微信群内讨论修改设备标签和说明书以应付商检，涉及设备包括 SN 号为 HND012103X 的 New Doublo，并决定后期以整机拆散的方式进口。

7. 李某某手机提取的微信聊天记录及打印件证明：2021 年 6 月 1 日，林某向李某某发送超声刀产品介绍，李某某发送“关于注册费用的问题，建议大家对半分摊”。

8. 张某某手机提取的微信聊天记录及打印件证明：2021 年 7 月 9 日，成某某问张某某“有产地证或医疗注册证不”“报关员说超声刀太敏感，我们改了一下”。将超声刀以商品编码 8543709990、商品名称“超声波美容仪”，在深圳宝安国际机场口岸报关，并运输至广东省佛山市。

9. 张某某手机提取的微信聊天记录、微信群聊天数据及打印件证明：2021 年 8 月，公司 3 委托公司 2 进口 5 台 New Doublo 超声刀。同年 8 月 11 日，在深圳机场口岸以商品编码 8543709 ×、商品名称“超声波美容仪”申报进口 4 台超声刀，在上海浦东机场口岸以同样方式申报进口 1 台超声刀。以上两票货物申报进口后均由进口货物属地的佛山海关、嘉兴海关进行目的地检查。查验后，嘉兴海关认为进口货物系三类医疗器械，要求补交医疗器械注册证。成某某联系张某某转达上述要求，二人商讨更改名称、用其他型号顶替、套用注册证等方法。同年 8 月 18 日，张某某通过微信群（群内有徐某某）联系林某修改设备标签，将设备名称由“Ultrasound Surgical System”（超声外科 1 系统）改为“Beauty equipment”（美容设备），并删除“BF Type”“SN”等信息，将修改后的标签打印贴在设备上，公司 3 向海关提交进口货物不做医疗用途的承诺书。嘉兴海关审核完毕后对以上货物予以放行。同日，张某某在微信群（群内成员有徐某某）聊天中表示“后期不能整台设备进了，不敢了”“拆成配件吧，我们先试试以配件名称进可以不”“我们先用一台设备试一试，我们用两个公司打款，两个公司清关”。

10. 张某某手机提取的张某某与成某某微信聊天记录、微信群聊天记录数据及打印件证明：2021 年 8 月 20 日，张某某、成某某、林某等人通过微信群讨论拆分报关事项，张某某提出“我们拆开外壳、手柄、屏、主机拆开单独电路板、水壶，这样可以吧”，成某某回复“应该没问题了”“报关员建议后面每个公司进口的零件固定下来比较好”“比如超能进电路板就一直做电路板，不要频繁换”。

11. 张某某手机提取的张某某与成某某微信聊天记录打印件证明：2021 年 8 月，成某某与张某某商议通过公司 1 和公司 3 两个公司名义以整机拆散形式进口 14 台超声刀。2021 年 9 月 1 日，天津海关对该两票货物进行口岸检查，认为货物用途说明存在问题，有拆分嫌疑，不予放行。2021 年 11 月 16 日，天津海关对该两票货物做直接退运处理。后该 14 台超声刀从深圳海关进口。

12. 张某某手机提取的张某某与成某某微信聊天记录打印件证明：2021 年 9 月 18 日，货物被扣天津海关期间，成某某通过微信向张某某发送“140 款产品不做完成医疗器械管理，2020 第一批分类界定结果出炉。本次汇总的医疗器械产品分类界定结果共 555 个”的链接，并发送“可调式光照仪”产品说明截图。

13. 进口货物报关单、附随单据证明：2021 年 8 月 11 日，公司 3 从上海浦东机场口岸进口 1 台超声波美容仪运至嘉兴。2021 年 8 月 11 日，公司 3 从深圳机场口岸进口 4 台超声波美容仪。

14. 进口货物报关单、附随单据证明：2021 年 8 月 26 日，公司 1 从天津机场口岸进口 1 个固定框架和 1 个电路板。2021 年 8 月 26 日，公司 3 从天津机场口岸进口 1 个配件手具、1 个液晶屏、1 个手柄固定支架。

15. 进口货物报关单、附随单据证明：2021 年 9 月 21 日，公司 1 从深圳机场口岸进口 3 台可调式光照仪。2021 年 9 月 28 日，公司 1 从深圳机场口岸进口 5 台可调式光照仪。2021 年 9 月 29 日，公司 1 从深圳机场口岸进口 3 台可调式光照仪。

16. 进口货物报关单、附随单据证明：2021 年 10 月 8 日，公司 3 从深圳机场口岸进口 4 台可调式光照仪。2021 年 10 月 30 日，公司 3 从深圳机场口岸进口 6 台可调式光照仪。2021 年 11 月 3 日，公司 3 从深圳机场口岸进口 4 台可调式光照仪。

17. 进口货物报关单、附随单据证明：2021 年 8 月 31 日，公司 1 从天津机场口岸进口 14 个固定框架和 14 个电路板，于 2021 年 11 月 4 日进行退运处理。2021 年 8 月 31 日，公司 3 从天津机场口岸进口 14 个配件手具、14 个液晶屏、14 个手柄固定支架。2021 年 11 月，天津海关对上述两批货物作退运处理。2021 年 11 月 19 日，公司 3 从深圳机场口岸进口 14 个手柄、14 个显示屏、14 个手柄固定支架等。2021 年 11 月 19 日，公司 1 从深圳机场口岸进口 14 个固定框架、14 个电路板等。

18. 公司 3 进口海某克货物明细表证明：公司 3 进口海某克超声刀 New Doublo 的采购合同、付款方式、物流方式、采购入库单、销售出口单等情况，45 台超声医疗器械价值人民币 369.4 万元。

19. 北京海关缉私局协助查询财产通知书、开户资料和交易明细证明：公司 1、李某某在银行开户和交易明细。

20. 北京海关缉私局扣押决定书、扣押笔录、扣押清单、鉴定聘请书、北京通达法正司法鉴定中心司法鉴定意见书证明：对在案扣押的手机、电脑等数据进行提取的情况。

21. 北京海关缉私局调取证据通知书、调取证据清单、光盘二张证明：阿里云计算有限公司提供的李某某、尚某、蒋某、段某使用的邮箱数据。

22. 北京海关缉私局调取证据通知书、调取证据清单、公司 1 记账凭证打印件、金蝶财务电子数据的光盘一张、情况说明证明：公司 1 的经营销售数据，及采购一手及二手仪器的数量及付款情况。

23. 光盘二张、徐某某、张某某亲书证据来源说明证明：徐某某从钉钉账号导出的销售出库单、成交客户、采购合同。张某某提供的公司 3 进口海某克货物的采购合同、货物采购入库单、货物销售出库单。

24. 被告人李某某的供述：韩国公司 6 的 New Doublo 是一款超声医疗

器械，公司 3 在进口的时候没有在国内注册医疗器械注册证。我们会让公司 6 在韩国将这款超声刀拆分成配件，我们再将这些配件的票据交给成某某，并全权委托成某某向海关进行申报进口，配件到达国内后我们再安排工程师安装机器。改变货物品名的方式向海关申报进口 New Doublo 的操作方式是我跟成某某直接沟通的，我告诉他不论报什么货物品名，只要能将超声设备成功进口到国内就行。

25. 被告人徐某某的供述：进口医疗器械时，需要向海关提供医疗器械注册证。公司 3 在进口韩国超声美容设备 New Doublo 的过程中，因为这款产品在国内还没有取得医疗器械注册证，为了逃避海关查验，采取伪报品名或整机拆散为配件的方式申报进口。使用伪报品名的方式是成某某提议的，将整机拆散为配件的方式是李某某提议的。开始我们向海关申报过美容仪器，但 2021 年 8 月海宁海关查验并告知这款产品属于医疗器械，最后我们修改了说明书和铭牌，写了保证不作为医疗器械使用的保证书，才被放行。2021 年 9 月，李某某提出使用将整机拆散为配件的形式向海关申报进口 14 台 New Doublo，被天津海关查验，做了退运处理。这些配件退回到韩国后，成某某提出在深圳口岸申报进口并获准通关。经过这次拆分被查验的事情后，使用整机拆散的方式风险太大，成某某提出可以尝试向海关申报为“可调式光照仪”的方式申报进口。于是我们以“可调式光照仪”的商品名称向海关申报进口了几批 New Doublo。公司 3 进口的超声美容设备都是委托公司 2 负责报关，具体操作都是成某某负责。

26. 被告人成某某的供述：公司 3 在进口一款型号为 New Doublo 的超声医美器械时，把货物拆分成了 5 个部分以配件的形式进行报关。固定框架和电路板是以公司 1 的名义进行申报的；手柄、液晶屏和手柄固定支架是以公司 3 的名义进行申报的。公司 3 采取这种方式进口过两批共 15 台。因为国内认为这款超声设备属于医疗器械，进口时需要医疗器械注册证，但是这个产品并没有注册证。将设备拆分以配件形式报关进口不符合海关规定，因为当时公司 3 欠了公司 2 运费，我想要追回欠款，所以只能配合公司 3 将货物拆分成配件申报进口。公司 3 和公司 1 的实际控制人是李某某。

27. 被告人张某某的供述：成某某是公司 2 的员工，主要是负责和我对接从韩国进口医疗器械海关清关业务。2021 年 8 月，公司 3 将 1 台 New Doublo 超声刀拆分成了 5 个部分，分别由公司 1 进口 2 个部分，由公司 3 进口 3 个部分，这批货物是由成某某在天津的口岸申报进口的。第二批是将 14 台超声刀拆分成了 5 个部分，分别由公司 1 进口 2 个部分，由公司 3 进口 3 个部分，但是这批货物被天津海关查验了，后来做了退运。这批货物最终进口到国内了，是由货运代理公司成某某联系从广东一个口岸申报进口的。当时成某某建议我在广东口岸申报时要与在天津口岸申报的做出区别，所以我就将零件发票做了修改并发给了成某某进行清关。因为 New Doublo 超声刀没有医疗器械注册证，所以李某某和徐某某才商量采用将整机拆散为配件的方式进口。

28. 北京海关缉私局出具的到案经过证明：2022 年 2 月 22 日 8 时许，侦查员在李某某的住处将其当场抓获。2022 年 3 月 30 日，电话通知徐某某配合工作，徐某某于当日到达北京海关缉私局。2022 年 4 月 13 日，成某某经侦查机关口头通知，自行到达北京海关缉私局。2023 年 1 月 13 日，张某某经侦查机关电话通知到案。

29. 拘留证、批准逮捕决定书、逮捕证、取保候审决定书等法律手续证明：被告人李某某、徐某某、成某某、张某某被采取强制措施的情况。

30. 户籍材料证明：被告人李某某、徐某某、成某某、张某某的身份信息。

31. 无犯罪记录证明：被告人李某某、徐某某、成某某、张某某未发现有犯罪记录。

32. 讯问同步录音录像光盘 12 张证明：李某某、徐某某、成某某、张某某言词证据的自愿性及合法性。

上述全部证据经庭审举证、质证，本院对言词证据中相互印证的部分及其他证据予以确认。

对于徐某某的辩护人向法庭出示的案款收据及拟证明的内容，经查属实，本院予以确认。另，本院在庭外对张某某在审理阶段预缴罚金人民币 1 万元的单据征求了控方意见，公诉机关不持异议，本院已将有关情况记录在案，亦作为证据予以确认。

对于公司1辩护人所提的辩护意见，经查，公司1作为国内货主参与“低报走私”“绕关走私”的全程，并在犯罪中居于主导地位，组织、指挥全部犯罪活动，系主犯。公司1参与的整机拆散进口及修改货物品名进口的医疗设备达26台，在逃避商检犯罪中起积极参与，作用重要，故本院对所提辩护意见均不予采纳。

对于公司3辩护人所提的公司3不是具体通关环节的组织者、实施者的辩护意见，经查，公司3是逃避商检犯罪的发起者、受益者，对逃避商检的具体目的和手段具有明确认知并且积极实施，应当对全部犯罪承担责任，故本院对此项辩护意见不予采纳。

对于李某某辩护人所提的公司1及实际控制人李某某在走私普货犯罪中起次要作用，应认定从犯，及李某某系初犯、偶犯的辩护意见，经查，公司1是走私犯罪的主犯，李某某作为公司1走私的决策者和指挥者，应当作为直接负责的主管人员承担相应的刑事责任。本案走私的时间长、次数多，所实施的“绕关走私”具有较为突出的社会危害性，相关被告单位和被告人均不属于初犯、偶犯，故本院对相关辩护意见不予采纳。

对于徐某某辩护人所提第一项、第二项辩护意见，经查，徐某某是公司1的销售总监，对走私货物的销售实质上是走私犯罪中的具体分工，现公诉机关以邮件、对账单等客观证据为核心，结合言词证据对其参与走私犯罪数额的确定是准确的。徐某某是公司3的总经理并从事医疗美容器械销售多年，其对逃避商检的违法性质有明确认知并积极参与，应当作为公司3的直接负责的主管人员承担相应的刑事责任，故本院对此两项辩护意见不予采纳。

对于成某某的辩解及其辩护人所提不构成犯罪的辩护意见，经查，在成某某的电脑中提取到真假两套进口货物的发票，其与张某某的微信聊天记录中有低报价格通关的共谋内容，因其参与向海关低报价格系出于单位利益并在履职过程中发生，因此公司2的走私犯罪故意足以认定。在案多份邮件和微信聊天记录均可佐证成某某作为公司2的业务主管人员为帮助客户逃避商检提供了更改品名、整机拆散申报进口的便利，被告人成某某在侦查阶段亦曾作出有罪供述，现其改变供述不具有合理性。本案中，公诉机关已认定为公司 2 单位犯罪，并对其在整体走私犯罪处于从属、辅助作用予以认定，无须再对获利情况进行重复评价。综上，本院对被告人的辩解及辩护人的辩护意见均不予采纳。

对于张某某辩护人所提张某某犯罪情节轻微，行为社会危害性不大，主观恶性较小，应无罪或免予刑事处罚的辩护意见，经查，张某某长期从事外贸进口工作，对进口医疗器械的商检规定有明确认知，但仍在单位领导指示下多次参与逃避商检的行为，且其行为属于逃避商检的重要环节，具有应予刑事处罚的社会危害性，故本院对辩护人的相应辩护意见不予采纳。

本院认为，被告单位公司 1 在进口货物的过程中违反国家法律、法规，采取委托他人“绕关”或伙同其他单位低报价格的方式逃避海关监管，偷逃应缴税额情节特别严重，已构成走私普通货物罪。被告单位公司 1 还违反国家法律法规，将国家禁止进口的旧医疗设备以“绕关”方式走私进境，情节严重，已构成走私国家禁止进出口的货物罪。被告单位公司 2 作为货运代理公司配合公司 1 等单位向海关低报价格，逃避海关监管，偷逃应缴税额情节严重，已构成走私普通货物罪。被告单位公司 3、公司 1、公司 2 共谋，在进口超声医疗器械过程中违反进出口商品检验法的规定，逃避商品检验，将必须经商检机构检验的进口商品未报经检验而擅自销售，情节严重，均已构成逃避商检罪。被告人李某某作为被告单位公司 1 和公司 3 直接负责的主管人员，被告人徐某某作为被告单位公司 1 的直接责任人员和公司 3 直接负责的主管人员，被告人成某某作为被告单位公司 2 直接负责的主管人员，被告人张某某作为被告单位公司 3 的直接责任人员，亦应按照参与的犯罪活动依法追究刑事责任。综上，对被告单位公司 1、被告人李某某以走私普通货物罪、走私国家禁止进出口的货物罪和逃避商检罪，依法予以并罚；对被告单位公司 2、被告人徐某某、成某某以走私普通货物罪和逃避商检罪依法予以并罚；对被告单位公司 3、张某某以逃避商检罪依法予以惩处。北京市人民检察院第四分院指控被告单位公司 1、被告人李某某犯走私普通货物罪、走私国家禁止进出口的货物罪和逃避商检罪；被告单位公司2、被告人徐某某、成某某犯走私普通货物罪和逃避商检罪；被告单位公司3、被告人张某某犯逃避商检罪的事实清楚，证据确实、充分，指控的罪名成立。

被告单位公司1、公司3，能够认罪认罚，本院依法予以从宽处罚。被告单位公司2在共同犯罪中起次要作用，系从犯，并能够认罪认罚，本院对所犯走私普通货物罪予以减轻处罚，对所犯逃避商检罪予以从轻处罚。被告人李某某到案后能够如实供述主要犯罪事实，自愿认罪认罚，本院依法予以从宽、从轻处罚。被告人徐某某经电话通知到案，到案后能够如实供述走私的主要犯罪事实，其走私普通货物罪具有自首情节；其还自愿认罪认罚，主动退缴违法所得、预缴罚金，认罪悔罪态度较好，故本院依法对所犯走私普通货物罪予以减轻处罚，对所犯逃避商检罪予以从轻处罚，并适用缓刑。被告人成某某能够主动投案，作为被告单位公司2的直接负责的主管人员亦具有从犯情节，本院依法对所犯走私普通货物罪予以减轻处罚，对所犯逃避商检罪予以从轻处罚。被告人张某某经侦查机关电话通知到案，到案后能够如实供述主要犯罪事实，系自首，其还积极配合侦查机关调查取证，并自愿认罪认罚，认罪悔罪态度较好，本院依法予以从轻处罚，并适用缓刑。北京市人民检察院第四分院对被告单位公司1、公司2、公司3、被告人李某某、张某某的量刑建议适当，本院予以采纳。北京市人民检察院第四分院对被告人徐某某逃避商检罪的量刑意见，本院予以采纳；对徐某某走私普通货物罪的量刑建议，因徐某某在法庭审理期间具有新的悔罪表现，结合其所具有的量刑情节，本院依法作出裁判。对于各辩护人所提与上述认定量刑情节相关的辩护意见，本院酌予采纳。对被告单位和被告人违法所得的一切财物，应当予以追缴。对于供犯罪所用的本人财物应当予以没收。对于在案冻结的与犯罪关联账户内的钱款及被告人向本院退缴的违法所得折抵追缴项及罚金。对于其他冻结、扣押的款物由查扣机关依法处理。

综上，根据各被告单位、被告人犯罪的事实、性质、情节及对于社会的危害程度，以及各自在犯罪中的地位和作用，对被告单位公司1、被告人李某某依照《中华人民共和国刑法》第一百五十一条第三款、第四款，

第一百五十三条第一款、第二款、第三款，第二百三十条，第二百三十一条，第三十条，第三十一条，第二十五条第一款，第二十六条第一款，第六十七条第三款，第五十二条，第五十三条，第六十一条，第六十二条，第六十四条及《最高人民法院、最高人民检察院关于办理走私刑事案件适用法律若干问题的解释》第十一条、第十八条第一款、第二十四条第二款之规定；对被告单位公司 2、被告人成某某依照《中华人民共和国刑法》第一百五十三条第一款、第二款、第三款，第二百三十条，第二百三十一条，第三十条，第三十一条，第二十五条第一款，第二十七条，第五十二条，第五十三条，第六十一条，第六十二条，第六十三条第一款，第六十四条及《最高人民法院、最高人民检察院关于办理走私刑事案件适用法律若干问题的解释》第十八条第一款、第二十四条第二款之规定；对被告人徐某某依照《中华人民共和国刑法》第一百五十三条第一款、第二款、第三款，第二百三十条，第二百三十一条，第三十一条，第二十五条第一款，第六十七条第一款，第五十二条，第七十二条第一款、第三款，第七十三条第二款、第三款，第六十一条，第六十二条，第六十三条第一款，第六十四条及《最高人民法院、最高人民检察院关于办理走私刑事案件适用法律若干问题的解释》第十八条第一款、第二十四条第二款之规定；对被告单位公司 3 依照《中华人民共和国刑法》第二百三十条，第二百三十一条，第三十条，第二十五条第一款，第五十二条，第五十三条，第六十一条，第六十二条，第六十四条之规定；对被告人张某某依照《中华人民共和国刑法》第二百三十条，第二百三十一条，第三十一条，第二十五条第一款，第六十七条第一款，第五十二条，第五十三条，第七十二条第一款、第三款，第七十三条第二款、第三款，第六十一条，第六十二条，第六十四条之规定，判决如下：

一、被告单位公司 1 犯走私普通货物罪，判处罚金人民币一千三百万元；犯走私国家禁止进出口的货物罪，判处罚金人民币二十万元；犯逃避商检罪，判处罚金人民币十万元，决定执行罚金人民币一千三百三十万元。

（罚金应于本判决发生法律效力第二日起三十日内缴纳。）

二、被告单位公司 2 犯走私普通货物罪，判处罚金人民币三十万元；犯逃避商检罪，判处罚金人民币五万元，决定执行罚金人民币三十五万元。

（罚金应于本判决发生法律效力第二日起三十日内缴纳。）

三、被告单位公司 3 犯逃避商检罪，判处罚金人民币三十万元。

（罚金应于本判决发生法律效力第二日起三十日内缴纳。）

四、被告人李某某犯走私普通货物罪，判处有期徒刑十一年；犯走私国家禁止进出口的货物罪，判处有期徒刑五年，并处罚金人民币五万元；犯逃避商检罪，判处有期徒刑八个月，并处罚金人民币二万元，决定执行有期徒刑十二年，并处罚金人民币七万元。

（刑期自判决执行之日起计算，判决执行以前先行羁押的，羁押一日折抵刑期一日，即自 2022 年 2 月 22 日起至 2034 年 2 月 21 日止。罚金应于本判决发生法律效力第二日起三十日内缴纳。）

五、被告人徐某某犯走私普通货物罪，判处有期徒刑二年十个月；犯逃避商检罪，判处有期徒刑七个月，并处罚金人民币二万元，决定执行有期徒刑三年，缓刑五年，并处罚金人民币二万元。

（缓刑考验期限从判决确定之日起计算，罚金已缴纳。）

六、被告人成某某犯走私普通货物罪，判处有期徒刑一年；犯逃避商检罪，判处有期徒刑六个月，并处罚金人民币一万元，决定执行有期徒刑一年三个月，并处罚金人民币一万元。

（刑期自判决执行之日起计算，判决执行以前先行羁押的，羁押一日折抵刑期一日，即自 2023 年 3 月 17 日起至 2024 年 6 月 16 日止。罚金应于本判决发生法律效力第二日起三十日内缴纳。）

七、被告人张某某犯逃避商检罪，判处有期徒刑六个月，缓刑一年，并处罚金人民币一万元。

（缓刑考验期限从判决确定之日起计算，罚金已缴纳。）

八、继续追缴被告单位公司 1 偷逃的税款及其他违法所得，上缴国库。

九、冻结的账户、扣押在本院及北京海关缉私局的款物依法予以处理。

如不服本判决，可在接到判决书的第二日起十日内，通过本院或者直接向北京市高级人民法院提出上诉。书面上诉的，应当提交上诉状正本一份，副本一份。

审　判　员　　马智辉
人民陪审员　　徐　征
人民陪审员　　李新琴

二〇二四年三月二十八日

法官助理　　王雅玮
书　记　员　　谭梦雯
书　记　员　　薛凯洋

机制探索

刑事审判庭审判工作情况和经验汇总

我院刑庭受理北京市范围内的走私刑事案件、京津冀涉铁路专属管辖的刑事案件和民事二审案件以及我院执行异议案件。在审判工作中，刑庭始终坚持以习近平新时代中国特色社会主义思想为指导，学习贯彻党的二十大精神和习近平法治思想，坚决贯彻落实习近平总书记关于打击走私的重要指示批示精神，依法履行审判职责，严格证据审查标准、贯彻宽严相济刑事政策，充分利用我院集中审理走私案件的优势，持续保持对走私犯罪的高压打击态势，审结了一批具有典型意义走私案件。与此同时，在办理执行异议案件中通过加强立、审、执协调配合机制，妥善解决多起群体性执行异议案件，积累了一定丰富的经验。在审理涉铁刑事、民事案件中，特别加强在京津冀协同发展上下功夫，为铁路运输企业发展保驾护航。

一是切实发挥刑事审判职能，高质量审结重大、疑难复杂案件。刑事案件方面，刑庭审理的案件具有一定的特点，也与国计民生密切相关。其中，随着国家对外贸易的持续发展，走私刑事案件数量存在增长趋势，且走私行为方式上，从传统的虚报商品名称、低报货物价值、隐藏夹带等方式，逐渐发展出利用边民互市贸易、免税店免税额度、保税区税收政策，或利用快递物流、跨境电商平台等的新型走私行为，实施走私犯罪的方式日益多样化。同时，走私行为逐渐呈现高度组织化特征，背后常有组织严密的犯罪团伙，他们分工明确，形成采购、运输、报关、销售等“分工协作”的犯罪链条。随着全球消费市场的多元化发展，走私物品的种类也日益丰富，从传统的奢侈品、烟酒、电子产品，扩展到了海鲜、调味品、医疗设备、收藏品、毒素乃至高端生活用品。这种变化反映了走私活动对市场需求的快速响应，同时也加剧了监管难度。尤其值得关注的是，随着互联网和电子商务的普及，代购走私案件显著增多。铁路刑事案件的类型亦日渐多样化，在传统故意杀人、伤害、盗窃、抢劫等案件的基础上，近年逐渐出现帮助信息网络犯罪活动罪、合同诈骗罪等案件。

近几年，走私案件数量不断攀升的同时，走私对象日趋多样化，出现很多新型走私物品，如走私武器零部件、走私淫秽书籍、黑胶唱片、鱼胶、活体信鸽等。新型疑难案件也明显增加。近年来，刑庭妥善审结公用型保税仓库走私案、以化学方法掩饰走私毒品案、走私百日咳毒素白喉毒素案、走私禁止出口文物案等重大、疑难且具有示范意义的案件。其中，伪报税号型走私案、走私制毒原料等案件，涉及罪与非罪，争议极大，如刘某某走私毒品一案，经过多次研讨，最终认定为无罪。涉及罪名趋于多样，新增帮信、传授犯罪方法、洗钱、非法经营、虚开发票等10余罪名，为审判工作带来多重挑战。如走私犯罪洗钱案件，对于走私案件中犯罪所得的认定、洗钱行为的认定，财产混同的处理等存在极大争议。在案件办理中，坚持二审案件常态化开庭审理，赴石家庄、天津滨海新区等异地开庭，加强对一审法院监督指导。2023年向中国铁路北京局集团有限公司发送司法建议。审结的景某走私普通货物一案获评北京市“扫黄打非”十大案例，1名法官获评扫黄打非先进个人。多次收到当事人送来的锦旗。

二是践行司法为民强化能动履职，高效审结执行异议案件。执行异议案件的显著特点是涉众案件显著下降，但个案类型新、争议大，如高速公路收费权案，执行标的20多亿元，涉及众多银行，当事人、案外人多方多次申请异议；被执行人亲属以《民法典》中居住权为由申请中止执行；司法拍卖买受人申请撤拍、法院间查封物移送、拍卖税费承担等问题与当事人利益紧密，执行中各方矛盾激烈，我院探索、创新案件办理方式，通过“诉前介入审查”“诉中审判专班”等方式加强释明工作，开展诉讼引导；加强“诉中协调联动”，积极、全面了解执行案件情况，通过部门间的协调联动规范执行程序、最大限度保障当事人合法权益。

三是聚焦审判质效，持续做好京津冀涉铁刑事、民事案件审理。先后赴天津铁路运输法院、石家庄铁路运输法院开展实地调研和工作指导；对于高铁建设中相关侵权群体性案件等疑难复杂案件的妥善处理提出建议。同时不断加强调查研究，统一裁判尺度，畅通京津冀三地两级法院常态化沟通机制，开展线上线下交流渠道。做实条线业务指导，统一涉铁案件裁判尺度和审判标准。将协同发展落到实处，增强共识，明确目标。在加强涉铁案件指导的同时，结合我院集中审理北京市范围内走私犯罪案件和天津港口外贸企业众多的情况，确定与天津相关法院共同开展打击、走私犯罪案件调研。

四是以典型案例为抓手，不断加强调研和宣传工作。近年来，刑事审判庭多次召开新闻发布会，发布了走私刑事案件审判白皮书，就走私刑事案件审理情况、刑事案件认罪认罚从宽制度适用情况、走私珍贵动物制品刑事案件审理情况等召开新闻发布会，通报相关案件审理情况，并发布典型案例。近期，刑庭就走私普通货物、物品犯罪开展调研工作，针对此类案件审判中的疑难问题、新型走私行为、走私犯罪中洗钱罪的认定等问题进行深入研究，并拟于2024年下半年召开以走私普通货物、物品犯罪审理情况为主题的新闻发布会，希望各位媒体朋友多多关注。同时，刑庭以近期办理的具有一定典型意义的案件为基础，着力培树典型案例。如近期经二审维持生效的刘某某涉嫌走私毒品案，系本院首例认定为无罪的走私毒品案件；卢某某走私文物案，系北京市首例走私文物案件；柯某某传授犯罪方法案，系较为少见的利用化学方法掩饰走私毒品的案件。上述案件均具有一定的典型性、新颖性和代表性，具有普法宣传价值。在梳理典型案例的基础上，刑庭在高院及我院公众号中发布案件宣传。开展禁毒宣传，组织法官到丰台区永乐文智园“普法驿站”就职务犯罪进行普法宣传，多人参加广播电视节目录制；“高考反诈”普法视频，单条视频播放量破一百五十万。

下一步，刑庭计划审结涉保税区走私案件、徐某某非法经营案、走私鱼胶案、走私黑胶唱片案等走私案件，希望各位媒体朋友帮助我们挖掘案件宣传亮点、更好地做好以案释法工作，用生动的案例向公众宣传知法、守法的理念，共同助力法治社会的建设！

走私刑事案件审判工作机制和主要做法

在审理走私刑事案件过程中，我院严格贯彻证据裁判原则，准确认定案件事实，正确适用法律。实践证明，走私刑事案件的审理取得了良好的法律效果和社会效果，具体表现在当庭宣判率高、律师辩护率高、犯罪所得追缴和罚金刑执行到位率高、上诉率低等几方面。我们的工作机制和主要做法是：

一、强化以庭审为中心，推进庭审实质化，提高当庭宣判率

近年来，我们严格执行刑事案件庭审程序的各项规定，并结合自身实际，对走私刑事案件的受理、庭前会议、法庭调查和辩论、案件评议、裁判文书的制作等内容明确、细化了具体工作要求，确保质证在法庭、案件事实查明在法庭、诉辩意见发表在法庭、裁判理由形成在法庭，强化了庭审在事实调查、证据采信和法律适用中的决定性作用。实践中，对于事实清楚、争议不大且被告人认罪的，做到当庭宣判；对于被告人不认罪或部分事实有待进一步查清的，待补充完善证据后，也争取实现当庭宣判。

二、深入推进认罪认罚从宽制度的适用，切实贯彻宽严相济刑事政策

刑事案件认罪认罚从宽制度试点期间，我院作为试点法院积极探索，先行先试，积累了一定经验。该项制度正式施行后，我院第一时间召开审判业务培训会，组织干警学习认罪认罚从宽制度的适用条件、程序启动、程序设计和刑罚裁量等相关规定，提升办案人员审查证据、适用法律、把握政策、释法说理、沟通协调、化解矛盾的能力，为制度执行打好基础。

定期对认罪认罚案件进行系统梳理，听取检察机关意见建议，充分发挥庭审主导作用。

我院将被告人认罪的走私刑事案件列为适用认罪认罚从宽制度的重点之一，并针对案件特点进一步明确合议庭的审查职责，简化庭审程序。对于事实清楚、被告人当庭确认适用认罪认罚制度的案件，庭审讯问予以简化；庭审质证时，采取集中质证或分组质证的方式简化质证程序；探索裁判文书的简化方式，切实发挥认罪认罚的制度价值。

三、坚决落实刑事案件审判阶段律师辩护全覆盖要求，切实维护被告人合法权益

长期以来，我院高度重视被告人辩护权的保障工作，被告人没有委托辩护人的，对于法律规定应当通知法律援助机构指派律师为其辩护的，严格依照法律规定办理；对于法律规定可以通知法律援助机构指派律师为其辩护的，坚持尽可能通过法律援助机构为其指定辩护人。特别是刑事案件审判阶段律师辩护全覆盖试点工作以来，我院严格落实试点工作要求，切实保障了被告人的辩护权。在审判过程中，我们注重依法保障辩护律师会见、阅卷、取证、质证、辩护等各项执业权利，有力促进了刑事诉讼结构的平衡，对推进以审判为中心的诉讼制度改革和我国刑事法律援助制度不断完善，进一步促进司法公正起到了重要作用。